विन्यास

विन्यास

(कला, संस्कृति, इतिहास, पुरातत्त्व और पर्यटन आदि से संबंधित रचनाओं का संकलन)

ब्रजेन्द्र रेही

JPD

जवाहर पब्लिशर्स एण्ड डिस्ट्रीब्यूटर्स

प्रकाशक
जवाहर पब्लिशर्स एण्ड डिस्ट्रीब्यूटर्स
46, समाचार अपार्टमेंट,
मयूर विहार–1,
दिल्ली–110091
Email: jawaharptt@gmail.com

प्रथम संस्करण
2016

लेज़र टाइपसेटिंग और डिजाइन
दर्पण वीडियो इण्डिया

कवर डिज़ाइन
मेराज खान

ISBN: 978-81-93243-85-5

मूल्य : 950 रुपया

मुद्रक
रोशन ऑफसेट प्रिंटर्स
वी–187, विजय पार्क
मौजपुर, दिल्ली–110053

अपनी बात

यह पुस्तक कला, संस्कृति, इतिहास, पुरातत्त्व, पर्यटन आदि से संबंधित रचनाओं और अपने समय के कुछ विशिष्टजनों के संस्मरणों का संकलन है। इसमें 1965 से 2004 तक प्रमुख पत्र–पत्रिकाओं और समाचार पत्रों में प्रकाशित लेखों, फीचर्स, रिपोर्ट्स, संस्मरणों, टिप्पणियों और साक्षात्कारों आदि को शामिल किया गया है। कहा जा सकता है कि 'विन्यास' में अपने कालखण्ड की अनेक महत्वपूर्ण जानकारियां और सूचनाएं संकलित हैं।

इस पुस्तक के संकलन के समय जब मैंने अपनी पुरानी रचनाओं को पढ़ा तो मुझे आभास हुआ कि बहुत सारी ऐसी सूचनाएं थीं जो मेरे स्मृति–पटल से ओझल हो चुकी थीं। इसके अलावा लोक–जीवन से संबंधित त्यौहारों और स्थानों पर जो सामग्री पुस्तक में शामिल की गई है उसमें से बहुत सारे स्थान और व्यक्ति अब काल की पृष्ठभूमि में चले गए हैं।

अगर मैं अपने जन्मस्थान नाथद्वारा की चर्चा करूं तो अब वहां 'गणगौर' का त्यौहार उस उल्लास और उमंग में डूबा हुआ दिखाई नहीं देता है जैसा मैंने अपने किशोर और यौवन काल में देखा था। इतना ही नहीं, न वहां का 'हवेली संगीत' इतना समृद्ध रहा और न ही चित्रकला और मीनाकारी। ऐसा लगता है कि अधिकांश कलाएं काल के गाल में समाती जा रही हैं।

मुझे पता नहीं है कि अब 'जगत' और 'कामेश्वर' मंदिरो का क्या हुआ और भरतपुर में खस का इत्र बनता भी है कि नहीं। आदिवासी सुंदरियों की सौंदर्य प्रतियोगिता के बारे में जब मैं लिख और देख रहा था उन दिनों मैंने एक नया अनुभव महसूस किया था।

यहां उन विशिष्टजनों की चर्चा जरूर करना चाहूंगा जो भारतीय इतिहास के महत्वपूर्ण दस्तावेज बन गए। उदाहरण के लिए इंदिरा गांधी जब शांति निकेतन में पढ़ रही थीं, विश्व कवि रविंद्रनाथ ठाकुर ने उनमें एक कलाकार की छवि देखी और इस संबंध में उन्होंने जवाहरलाल नेहरू को पत्र भी लिखा। बाद के दिनों में जब वे प्रधानमंत्री बन गईं तो उनके द्वारा कलाकारों के सम्मान के कई उदाहरण सामने आए। इतना ही नहीं नेहरू और बच्चन परिवार के अंतरंग संबंधों पर अमिताभ बच्चन की माताश्री तेजी बच्चन का साक्षात्कार इतिहास के कई उतार–चढ़ावों को सामने रखता है।

इसके अलावा शिवकुमार त्रिपाठी का उल्लेख करना चाहूँगा जो 1948 में आकाशवाणी में न्यूज़ रीडर थे। गांधीजी का क़त्ल हुआ था और उनकी अंतिम यात्रा पर पहली बार ''आंखों देखा हाल'' हिन्दी कमेंट्री के साथ आकाशवाणी से प्रसारित किया गया था। कह सकते हैं कि स्व. त्रिपाठी हिन्दी के पहले 'कमेंटेटर' थे।

'लाहौर' आज पाकिस्तान में भले ही हो लेकिन किसी ज़माने में वह भारत की वैदिक संस्कृति का केंद्र रहा था और बाद में मुगल साम्राज्य के दौरान वास्तुकला का केंद्र बना। फिर महाराजा रणजीत सिंह के देहांत के बाद 'सिख साम्राज्य के पतन' और आजादी के लिए प्राण न्यौछावर करने वाले सरदार भगत सिंह और लाला लाजपतराय के कारण भी यह शहर भारत के लोगों के लिए ऐतिहासिक और मर्मांतक पीड़ा बन गया।

यूं तो इस पुस्तक में बहुत सारी ऐसी जानकारियां हैं जो शोध और अनुसंधान मांगती हैं मसलन साहित्य की दृष्टि से जयपुर के पोथीखाने में रखा सूरदास का प्राचीन साहित्य हो या राजस्थान की स्थापत्य कला की दृष्टि से महत्वपूर्ण वे स्थल जो अब खंडित और उपेक्षित हो चुके हैं।

वस्तुतः यह पुस्तक मेरे लिए एक पीड़ा भी है और एक सुखद अहसास भी। पीड़ा इसलिए कि मैं बहुत सारी चीजों और स्थानों को अपने सामने नष्ट या धूमिल होते हुए देख रहा हूँ और सुखद अहसास इसलिए है कि मैं एक समृद्ध परंपरा का साक्षी बना।

मैं उन सब समाचार पत्रों, छायाकारों और गुणिजनों का आभारी हूँ जिनके सहयोग से यह लेखन कार्य किया और वह प्रकाशित हुआ। मैं श्री संजय कुमार सिंह का भी आभारी हूँ कि वे इस पुस्तक को प्रकाशित कर पाठकों को समर्पित कर रहे हैं।

दिसम्बर, 2015

–ब्रजेन्द्र रेही
bbrehi@gmail.com

विषय-सूची

पारंपरिक वेशभूषा में गणगौर पूजने के लिए जाती महिलाएं

अनोखी गणगौर नाथद्वारे की

(30 मार्च 1968)

अनोखी गनगौर नाथद्वारे की

नाथद्वारा पुष्टिमार्गीय वैष्णव संप्रदाय का प्रधान केंद्र है. समन्वय इस संप्रदाय की एक महत्वपूर्ण विशेषता रही है. सामाजिक और लोक व्यवहार के क्षेत्र में भी संप्रदाय ने अपने मानदंड स्थापित किये है. फलत: राजस्थान के लोक जीवन का त्योहार गणगौर भी यहां धूमधाम और अपनी विशिष्टता लिए होता है. इसका प्रमाण हमें बृजभाषा के कवि स्व. घनश्याम की रचनाओं से भी मिलता है :

'दिल्ली को दशेरा, तीज पूंगल प्रमान जान
बीकानेर सावन जनाऊ गुन भारे की,
'घनश्यामप्यारे' कामनी दीसे उदैपुर की,
रूप की निधान देखी नैन रतनारे की,
होली बृजह की दीपमालिका मम्बोई मध्य,
कलाकंद जैपुर जताऊ गुन भारे की,
गजब गुप्तेश्वर कपर्दी कांकरोली की,
और है अनोखी गनगौर नाथद्वारे की.

गणगौर के रोचक वर्णन में कवि आनंदानुभूति को अभिव्यक्त करते हुए कहता है :

'नाथनग्रह में गनगौर को अनंद बड़ो
घरन छाई है बधाई सब ठौर ठौर,
'घनश्यामप्यारे' सजा-सज के सिंगार नार
ठाडी घरद्वार पै मदन मरोर जोर,
तीखे सुर सुरन लपेट ह्वै गावें गीत
भली वाटिका में झुंड झुंडन दौर दौर,
घूमर लगावे बाल हंस मुस्कावे देख
दृगन मिलावे ललचावें कोटि पोर मोर.

यहां यह त्योहार चार दिनों तक मनाया जाता है. इन दिनों श्रीनाथजी के मंदिर में भगवान को विशिष्ट प्रकार के वस्त्राभूषण धारण करवाये जाते है. पहले दिन घूंदड़ी गनगौर का त्योहार होता है. इस दिन मंदिर से ही गणगौर की सवारी निकाली जाती है. महिलाएं गणगौर का शृंगार करती है और फिर उन्हें सवारी के साथ गणगौर घाट ले लाया जाता है. यहां पर बनास नदी के किनारे तीन दिनों तक विशाल मेला लगता है तथा भारी संख्या में स्त्रियां राजस्थानी तथा बृज के लोकगीत तो गाती ही है लेकिन उसके साथ ही 'घूमर नृत्य' का भी आयोजन होता है. दूसरे दिन गुलाबी, तीसरे दिन हरी और चौथे दिन कजली गणगौर होती है. लेकिन चौथे दिन का मेला श्रीनाथजी के मोती महल में लगता है. इस दिन महिलाएं कजली वस्त्र धारण करती है. इन चारों दिनों तक पुरुष भी क्रमानुसार रंग-बिरंगी पगड़ियां धारण करते है.

पुष्टिमार्गीय वैष्णव संप्रदाय के अन्य मंदिरों में भी गणगौर का त्योहार मनाया जाता है, लेकिन नाथद्वारे में यह कुछ भिन्नता लिये हुए है.

—बृजेन्द्र मेही

1

नाथद्वारा पुष्टिमार्गीय वैष्णव सम्प्रदाय का प्रधान केन्द्र है। समन्वय इस सम्प्रदाय की एक महत्वपूर्ण विशेषता रही है। सामाजिक और लोक व्यवहार के क्षेत्र में भी सम्प्रदाय ने अपने मानदंड स्थापित किए हैं। फलतः राजस्थान के लोक जीवन का त्योहार गणगौर भी यहां धूमधाम और अपनी विशिष्टता लिए हुए होता है। इसका प्रमाण हमें ब्रजभाषा के कवि स्व० घनश्याम की रचनाओं से भी मिलता है।

'दिल्ली को दशेरा, तीज पुंगल प्रमान जान
बीकानेर सावन जनाऊ गुन भारे की।
'घनश्यामप्यारे' कामनी दीसे उदेपुर की,
रूप की निधान देखी नैन रतनारे की।
होली बृजहु की दीपमालिका ममोई मध्य,
कलाकंद जैपुर जताऊ गुन भारे की।
गजब गुप्तेश्वर कपर्दी कांकरोली की,
और है अनोखी गनगौर नाथद्वारे की।

गणगौर के रोचक वर्णन में कवि आनंदानुभूति को अभिव्यक्त करते हुए कहता है:

नाथनग्रहू में गनगौर को अनंद बड़ी
घरन छई है बधाई सब ठोर–ठोर।
'घनश्यामप्यारे' सज–धज के सिंगार नार
ठाढी घरद्वार पे मदन मरोर जोर।
तीखे सुर सुरन लपेट हू रंगाये गीत
चली वाटिका में झुंड झुंडन दौर–दौर।
घूमर लगाये बाल हंस मुस्कावे देख
दृगन मिलावे ललचावे कटि मोर–मोर।

यहां यह त्यौहार चार दिनों तक मनाया जाता है। इन दिनों श्रीनाथजी के मंदिर में भगवान को विशिष्ट प्रकार के वस्त्राभूषण धारण करवाए जाते हैं। पहले दिन चुंदड़ी गनगौर का त्यौहार होता है। इस दिन मंदिर से ही गणगौर की सवारी निकाली जाती है। महिलाएं गणगौर का श्रृंगार करती हैं और फिर उन्हें सवारी के साथ गणगौर घाट ले जाया जाता है। यहां पर बनास नदी के किनारे तीन दिनों तक विशाल मेला लगता है तथा भारी संख्या में स्त्रियां राजस्थानी तथा ब्रज के लोक–गीत तो गाती ही हैं लेकिन उसके साथ ही 'घूमर–नृत्य' का भी आयोजन होता है। दूसरे दिन गुलाबी, तीसरे दिन हरी और चौथे दिन कजली गणगौर होती है लेकिन चौथे दिन का मेला श्रीनाथजी के मोती महल में लगता है। इस दिन महिलाएं कजली वस्त्र धारण करती हैं। इन चार दिनों तक पुरुष भी क्रमानुसार रंग–बिरंगी पगड़ियां धारण करते हैं।

पुष्टिमार्गीय वैष्णव सम्प्रदाय के अन्य मंदिरों में भी गणगौर का त्यौहार मनाया जाता है, लेकिन नाथद्वारे में यह कुछ भिन्नता लिए हुए है।

'अरावली सुन्दरी' आयोजन क्यों?

(दिसम्बर, 1979)

आदिवासी सुन्दरियों की सौन्दर्य प्रतियोगिता

'अरावली सुन्दरी' आयोजन क्यों?

ब्रजेन्द्र रेही

■

'आदिवासी-सुन्दरी' प्रतियोगिता वन सुन्दरियों का एक लोकप्रिय आयोजन है। उसका इतिहास एवं विवरण यहां प्रस्तुत किये जा रहे हैं।

राजस्थान सरकार का पर्यटन विभाग प्रतिवर्ष अक्तूबर-नवम्बर में आबू पर्वत पर शरद समारोह का आयोजन करता है। इस समारोह का एक मुख्य आकर्षण आदिवासी रमणियों की सौन्दर्य प्रतियोगिता 'अरावली सुंदरी' भी है।

सन् १९७१ से अब तक हुई सौन्दर्य प्रतियोगिता में एक सौ से अधिक वनवासी सुंदरियों ने भाग लिया है। इस वर्ष अक्तूबर के अंतिम सप्ताह में आयोजित सौन्दर्य प्रतियोगिता में भी अनेक रमणियां भाग ले रही हैं।

शरद समारोह व प्रतियोगिता

राजस्थान में आबू पर्वत एकमात्र हिल स्टेशन है। गर्मियों में तो यह पर्यटकों से घिरा रहता ही है, लेकिन शरद ऋतु में यह भीड़ बहुत कम हो जाती है। इन दिनों पर्यटकों को आकर्षित करने के उद्देश्य से सन १९७१ में राज्य सरकार ने एक समिति बनायी और उसकी सिफारिश के अनुसार ८ दिवसीय शरद समारोह प्रतिवर्ष आयोजित करने का निश्चय किया गया। उस समिति के सदस्यों के मन में सौन्दर्य प्रतियोगिता का विचार उपजा और प्रतियोगिता के आयोजन के लिए दौड़-धूप शुरू की गई।

इस प्रतियोगिता का उद्देश्य यही है कि माऊंट आबू के इर्द-गिर्द रहने वाले भील और गरासिया बनवासी लोगों को भी शरद समारोह से जोड़ा जाये। इसके अलावा बनवासियों के लिए लोक नृत्य, लोक संगीत और तीर-कमान प्रतियोगिताएं भी आयोजित की जाने लगीं। तब से शुरू हुई है वन सुंदरियों की 'अरावली सुंदरी' प्रतियोगिता।

१९७१ में जब यह प्रतियोगिता आयोजित की गई, तो १८ वर्षीया सीता को 'अरावली सुंदरी' का खिताब मिला। दूसरा स्थान श्रीमती बीती और तीसरा रमा राठौड़ को मिला। तत्कालीन राज्यपाल सरदार हुकमसिंह ने उस समय सुंदरियों को उपहार तथा बधाइयां दी थीं। १९७१ में १९ वर्षीया कुमारी दीपी ने 'ताज' पहना। १९७३, ७४, ७५, में भारी वर्षा और सूखे के कारण प्रतियोगिताएं आयोजित नहीं की जा सकीं।

इन प्रतियोगिताओं में शामिल होने से पूर्व सुंदरियों की ओर से एक फार्म भरा जाता है। उस पर उनके संरक्षक और वे हस्ताक्षर करती हैं या अंगूठा लगाती हैं। सुंदरी चयन की प्रक्रिया भी विश्व-सुंदरी-प्रतियोगिता के आधार के अनुसार ही रखी गयी है। प्रतियोगिता के लिए तीन निर्णायक होते हैं, जिनमें एक महिला, एक डाक्टर और एक प्रतिष्ठित कलाकार या अन्य कोई विशेषज्ञ होते हैं।

१९७६ में 'मिस अरावली' कुमारी कंकू चापा गरसिया रहीं। दूसरे स्थान पर कुमारी सीता भील रहीं। इस बार राजस्थान उच्च न्यायालय के तत्कालीन मुख्य न्यायाधीश श्री जी० बी० कुदाल ने उन्हें यह खिताब दिया और राज्य सरकार की ओर से तत्कालीन जिलाधीश ने अरावली सुन्दरी को १० बीघा खेती योग्य जमीन और एक वर्ष १०१ रुपए मासिक पुरस्कार दिया। द्वितीय स्थान प्राप्त सीता को भी ५१ रुपए प्रतिमाह एक वर्ष तक मिले।

वन सुन्दरियां

फिर १९७७–७८ में भी सौन्दर्य प्रतियोगिताएं हुई और अब तक एक सौ वन सुन्दरियां इसमें भाग ले चुकी हैं। १९७८ में अरावली सुन्दरी का खिताब १९ वर्षीया गरासिया कुमारी बांसुरी को मिला था और मिले थे ५०१ रुपए। आबू की बीहड़ घाटियों में रहने वाली यह जनजातियां मुख्य रूप से भील, मीण और गरसिया जाति की हैं। दुनिया के छलकपट से दूर अपनी अपनी अलग दुनिया में रमी हुई यह जातियां गरीब, निरक्षर तथा पिछड़ी हुई तो हैं ही, तमाम सारी चीजों से अनभिज्ञ भी। इनकी अपनी अपनी जाति की अलग-अलग विशेषताएं हैं। भील लोग रंग से काले, दुर्बल तथा स्वभाव से शर्मीले और सहनशील होते हैं। इनकी स्त्रियां छोटी नाक तथा लम्बे चेहरों वाली होती हैं, जबकि गरसिया स्त्रियां ठिगनी तथा दोहरे बदन, गेहुएं रंग तथा आकर्षक चेहरे-मोहरे वाली होती हैं।

'अरावली सुन्दरी' प्रतियोगिता की प्रतीक्षा में आदिवासी सुन्दरियां

भील-गरसिया दोनों जाति की महिलाएं शृंगारप्रिय होती हैं। अपने रूप को आकर्षक बनाने के लिए शरीर के हर हिस्से में गोदने गुदवाती हैं, यहां तक कि कपोलों तथा चिबुक पर भी।

इनका पहनावा घाघरा, पोलका तथा ओढ़नी है। भीलों में शादी के बाद कंचुकी भी पहनने का रिवाज है। गरसिया जाति की लड़की हाथों में रंग-बिरंगी लाख की चूड़ियां पहनती हैं और शादी के बाद हाथी दांत की चूड़ियां पहनती हैं। इनके गहने चांदी, पीतल, कांसे, सफेद तथा नकली मोतियों के बने होते हैं। दीवाली, होली, गणगौर इनके प्रिय त्यौहार हैं, जिनमें स्त्री-पुरुष समान रूप से नाचते हैं। गेर, हेर, गौर बालनर, मोरिया आदि इनके लोकप्रिय नृत्य हैं।

प्रतियोगिता के लिए सुविधाएं

प्रतियोगिता में शामिल होने वाली

2

राजस्थान सरकार का पर्यटन विभाग प्रतिवर्ष अक्टूबर–नवम्बर में आबू–पर्वत पर शरद् समारोह का आयोजन करता है। इस समारोह का एक मुख्य आकर्षण आदिवासी रमणियों की सौन्दर्य प्रतियोगिता 'अरावली सुन्दरी' भी है।

सन् 1971 से अब तक हुई सौन्दर्य प्रतियोगिताओं में एक सौ से अधिक वनवासी सुन्दरियों ने भाग लिया है। इस वर्ष अक्टूबर के अंतिम सप्ताह में आयोजित सौन्दर्य प्रतियोगिता में भी अनेक रमणियां भाग ले रही हैं।

शरद् समारोह व प्रतियोगिता

राजस्थान में आबू पर्वत एकमात्र हिल स्टेशन है। गर्मियों में तो यह पर्यटकों से घिरा रहता ही है, लेकिन शरद ऋतु में यह भीड़ बहुत कम हो जाती है। पर्यटकों को आकर्षित करने के उद्देश्य से राज्य सरकार ने एक समिति बनायी और उसकी सिफारिश के अनुसार 8 दिवसीय शरद् समारोह आयोजित करने का निश्चय किया गया। उस समिति के सदस्यों के मन में

> मैंने यह फीचर 1979 में लिखा था। उसके बाद यह आयोजन किसी कारण बंद कर दिया गया। अब यह सांस्कृतिक–इतिहास का एक पृष्ठ रह गया है। किसी पर्यटन प्रेमी या प्रोमोटर ने इसे पुनर्जीवित किया तो यह आयोजन नई पहचान के साथ फैशन और कला–जगत को भी आगे बढ़ा सकता है। –रेही

सौंदर्य प्रतियोगिता का विचार उपजा और प्रतियोगिता के आयोजन के लिए दौड़–धूप शुरू की गई।

इस प्रतियोगिता का उद्देश्य यही है कि माउंट आबू के इर्द–गिर्द रहने वाले भील और गरासिया बनवासी लोगों को भी शरद समारोह से जोड़ा जाए। इसके अलावा बनवासियों के लिए लोक नृत्य, लोक संगीत और तीर–कमान प्रतियोगिताएं भी आयोजित की जाने लगीं। तब से शुरू हुई है वन सुंदरियों की 'अरावली सुन्दरी' प्रतियोगिता।

1971 में जब यह प्रतियोगिता आयोजित की गई, तो 18 वर्षीया सीता को 'अरावली सुन्दरी' का खिताब मिला। दूसरा स्थान श्रीमती बीती और तीसरा स्थान रमा राठौड़ को मिला। तत्कालीन राज्यपाल सरदार हुकमसिंह ने उस समय सुंदरियों को उपहार तथा बधाइयां दी थीं। 1971 में 19 वर्षीया कुमारी दीपी ने 'ताज' पहना। 1973, 74, 75 में भारी वर्षा और सूखे के कारण प्रतियोगिताएं आयोजित नहीं की जा सकीं।

इन प्रतियोगिताओं में शामिल होने से पूर्व सुंदरियों से एक फार्म भराया जाता है। उस पर उनके संरक्षक और वे हस्ताक्षर करती हैं या अंगूठा लगाती हैं। सुंदरी चयन की प्रक्रिया भी विश्व सुंदरी–प्रतियोगिता के अनुसार ही रखी गयी है। प्रतियोगिता के लिए तीन निर्णायक होते हैं, जिनमें एक महिला, एक डाक्टर और प्रतिष्ठित कलाकार या अन्य कोई विशेषज्ञ होते हैं।

1976 में 'मिस अरावली' कुमारी कंकू चापा गरसिया रहीं। दूसरे स्थान पर कुमारी सीता भील रहीं। इस बार राजस्थान उच्च न्यायालय के तत्कालीन मुख्य न्यायाधीश श्री जी. वी. कुदाल ने उन्हें यह खिताब दिया और राज्य सरकार की ओर से तत्कालीन जिलाधीश ने अरावली सुन्दरी को 10 बीघा खेती योग्य जमीन और एक वर्ष के लिए 101 रुपए मासिक का पुरस्कार दिया। द्वितीय स्थान प्राप्त सीता को भी 51 रुपए प्रतिमाह एक वर्ष तक मिलेंगे।

प्रथम अरावली सुंदरी प्रतियोगिता की विजेता कु० सीता, जिसे लोकसभा के भूतपूर्व अध्यक्ष तथा राजस्थान के तत्कालीन राज्यपाल सरदार हुकुमसिंह ताज पहना रहे हैं।

वन सुंदरियां

फिर 1977–78 में भी सौन्दर्य प्रतियोगिताएं हुईं। अब तक एक सौ वन सुन्दरियां इसमें भाग ले चुकी हैं। 1978 में अरावली सुन्दरी का खिताब 19 वर्षीया गरासिया कुमारी बांसुरी को मिला था और मिले थे 501 रुपए। आबू की बीहड़ घाटियों में रहने वाली इन जनजातियों में मुख्य रूप से भील, भीलाला और गरासिया हैं। दुनिया के छलकपट से दूर अपनी–अपनी अलग दुनिया में रमी हुई यह जातियां गरीब, निरक्षर तथा पिछड़ी हुई तो हैं ही, आधुनिक जीवन शैली की चीजों से भी अनभिज्ञ हैं। इनकी अपनी–अपनी जाति की अलग–अलग विशेषताएं हैं। भील लोग रंग से काले, दुर्बल तथा स्वभाव से शर्मीले और सहनशील होते हैं। इनकी स्त्रियां छोटी नाक तथा लम्बे चेहरों वाली होती हैं, जबकि गरासिया स्त्रियां ठिगनी तथा दोहरे बदन, गेहुएं रंग तथा आकर्षक चेहरे–मोहरे वाली होती हैं।

भील–गरासिया दोनों जाति की महिलाएं श्रृंगारप्रिय होती हैं। अपने रूप को आकर्षक बनाने के लिए वे शरीर के हर हिस्से में गोदने गुदवाती हैं, यहां तक कि कपोलों तथा चिबुक पर भी।

उनका पहनावा घाघरा, पोलका तथा ओढ़नी है। भीलों में शादी के बाद कंचुकी भी पहनने का रिवाज है। गरासिया जाति की लड़की हाथों में रंग–बिरंगी लाख की चूड़ियां पहनती हैं किन्तु शादी के बाद हाथी दांत की चूड़ियां पहनने का रिवाज है। इनके गहने चांदी, पीतल, कांसे, सफेद मेटल तथा नकली मोतियों के बने होते हैं। दीवाली, होली, गणगौर इनके प्रिय त्यौहार हैं, जिनमें स्त्री–पुरुष समान रूप से नाचते हैं। गेर, हेर, गौर वालेर, मोरिया आदि इनके लोकप्रिय नृत्य हैं।

प्रतियोगिता के लिए सुविधाएं

प्रतियोगिता में शामिल होने वाली लड़कियों को उनके गांव से आने–जाने का व्यय और आवास की सुविधा उपलब्ध कराई जाती है। इसके साथ ही उनके संरक्षकों का व्यय भी आयोजक ही वहन करते हैं। इतना ही नहीं, इन बनवासी कन्याओं को दो–तीन दिन तक मंच पर पस्तुत होने के तौर–तरीके भी सिखाये जाते हैं। उन्हें वस्त्र और गहने भी आयोजकों की ओर से ही प्रदान किए जाते हैं।

प्रारम्भ में इस प्रतियोगिता के प्रति आदिवासियों में असंतोष भी फैला था, किन्तु अब वे खुले मन से भाग लेती हैं। पहली अरावली सुन्दरी प्रतियोगिता में आदिवासी बालाओं को शामिल करने में काफी कठिनाई हुई थी। उपखंड अधिकारी तथा समाज कल्याण अधिकारियों ने आबू की पहाड़ियों में पैदल घूमकर आदिवासियों से सम्पर्क किया। उन्होंने उन्हें विश्वास में लिया, परिणामस्वरूप पहली प्रतियोगिता में अलग–अलग गांवों से 60 सुन्दरियों और उनके परिजनों को लाया गया।

अब तो हालात यह हैं कि भारी तादाद से आदिवासी लोग आबू शरद समारोह में भाग लेने आते हैं। प्रतीक्षा करती हैं वन सुंदरियां, सौंदर्य प्रतियोगिता की। इसलिए नहीं कि उन्हें सम्मान मिलता है, बल्कि इसलिए कि उन्हें नकद और उपहार भी मिलता है।

अरावली सौन्दर्य प्रतियोगिता में भाग लेने वाली भील–भिलाला आदिवासी सुंदरियां

इसके अलावा 'मिस आबू' प्रतियोगिता का भी आयोजन किया जाता है, जिसमें सैलानी और स्थानीय युवतियां भाग लेती हैं।

▼ ▼ ▼

अरावली की हरीतिमा में हीरो सा दमकता रणकपुर

अरावली शैल-बाला ने हरीतिमा का शृंगार कर रखा है. दूधिया चांदनी में सजी-संवरी घाटियों में दमकता रणकपुर का प्रख्यात जैन मंदिर यों लग रहा है, जैसे शैल-बाला के मस्तक पर दमकता हीरे का टीका. कौन होगा वह, जो इस मनोहारी रूप को देखकर मोहित न हो जाय.

'मैं टकटकी बांधे देख रहा हूं. मुझे ऐसा लगता है जैसे मेरा अस्तित्व घुल गया है मूर्तियों के सौन्दर्य में. मन करता है कि यदि कहीं वे शिल्पकार मिल जायें, जिनकी अंगुलियों ने ऐसा अद्भुत रूप गढ़कर हमें सौंप दिया है तो उन्हें चूम लूं... किन्तु कहां हैं वे शिल्पकार और कहां हैं वे धुन के धनी और भक्ति के स्रोत, जिन्होंने इस अद्भुत मंदिर के निर्माण में अपने जीवन की एक-एक सांस को समर्पित कर दिया था.

'देखो बृजेन्द्र !' जानते हो यह किसकी मूर्ति है' तो मेरा ध्यान भंग होता है. देश के प्रख्यात साहित्यकार और नवभारत टाइम्स के यशस्वी सम्पादक श्री अक्षयकुमार जैन मुझे खोया हुआ देखकर संकेत करते हैं.'

श्री अक्षय जी के साथ मेरी यह प्रथम यात्रा अविस्मरणीय रहेगी. सादगी के धनी, समय के पाबंद और विद्वता की खान अक्षय जी में वे सभी गुण हैं, जिनसे आज के युवा पत्रकार प्रेरणा ले सकते हैं.

अक्षयजी कहते हैं—पहले भी मैं इन मंदिरों को देख चुका हूं. किन्तु जितनी बार देखता हूं, हर बार कुछ नया-नया सा लगता है.' अक्षयजी की धर्मपत्नी भी भाव-विभोर हो जाती हैं.

मंदिर के व्यवस्थापक श्री भैरोंसिंह मेहता कहते हैं—'दो-तीन लाख पर्यटक और दर्शनार्थी आ जाते हैं. विदेशी भी होते हैं, मंदिर की शिल्प-कला को देखकर भूल जाते हैं कि वे कहां आ गये हैं.'

श्री मेहता ५० बरस की उम्र पार कर गये हैं. बताते हैं मंदिर के प्रबंध में लगे सभी प्रकार के लोगों में अनेक लोग पीढ़ियों से काम कर रहे हैं. एक-एक की १४-१५ पीढ़ियां हो गयीं. अत्यंत उत्साही और समर्पित व्यक्तित्व है मेहताजी का. सोचता हूं कि यदि मेहताजी ने प्रबंध की बाग-डोर इस मुस्तैदी के साथ नहीं संभाली होती, तो क्या होता ? मंदिर के प्रमुख ट्रस्टी सेठ श्री कस्तूरभाई लालभाई ने मंदिर के रखरखाव पर लाखों रुपया लगाया. वे प्रतिवर्ष तीन-चार दिन के लिए आते हैं और सारा प्रबंध स्वयं देखते हैं.

उदयपुर से लगभग ९० कि. मी. दूर, हरी-हरी घाटियों और सर्पाकार सड़कों से गुजरता हुआ पर्यटक जब रणकपुर के जैन मंदिर तक पहुंचता है, तो आश्चर्य चकित हुए बिना नहीं रहता.

एक प्राचीन कथा है. मेवाड़ के महाराणा कुंभा, सेठ धन्ना शाह के साथ अरावली की उपत्यका में घूमते-फिरते इस स्थान पर आ निकले. पहाड़ की चोटी से उन्होंने देखा कि अरावली की उपत्यका में यह स्थल कितना मनोहारी है. उनका कला-मन झंकृत कर उठा. उन्होंने सेठ धन्ना शाह से एक ऐसे मंदिर के निर्माण के लिए कहा, जो बेमिसाल हो. धन्ना शाह कब चूकने वाले थे. उन्होंने महाराणा कुंभा का प्रस्ताव स्वीकार कर लिया और वादा किया कि यहां ऐसी बेमिसाल कलाकृति का निर्माण किया जायेगा, जो भक्ति और कला की दृष्टि से जगत विख्यात हो.

यह घटना १४वीं शताब्दी की है. मारवाड़ के मादरी गांव के निवासी धन्ना शाह पोरवाल जैन थे. बाद में इसके वंशज घाणोराव चले आये. सन्१४३३ में संगमरमर से मंदिर का निर्माण कार्य शुरू हुआ और १४९६ में प्रथम तीर्थंकर भगवान ऋषभदेव की मूर्ति प्रतिष्ठापित की गयी. लगभग ६३ वर्ष लग गये. मंदिर के निर्माण पर शिल्पकारों की छैनियां चलती रहीं. ठक-ठक-ठक की ध्वनियों के बीच ४८४०० वर्गफुट क्षेत्र में मंदिर के निर्माण का काम हुआ. वे कलाकार जो अपने काले-काले बालों में और चेहरे पर यौवन की आभा को दमदमाते आये थे, कालक्रम में धवल केश लिए मंदिर के बाहर निकले.

इस चौमुखे मंदिर में ८४ कमरे और १४४४ स्तंभ हैं. इन सभी पर अंकित वस्तुकला की बारीकियां मन को मोह लेती हैं. मंदिर में ५० फुट ऊंचा मंडप है, जिस पर कल्पवृक्ष खुदा हुआ है, मंदिर के निर्माण पर १४ करोड़ रु. खर्च हुआ.

मंदिर के एक-एक स्तंभ और एक-एक मूर्ति को देखते चल रहे हैं हम. अक्षयजी भाव विभोर हो जाते हैं. कहते हैं — 'कितनी शांति है यहां. ऐसे लगता है, जैसे सारा आकाश प्रवेश कर गया हो यहां.'

मेहता जी बताते जा रहे हैं आगे आगे. मंदिर की सफाई-व्यवस्था भी अपने आपमें तारीफ के काबिल है. मंदिर की ध्वजा फाल्गुन शुक्ला पंचमी को चढ़ती है. पहले वही व्यक्ति ध्वजा चढ़ाता था जो सबसे अधिक रुपयों की बोली लगाता किंतु अब ऐसा नहीं होता है. अब तो मंदिर के निर्माता सेठ धन्नाशाह के वंशज ही चढ़ाते हैं.

अनेक कथाएं उत्कीर्ण की गयी हैं मंदिर की दीवारों पर. कला का ऐसा मनमोहक अंकन कहां होगा. नृत्य करती देवियां. विद्या देवी. सरस्वती. अम्बा. कृष्ण लीला. कौन कहता है कि जैन धर्म संकीर्ण है. जीवन की एकाग्रता, भव्यता, कलात्मकता और भक्ति को समेटे खड़ा है रणकपुर का जैन मंदिर.

—बृजेन्द्र रेही

जैन मंदिर, रणकपुर की स्थापत्य कला

अरावली की हरीतिमा में हीरे सा दमकता रणकपुर

(तीसरी डाक, 30 अक्टूबर, 1976)

3

अरावली शैल–बाला ने हरीतिमा का श्रृंगार कर रखा है। दूधिया चांदनी में सजी–संवरी घाटियों में दमकता रणकपुर का प्रख्यात जैन मंदिर यूं लग रहा है, जैसे शैल–बाला के मस्तक पर दमकता हीरे का टीका, कौन होगा वह, जो इस मनोहारी रूप को देखकर मोहित न हो जाए।

'मैं टकटकी बांधे देख रहा हूँ, मुझे ऐसा लगता है जैसे मेरा अस्तित्व घुल गया है मूर्तियों के सौन्दर्य में, मन करता है कि यदि कहीं से शिल्पकार मिल जाएं, जिनकी अंगुलियों ने ऐसा अद्‌भुत रूप गढ़कर हमें सौंप दिया है तो उन्हें चूम लूं..., किन्तु कहां हैं वे शिल्पकार और कहां हैं वे धुन के धनी और भक्ति के स्रोत, जिन्होंने इस अद्‌भुत मंदिर के निर्माण में अपने जीवन की एक–एक सांस को समर्पित कर दिया था।

'देखो ब्रजेन्द्र!' जानते हो यह किसकी मूर्ति है' तो मेरा ध्यान भंग होता है, देश के प्रख्यात साहित्यकार और नवभारत टाइम्स के यशस्वी सम्पादक श्री अक्षयकुमार जैन मुझे खोया हुआ देखकर संकेत करते हैं।

जैन मंदिर, रणकपुर, राजस्थान

श्री अक्षय जी के साथ मेरी यह प्रथम यात्रा अविस्मरणीय रहेगी। सादगी के धनी, समय के पाबंद और विद्वता की खान अक्षय जी में ये सभी गुण हैं, जिनसे आज के युवा पत्रकार प्रेरणा ले सकते हैं।

अक्षय जी कहते हैं– 'पहले भी मैं इन मंदिरों को देख चुका हूं, किन्तु जितनी बार देखता हूं, हर बार कुछ नया–नया सा लगता है।' अक्षय जी की धर्मपत्नी भी भाव–विभोर हो जाती हैं।

मंदिर के व्यवस्थापक श्री भैरोसिंह मेहता कहते हैं– 'दो–तीन लाख पर्यटक और दर्शनार्थी आ जाते हैं, विदेशी भी होते हैं। मंदिर की शिल्पकला को देखकर भूल जाते हैं कि वे कहां आ गए हैं।'

श्री मेहता 50 बरस की उम्र पार कर गए हैं। बताते हैं, मंदिर के प्रबंध में लगे सभी प्रकार के लोगों में अनेक लोग पीढ़ियों से काम कर रहे हैं। एक–एक की 14–15 पीढ़ियां हो गईं। अत्यंत उत्साही और समर्पित व्यक्तित्व है मेहता जी का। सोचता हूं कि यदि मेहता जी ने प्रबंध की बागडोर इस

मुश्तैदी के साथ नहीं संभाली होती, तो क्या होता? मंदिर के प्रमुख ट्रस्टी सेठ श्री कस्तूरभाई लालभाई ने मंदिर के रखरखाव पर लाखों रुपया लगाया है। वे प्रतिवर्ष तीन–चार दिन के लिए आते हैं और सारा प्रबंध स्वयं देखते हैं।

उदयपुर से लगभग 90 किमी. दूर, हरी–हरी घाटियां और सर्पाकार सड़कों से गुजरता हुआ पर्यटक जब रणकपुर जैन मंदिर तक पहुंचता है, तो आश्चर्य चकित हुए बिना नहीं रहता।

एक प्राचीन कथा है। मेवाड़ के महाराणा कुंभा, सेठ धन्ना शाह के साथ अरावली की उपत्यका में घूमते–फिरते इस स्थान पर आ निकले। पहाड़ की चोटी से उन्होंने देखा कि अरावली की उपत्यका में यह स्थल कितना मनोहारी है। उनका कला–मन झंकृत कर उठा। उन्होंने सेठ धन्ना शाह से एक ऐसे मंदिर के निर्माण के लिए कहा, जो बेमिसाल हो। धन्ना शाह कब चूकने वाले थे, उन्होंने महाराणा कुंभा का प्रस्ताव स्वीकार कर लिया और वादा किया कि यहां ऐसी बेमिसाल कलाकृति का निर्माण किया जाएगा, जो भक्ति और कला की दृष्टि से जगत विख्यात होगी।

यह घटना 14वीं शताब्दी की है। मारवाड़ के मादरी गांव के निवासी धन्ना शाह पोरवाल जैन थे, बाद में इसके वंशज घाणेराव चले आए। सन् 1433 में संगमरमर के पत्थरों से मंदिर का निर्माण कार्य शुरू हुआ और 1496 में प्रथम तीर्थंकर भगवान ऋषभदेव की मूर्ति प्रतिष्ठापित की गई। लगभग 63 वर्ष लग गए। मंदिर के निर्माण पर शिल्पकारों की छेनियां चलती रहीं। ठक–ठक की ध्वनियों के बीच 48400 वर्गफुट क्षेत्र में मंदिर के निर्माण का काम हुआ। वे कलाकार जो अपने काले–काले बालों में और चेहरे पर यौवन की आभा को दमदमाते आए थे, कालचक्रम में धवल केश लिए मंदिर के बाहर निकले।

इस चौमुखे मंदिर में 84 कमरे और 1444 स्तंभ हैं। इन सभी पर अंकित वास्तुकला की बारीकियां मन को मोह लेती हैं। मंदिर में 50 फुट ऊंचा मंडप है, जिस पर कल्पवृक्ष खुदा हुआ है। मंदिर के निर्माण पर 14 करोड़ रुपए खर्च हुआ।

मंदिर के एक–एक स्तंभ और एक–एक मूर्ति को देखते चल रहे हैं हम। अक्षय जी भाव–विभोर हो जाते हैं। कहते हैं– 'कितनी शांति है यहां। ऐसे लगता है, जैसे सारा आकाश प्रवेश कर गया हो यहां।'

विन्यास

मेहता जी बताते जा रहे हैं आगे–आगे। मंदिर की सफाई–व्यवस्था भी अपने आपमें तारीफ के काबिल है। मंदिर की ध्वजा फाल्गुन शुक्ला पंचमी को चढ़ती है। पहले वही व्यक्ति ध्वजा चढ़ाता था जो सबसे अधिक रुपयों की बोली लगाता किन्तु अब ऐसा नहीं होता है, अब तो मंदिर के निर्माता सेठ धन्नाशाह के वंशज ही चढ़ाते हैं।

अनेक कथाएं उत्कीर्ण की गई हैं मंदिर की दीवारों पर। कला का ऐसा मनमोहक अंकन कहाँ होगा। नृत्य करती देवियां, विद्या देवी, सरस्वती, अम्बा, कृष्ण लीला, कौन कहता है कि जैन धर्म संकीर्ण है। जीवन की एकाग्रता, भव्यता, कलात्मकता और भक्ति को समेटे खड़ा है रणकपुर का जैन मंदिर।

▼ ▼ ▼

अभिनय और नृत्य से भरपूर बचपन

दुनिया इंदिरा गांधी को एक कुशल राजनीतिज्ञ और हार न मानने वाले साहसी व्यक्तित्व के रूप में ही ज्यादा जानती थी। पर उनके संपर्क में जितने भी संवेदनशील व्यक्ति या कलाकार आए, वे जानते थे कि श्रीमती गांधी में कला के प्रति एक विशेष सम्मान था। आदिवासी जीवनशैली और कला से तो उन्हें खास तौर से लगाव था ही, शास्त्रीय कलाओं को बचाने-बढ़ाने की चिंता भी उन्हें रहती थी। कला के ये संस्कार उन्हें बचपन से मिले थे।

जब वे १२ वर्ष की थीं, तभी उनकी रुचि संगीत सीखने की हुई। घर के घोर राजनीतिक वातावरण में भी किशोर इंदिरा संगीत के लिए कुछ समय निकाल लेती थीं। उन्हें इलाहाबाद में आयोजित एक संगीत परीक्षा में प्रमाण-पत्र भी मिला था। इस परीक्षा का आयोजन १८७२ में लंदन में स्थापित 'ट्रिनिटी कालेज आफ म्यूज़िक' की ओर से किया गया था। परीक्षा का केंद्र इलाहाबाद था। इंदिरा ने जूनियर डिविजन सर्टिफिकेट परीक्षा पास की। यह १९२९ की बात है।

इन्हीं दिनों इलाहाबाद में रहने वाले कश्मीरियों ने एक नाट्य संस्था 'द कश्मीरी ड्रामेटिक एसोसिएशन' का गठन किया। इस संस्था की ओर से 'हरिश्चंद्र' नाटक खेला गया। इस नाटक में नेहरू परिवार के अनेक लोगों ने भूमिकाएं निभाईं। १९२९-३० में रंगमंच पर प्रस्तुत इस नाटक में इंदिरा नेहरू ने 'रोहिताश्व' की भूमिका की थी। इस नाटक में १४ पात्र थे। हरिश्चंद्र की भूमिका कृष्णाकुमारी नेहरू और शैव्या की भूमिका सुभद्रावती काटजू ने की थी।

इंदिरा गांधी ने मई १९३१ से अप्रैल १९३४ के बीच पूना और बंबई में भी शिक्षा ली। पहले उन्हें पूना के ''प्युपि.स ओन स्कूल' में भर्ती कराया गया। उनकी शिक्षिका थीं श्रीमती कुंवर बाई वकील। इस स्कूल में अध्ययन के दौरान उन्होंने नाटकों में हिस्सा लिया। रवींद्रनाथ ठाकुर के नाटक 'ऋतुराज' और एक गुजराती नाटक 'भाई नो भेद' में मुख्य भूमिकाएं कीं। बाद में वे इसी स्कूल की बंबई शाखा में पढ़ने के लिए भेज दी गईं। बंबई में यह स्कूल विले पार्ले क्षेत्र में था।

बंबई आकर उनकी रुचि नृत्य की ओर भी हुई। यहां उन्होंने एक नृत्य-नाटिका में अभिनय किया और अपने स्कूल की साहित्यसभा की मंत्री भी रहीं।

जुलाई १९३४ में इंदिरा ने शांति निकेतन में प्रवेश लिया। रवींद्र नाथ ठाकुर के मार्गदर्शन में कला-संस्कृति में रुचि और भी बढ़ी। वह शांतिनिकेतन में बहुत लोकप्रिय छात्रा थीं। रवींद्रनाथ ने यह बात जवाहरलाल नेहरू को एक पत्र में लिखी भी थी।

एक दिन गुरुदेव ने इंदिरा को बुलाया और मणिपुरी नृत्य सीखने का आग्रह किया। इंदिरा ने झिझकते हुए बात स्वीकार कर ली। उनका सौंदर्य, शारीरिक गठन और उनके स्वभाव में रवींद्रनाथ ने एक प्रतिभाशाली कलाकार की छवि देखी। थोड़े ही दिनों में ताल और लय की समझ के साथ इंदिरा खूबसूरत नृत्य करने लगीं। फिर उन्हें शांति निकेतन की नृत्य मंडली का सदस्य बना दिया। यह पूरे देश में भ्रमण करने वाली मंडली थी। आज की विख्यात नृत्यांगना मृणालिनी साराभाई से इंदिरा की मुलाकात शांति निकेतन में ही हुई थी।

राजनीति और आजादी के आंदोलन की व्यस्तता ने उन्हें खुद बड़ा कलाकार नहीं बनने दिया, पर कला और कलाकारों के प्रति उनका सम्मान, उनका अनुराग जगह-जगह प्रकट होता था।

ब्रजेंद्र रेही

इंदिरा गांधी शान्ति निकेतन में

इंदिरा : अभिनय और नृत्य से भरपूर बचपन

(7 नवम्बर, 1984)

4

दुनिया इंदिरा गांधी को जनता एक कुशल राजनीतिज्ञ और हार न मानने वाले साहसी व्यक्तित्व के रूप में ही ज्यादा जानती थी। पर उनके संपर्क में जितने भी संवेदनशील व्यक्ति या कलाकार आए, वे जानते थे कि श्रीमती गांधी में कला के प्रति एक विशेष सम्मान था।

आदिवासी जीवनशैली और कला से तो उन्हें खास तौर से लगाव था ही, शास्त्रीय कलाओं को बचाने–बढ़ाने की चिंता भी उन्हें रहती थी। कला के ये संस्कार उन्हें बचपन से मिले थे।

जब वह 12 वर्ष की थीं, तभी उनकी रुचि संगीत सीखने की हुई। घर के घोर राजनीतिक वातावरण में भी किशोर इंदिरा संगीत के लिए कुछ समय निकाल लेती थीं। उन्हें इलाहाबाद में आयोजित एक संगीत परीक्षा में प्रमाण पत्र भी मिला था। इस परीक्षा का आयोजन 1872 में लंदन में स्थापित 'ट्रिनिटी कालेज ऑफ म्यूज़िक' की ओर से किया गया था। परीक्षा का केंद्र इलाहाबाद था। इंदिरा ने जूनियर डिवीजन सर्टिफिकेट परीक्षा पास की। यह 1929 की बात है।

लोक–कलाकारों का उत्साह बढ़ातीं इंदिरा गांधी

इन्ही दिनों इलाहाबाद में रहने वाले कश्मीरियों ने एक नाट्य संस्था 'द कश्मीरी ड्रामेटिक एसोसिएशन' का गठन किया। इस संस्थान की ओर से 'हरिश्चन्द्र' नाटक खेला गया। इस नाटक में नेहरू परिवार के अनेक लोगों ने भूमिकाएं निभाईं।

1929–30 में रंगमंच पर प्रस्तुत इस नाटक में इंदिरा नेहरू ने 'रोहिताश्व' की भूमिका की थी। इस नाटक में 14 पात्र थे। हरिश्चंद्र की भूमिका कृष्णकुमारी नेहरू और शैव्या की भूमिका सुभद्रावती काटजू ने की थी।

विन्यास

इंदिरा गांधी ने मई 1931 से अप्रैल 1934 के बीच पूना और बंबई में भी शिक्षा ली। पहले उन्हें पूना के 'प्यूपिल्स ओन स्कूल' में भर्ती कराया गया। उनकी शिक्षिका थीं श्रीमती कुंवर बाई वकील। इस स्कूल में अध्ययन के दौरान उन्होंने कई नाटकों में हिस्सा लिया। रवींद्रनाथ ठाकुर के नाटक 'ऋतुराज' और एक गुजराती नाटक 'भाई नो भेद' में मुख्य भूमिकाएं कीं। बाद में वे इसी स्कूल की बंबई शाखा में पढ़ने के लिए भेज दी गईं। बंबई में यह स्कूल विले पार्ले क्षेत्र में था।

बंबई आकर उनकी रुचि नृत्य की ओर भी हुई। यहां उन्होंने एक नृत्य–नाटिका में अभिनय किया और अपने स्कूल की साहित्यसभा की मंत्री भी रहीं।

जुलाई 1934 में इंदिरा ने शांति निकेतन में प्रवेश लिया। रवींद्रनाथ ठाकुर के मार्गदर्शन में कला–संस्कृति में रुचि और भी बढ़ी। वह शांति निकेतन में बहुत लोकप्रिय छात्रा थीं। रवींद्रनाथ ने यह बात जवाहरलाल नेहरू को एक पत्र में लिखी भी थी।

एक दिन गुरूदेव ने इंदिरा को बुलाया और मणिपुरी नृत्य सीखने का आग्रह किया। इंदिरा ने झिझकते हुए बात स्वीकार कर ली। उनका सौंदर्य, शारीरिक गठन और उनके स्वभाव में रवींद्रनाथ ने एक प्रतिभाशाली कलाकार की छवि देखी।

थोड़े ही दिनों में ताल और लय की समझ के साथ इंदिरा खूबसूरत नृत्य करने लगीं। फिर उन्हें शांति निकेतन की नृत्य मंडली का सदस्य बना दिया। यह पूरे देश में भ्रमण करने वाली मंडली थी। आज की विख्यात नृत्यांगना मृणालिनी साराभाई से इंदिरा की मुलाकात शांति निकेतन में ही हुई थी।

राजनीति और आजादी के आंदोलन की व्यस्तता ने उन्हें खुद बड़ा कलाकार नहीं बनने दिया, पर कला और कलाकारों के प्रति उनका सम्मान, उनका अनुराग जगह–जगह प्रकट होता है।

▼ ▼ ▼

उदयपुर का राजमहल

उदयपुर : पिछोला झील या सेप्टिक टैंक

(19 दिसंबर, 1983)

उदयपुर : पिछोला झील या सेप्टी टैंक

—ब्रजेन्द्र रेही—

स्वतंत्रता के महान योद्धा महाराणा प्रताप के पिता उदयसिंह द्वारा लगभग चार सौ पच्चीस वर्ष पहले स्थापित उदयपुर नगर आज झीलों, फव्वारों, उद्यानों और ऐतिहासिक स्मारकों की नगरी के रूप में विख्यात है। मेवाड़ के महाराणाओं ने उदयपुर को कला, साहित्य और संस्कृति की जो अमूल्य धरोहर सौंपी, उसे संवारने के बजाए आज उपेक्षा का बाना पहना दिया गया है। आज का उदयपुर स्वार्थी सत्ताधीशों और राजनीति के सौदेबाजों के हाथ में गिरवी है।

इसमें कोई संदेह नहीं कि उदयपुर के चार शताब्दियों के इतिहास में राजस्थान के भूतपूर्व मुख्यमंत्री श्री मोहनलाल सुखाड़िया का नाम स्वर्ण-शिलालेख पर अंकित है। उन्होंने उदयपुर को न केवल भारत बल्कि संसार के मानचित्र पर एक पर्यटक - नगर के रूप में अंकित कराने में भी महत्वपूर्ण योगदान दिया।

सत्ता समर्थक

यहां के नागरिक, चुनावों में सामान्यतः सत्ताधारी दल को ही समर्थन देते रहे हैं किन्तु आज भी विपक्षी दल भाजपा का ठोस प्रभाव यहां दिखाई देता है। विधानसभा की सीट भाजपा के पास है किन्तु लोकसभा की सीट पर कांग्रेस (इ) का कब्जा है। जनताशासन से पूर्व यहां से लोकसभा की सीट संयुक्त जनता पार्टी को मिली थी। यह अलग बात है कि संसद में गए जनप्रतिनिधियों की उपलब्धियां अंगुलियों पर गिने जाने योग्य भी नहीं हैं। भूतपूर्व महाराणा भगवत सिंह विपक्ष के समर्थक हैं, किन्तु उनका आज वह प्रभाव नहीं है, जो १९७०-७१ में था। पूर्व महाराणा अपने होटल - व्यवसाय में ही अधिक व्यस्त हैं, राजनीतिक दावपेंचों में नहीं।

पर्यटक - केन्द्र

उदयपुर देशी-विदेशी पर्यटकों को अधिकाधिक आकर्षित कर रहा है, किन्तु यातायात की सुविधाओं की दृष्टि से बहुत ही पिछड़ा हुआ है। दक्षिण राजस्थान के इस कोने में आज भी रेल यात्रा बहुत सीमित है। उदयपुर को कोटा तथा अहमदाबाद से बड़ी रेल लाइन द्वारा जोड़ने के लिए अनेक बार आवाजें उठाई गईं किन्तु दिल्ली में कमजोर पैरवी के कारण वे स्वर नक्कारों में तूती से अधिक नहीं बजे।

यह एक ज्वलंत तथ्य है कि उदयपुर का आर्थिक विकास बड़ी

नगर झरोखा

हैं किन्तु उनमें किराया मीटर नहीं लगे हुए हैं। हैं भी तो, उसके अनुसार किराया नहीं लिया जाता, तय किया जाता है। परिणाम यह होता है कि पर्यटकों और नागरिकों को रिक्शावालों के शोषण का शिकार होना पड़ता है। यदि नगरपालिका या यातायात विभाग किन्हीं राजनीतिक कारणों से रिक्शों में मीटर नहीं लगवा सकते तो कम से कम सभी आटो रिक्शाओं तथा तांगों में सभी महत्वपूर्ण पर्यटक-स्थलों के

कहा जा सकता है कि पिछोला झील को उदयपुर का 'सेप्टी टैंक' बना दिया गया है। चांदपोल और अम्बा माता के पास के किनारों पर झील में गंदगी के ढेर कभी भी देखे जा सकते हैं। पालिका का यह दायित्व है कि सभी प्रमुख पर्यटक स्थलों के आसपास और उनको जोड़ने वाली सड़कों की सफाई और मरम्मत को प्राथमिकता दें।

बीमार गाइड

सांस्कृतिक चेतना की दृष्टि से

देवीलाल सामर ने भारतीय लोक कला मण्डल की स्थापना की और लोक कलाओं को दुनिया में मान्यता दिलवाने के लिए खूब काम किया। किन्तु आज वही लोक कला मण्डल प्रशासकीय खींचतान का अखाड़ा बना हुआ है। राज्य सरकार को चाहिए कि वह कला - मण्डल को अपने नियंत्रण में लेकर उसे लोक कला और साहित्य का विख्यात केन्द्र बनाए। यदि इस ओर ध्यान नहीं दिया गया तो कला - संवेदना से हीन दीमक इसे चंद वर्षों में चट कर जाएंगे और कला-मण्डल मात्र 'ढांचा' भर रह जाएगा।

अधिग्रहण करें

राज्य सरकार को यह महत्वपूर्ण कार्य तुरंत करना चाहिए और उदयपुर के नागरिकों को आवाज भी उठानी चाहिए। वह यह कि गड़िया देवरा के पास जिस इमारत

लिए किराए की दर तो निश्चित कर ही सकते हैं और उस सूची को प्रत्येक तांगे तथा आटो रिक्शा में लगवा सकते हैं। इसके लिए प्रशासन को इन वाहन - चालकों से बातचीत कर समस्या का समाधान करना चाहिए।

सफाई - व्यवस्था

अब आती है बात पर्यटन स्थलों की सुरक्षा और सफाई की। आर्य

'बीमार गाइड' भी उदयपुर के लिए गंभीर परेशानी के कारण बन सकते हैं। यहां पर्यटकों के मार्गदर्शन के लिए पर्यटन - विभाग से मान्यता प्राप्त गाइड्स तो हैं ही किन्तु ऐसे लोग भी 'गाइड' बन गए हैं, जिन्हें इतिहास और परंपरा का बिल्कुल ज्ञान नहीं है। ये तथ्यों को तोड़-मरोड़ कर सर्वथा

में पं. उदयशंकर का जन्म हुआ, उसका राज्य सरकार अधिग्रहण कर ले। वहां उनकी स्मृति में एक नृत्य-केन्द्र बनाए और नष्ट हुई कला को पुनर्जीवित करें। इसके लिए यदि कोई स्वयंसेवी संगठन भी कदम उठाए तो उसे दुनिया के कई देशों से आर्थिक सहायता भी मिल जाएगी। इसी तरह गुलाब

5

स्वतंत्रता के महान योद्धा, महाराणा प्रताप के पिता उदयसिंह द्वारा लगभग चार सौ पच्चीस वर्ष पहले स्थापित उदयपुर नगर आज झीलों, फव्वारों, उद्यानों और ऐतिहासिक स्मारकों की नगरी के रूप में विख्यात है। मेवाड़ के महाराणाओं ने उदयपुर को कला, साहित्य और संस्कृति की जो अमूल्य धरोहर सौंपी, उसे संवारने के बजाए आज उपेक्षा का बाना पहना दिया गया है। आज का उदयपुर स्वार्थी सत्ताधीशों और राजनीति के सौदेबाजों के हाथ में गिरवीं है।

इसमें कोई संदेह नहीं कि उदयपुर के चार शताब्दियों के इतिहास में राजस्थान के भूतपूर्व मुख्यमंत्री श्री मोहनलाल सुखाड़िया का नाम स्वर्ण–शिलालेख पर अंकित है। उन्होंने उदयपुर को न केवल संवारा बल्कि संसार के मानचित्र पर एक पर्यटक–नगर के रूप में अंकित कराने में भी महत्वपूर्ण योगदान दिया।

सत्ता समर्थक

यहां के नागरिक, चुनावों में सामान्यतः सत्ताधारी दल को ही समर्थन देते रहे हैं किन्तु आज भी विपक्षी दल भाजपा का ठोस प्रभाव यहां दिखाई देता है। विधानसभा की सीट भाजपा के पास है, किन्तु लोकसभा की सीट पर कांग्रेस (इ) का कब्जा है। जनता शासन से पूर्व यहां से लोकसभा की सीट संयुक्त जनता पार्टी को मिली थी। यह अलग बात है कि संसद में गए जनप्रतिनिधियों की उपलब्धियां अंगुलियों पर गिने जाने योग्य भी नहीं हैं। भूतपूर्व महाराणा भगवत सिंह विपक्ष के समर्थक हैं, किन्तु उनका आज वह प्रभाव नहीं है, जो 1970–71 में था। यूं महाराणा अपने होटल–व्यवसाय में ही अधिक व्यस्त हैं, राजनीतिक दांवपेंचों में नहीं।

पर्यटक–केन्द्र

उदयपुर देशी–विदेशी पर्यटकों को अधिकाधिक आकर्षित कर रहा है, किन्तु यातायात की सुविधाओं की दृष्टि से बहुत ही पिछड़ा हुआ है। दक्षिण राजस्थान के इस कोने में आज भी रेल यात्रा बहुत सीमित है। उदयपुर को कोटा तथ अहमदाबाद से बड़ी रेल लाइन द्वारा जोड़ने के लिए अनेक बार आवाजें उठाई गईं किन्तु दिल्ली में कमजोर पैरवी के कारण वे स्वर नक्कारों में तूती से अधिक नहीं बजे।

यह एक ज्वलंत तथ्य है कि उदयपुर का आर्थिक विकास बड़ी रेल लाइन के निर्माण पर निर्भर करता है। यहां राक फास्फेट, जस्ता, सीसा, सोपस्टोन और सीमेंट आदि से संबंधित बड़े उद्योग तो हैं ही, अनेक सहायक उद्योगों का जाल बिछा हुआ है। इनके विकास के मार्ग में रेल यातायात सबसे बड़ी रेल लाइन से जोड़ दिया जाए तो न केवल यहां का औद्योगिक विकास होगा बल्कि आज के मुकाबले देशी–विदेशी पर्यटक भी आएंगे। इससे यहां का आर्थिक विकास तो होगा ही विदेशी मुद्रा मिलेगी। इसीलिए भी कि यहां लेक पैलेस और शिव–निवास पैलेस जैसी विश्व–प्रसिद्ध आवासीय सुविधाएं हैं। सामान्य और मध्यम दर्जे के पर्यटकों के लिए भी आवास की सुविधाएं सुलभ हैं।

यातायात सुविधाएं

पर्यटन विकास और स्थानीय नागरिकों की सुविधा के संदर्भ में कुछ बातों पर प्रशासन और सामाजिक–राजनीतिक कार्यकर्ताओं को ध्यान देना चाहिए।

पिछोला झील से राजमहल, उदयपुर

सबसे पहली आवश्यकता शहर में घूमने–फिरने के लिए यातायात के साधनों के अभाव को दूर करने तथा व्यवस्थित करने की है। शहर में न तो पर्याप्त संख्या में सिटी बसें हैं और न टैम्पो।

यहां बड़ी संख्या में आटो रिक्शा हैं किन्तु उनमें किराया मीटर नहीं लगे हुए हैं। हैं भी तो, उसके अनुसार किराया नहीं लिया जाता, तय किया जाता है। परिणाम यह होता है कि पर्यटकों और नागरिकों को रिक्शावालों के शोषण का शिकार होना पड़ता है। यदि नगरपालिका या यातायात विभाग किन्हीं राजनीतिक कारणों से रिक्शों में मीटर नहीं लगवा सकते तो कम से कम सभी आटो रिक्शाओं तथा तांगों में सभी महत्वपूर्ण पर्यटक–स्थलों के लिए किराया की दर तो निश्चित कर ही सकते हैं और उस सूची को प्रत्येक तांगे तथा आटो रिक्शा में लगवा सकते हैं। इसके लिए प्रशासन को इन वाहन–चालकों से बातचीत कर समस्या का समाधान करना चाहिए।

सफाई–व्यवस्था

अब आती है बात पर्यटन स्थलों की सुरक्षा और सफाई की। गुलाब बाग, सहेलियों की बाड़ी, नेहरू गार्डन हो या राजमहल या मोतीमगरी, फतह

सागर, स्वरूप सागर या पिछोला झील। इनकी देखभाल और सुरक्षा व्यवस्था उपयुक्त नहीं है। सहेलियों की बाड़ी में फव्वारे खराब हैं तो कमल तलाई में कीचड़ भरा हुआ है। यही बात गुलाब बाग पर लागू होती है और नेहरू उद्यान पर भी। इनमें क्यारियों की सजावट, दूब की कटाई आदि पर भी पुख्ता ध्यान दिया जाना चाहिए। झीलों को साफ रखना पर्यावरण की दृष्टि से भी जरूरी है। ये झीलें ही उदयपुर के पानी की वर्तमान में मुख्य स्रोत हैं। लेकिन झीलों की सफाई की ओर कोई ध्यान नहीं।

स्वास्थ्य विशेषज्ञों ने उदयपुर में वितरित किए जाने वाले पानी को अधिक स्वच्छ बनाने की चेतावनी दी है किन्तु लगता है कि जनस्वास्थ्य विभाग उसे कोई तवज्जो नहीं देता। इस मामले में नगरपालिका की भूमिका सर्वथा निन्दनीय है। यदि पिछोला झील में गिरने वाले मैले और गंदगी को नहीं रोका गया तो आने वाले दिनों में उदयपुर का प्रत्येक नागरिक रोग को अमानत के रूप में अपने पास रखेगा।

शहर की कई पुरानी बस्तियों का मल–मूत्र, कूड़ा–करकट पिछोला झील में ही जाता है। यह कहा जा सकता है कि पिछोला झील को उदयपुर का 'सेफ्टी टैंक' बना दिया गया है। चांदपोल और अम्बा माता के पास के किनारों पर झील में गंदगी के ढेर कभी भी देखे जा सकते हैं। पालिका का यह दायित्व है कि सभी प्रमुख पर्यटक स्थलों के आसपास और उनको जोड़ने वाली सड़कों की सफाई और मरम्मत को प्राथमिकता दें।

बीमार गाइड

सांस्कृतिक चेतना की दृष्टि से 'बीमार गाइड' भी उदयपुर के लिए गंभीर परेशानी के कारण बन सकते हैं। यहां पर्यटकों के मार्गदर्शन के लिए पर्यटन–विभाग से मान्यता प्राप्त गाइड्स तो हैं ही किन्तु ऐसे लोग भी 'गाइड' बन गए हैं, जिन्हें इतिहास और परंपरा का बिल्कुल ज्ञान नहीं है। वे तथ्यों को तोड़–मरोड़ कर सर्वथा गलत सूचनाएं पर्यटकों को देते हैं। उदाहरण के लिए मैंने पिछले दिनों मोतीनगरी पर एक गाइड को यह कहते सुना 'यह मोती नगरी है। पं. जवाहर लाल नेहरू के पिता पं. मोती लाल नेहरू की स्मृति में इसे बनाया गया है।' अगर किसी विदेशी पर्यटक ने भूल से भी इसका उपयोग कहीं कर लिया तो अनर्थ ही होगा। पर्यटन विभाग को यह चौकसी करनी चाहिए। पर्यटकों को गलत सूचनाएं और जानकारियां देने वालों के विरुद्ध कार्रवाई की जानी चाहिए।

कला–जगत

कला–जगत में उदयपुर का नाम शीर्ष पर रहा है। किन्तु आज उदयपुर उस दृष्टि से रीता जान पड़ता है। विश्वविख्यात नर्तक स्व० उदयशंकर, तबलावादक स्व० चतुरलाल, ध्रुपद के प्रतिष्ठित गायक डागर–बंधु, ऑस्ट्रेलिया में रह रहे कलाकार भगवानदास वर्मा, सारंगी–वादक रामनारायण आदि उदयपुर की ही देन हैं। लेकिन राज्य सरकार तथा संगीत नाटक अकादमी द्वारा इन कलाओं की उपेक्षा के परिणामस्वरूप यहां सब–कुछ, धुल–पुछ गया है। राजनीति के दुकानदारों को कला से कोई मतलब नहीं। इस दिशा में सुखाड़िया विश्वविद्यालय को काम करना चाहिए। लोक कला विद् स्व० देवीलाल सामर ने भारतीय लोक कला मण्डल की स्थापना की और लोक कलाओं को दुनिया में मान्यता दिलवाने के लिए खूब काम किया। किन्तु आज वही लोक कला मण्डल प्रशासकीय खींचतान का अखाड़ा बना हुआ है। राज्य सरकार को चाहिए कि वह कला–मण्डल को अपने नियंत्रण में लेकर उसे लोक कला और और साहित्य का विख्यात केन्द्र बनाए। यदि इस ओर ध्यान नहीं दिया गया तो कला–संवेदना से हीन दीमक इसे चंद वर्षों में चट कर जाएंगे और कला–मण्डल मात्र 'ढांचा' भर रह जाएगा।

अधिग्रहण करें

राज्य सरकार को यह महत्वपूर्ण कार्य तुरंत करना चाहिए और उदयपुर के नागरिकों को आवाज भी उठानी चाहिए। वह यह कि गड़िया देवरा के पास जिस इमारत में पं० उदयशंकर का जन्म हुआ, उसका राज्य सरकार अधिग्रहण कर ले। वहां उनकी स्मृति में एक नृत्य–केन्द्र बनाए और नष्ट हुई कला को पुनर्जीवित करे। इसके लिए यदि कोई स्वयंसेवी संगठन भी कदम उठाए तो उसे दुनिया के कई देशों से अधिक सहायता भी मिल जाएगी। इसी तरह गुलाब बाग की जिस इमारत में आर्य समाज के महान नेता दयानन्द सरस्वती ने 'सत्यार्थ प्रकाश' की रचना की थी, उसे नैतिक शिक्षा का केन्द्र बनाया जाए।

सुविधाएं

पिछले 5 वर्षों में आबादी बढ़ने के साथ ही उदयपुर का फैलाव भी काफी हो गया है। हिरणमगरी में बड़ी संख्या में मकानों का निर्माण हो रहा है। इसे 'नए उदयपुर' की संज्ञा दी जा सकती है। नयी बस्तियों में बिजली, पानी और सड़कों का अभाव है। नगर विकास प्रन्यास को इस दिशा में कुछ अधिक

प्रयत्न करने चाहिए। यूं प्रन्यास ने गंदी बस्तियों के सुधार, हरिजनों और पिछड़े वर्ग के लोगों के लिए आवासीय सुविधाएं उपलब्ध कराने, नए पर्यटक केन्द्र विकसित करने की दिशा में प्रशंसनीय काम किया है।

दूसरी ओर उदयपुर में भविष्य में पानी की कमी को पूरा करने के लिए सुखाड़िया जी के जमाने में देवास परियोजना शुरू की गई थी। उस दिशा में तेजी से कदम उठाए जाने चाहिए।

यूं उदयपुर का आर्थिक विकास देवास योजना के पूरे होने तथा बड़ी रेल लाइन से जुड़ने पर निर्भर करता है। जनप्रतिनिधि इस दिशा में कुछ करें।

▼ ▼ ▼

लाहौर में स्थित जहांगीर का अहाता

ऋग्वेद की ऋचाओं और क्रान्तिकारियों के बलिदान की पावन भूमि

'लाहौर'

(1965)

ऋग्वेद की ऋचाओं और क्रान्तिकारियों के बलिदान की पावन भूमि

ला हौ र !

● ब्रजेन्द्र कुमार रेही

लुवांक नगरी !

लव कोट !!

लाहौर !!!

समय के उलट फेरो ने इसे लाहौर बना दिया। अखंड भारत के पौराणिक नगरों में से एक लाहौर ने कई बदलते हुए रंग देखे हैं। 'सप्त सिन्धु' की इस तपो भूमि पर जहां संस्कृतियों के उत्थान हुए हैं वहां कई सभ्यताएं पृथ्वी गर्भ में समा भी गई हैं। यहीं आर्यों ने विश्राम लिया था, यहीं पर स्थापित हुए थे, और यहीं रावी के मनोरम तट पर उन्होंने ऋग्वेद की ऋचाओं का का स्तवन भी किया। और यहीं से भारत को इस्लाम का पैगाम भी मिला।

यह प्रदेश उत्तर से आने वाले विदेशी आक्रमण कारियों का प्रथम ग्रास भी बना। चाहे वह ग्रीक सम्राट सिकन्दर हो या मुहम्मद गजनी।

१६ वीं–१७ वीं सदी में

समय की गहराइयों में गहरे न भी उतरें तो भी १६ वीं, १७ वीं शताब्दी में यह नगर मुगल साम्राज्य काल में अत्यन्त महत्त्वपूर्ण नगर था। जिस तरह से लाहौर उत्तर और दक्षिण के रेलवे मार्गों का प्रमुख केन्द्र है उसी तरह से उस वक्त भी भौगोलिक रीति से यह अत्यन्त महत्त्वपूर्ण था।

काबुल कान्धार में मुगल साम्राज्य की इमारत को रक्षित रखने हेतु यह नगर सैनिक दृष्टि से अत्यन्त महत्त्वपूर्ण था। साथ ही दूसरे प्रसिद्ध नगर दिल्ली एवं आगरा भी इसके नजदीक होने के कारण यह नगर पूर्ण रूप से सुरक्षित था, तथा प्रत्येक वर्ष काश्मीर जाते हुए ये मुगल बादशाह लाहौर की देख भाल भी करते थे।

जहांगीर की दर्द भरी स्मृति

यह नगर जहांगीर के यौवन काल की दर्द भरी स्मृति को अपने हृदय में छिपाये हुए है। सलीम ने एक कनीसा-नृत्यांगना से प्रेम किया। और नृत्यांगना अनारकली जीवित कब्र में चुन कर अपने प्रेम का मूल्य चुका गई अनारकली के नाम से बना 'अनारकली बाजार' आज भी सैलानियों के लिये एक दर्द भरी याद है। यह संयोग की बात है कि अनार कली के महबूब बादशाह जहांगीर की कब्र भी इसी नगर में है।

(शेष पृष्ठ १२ पर

6

लुर्णाक नगरी!
लव कोट!!
लाहौर!!!

समय के उलटफेरों ने इसे लाहौर बना दिया। अखंड भारत के पौराणिक नगरों में से एक लाहौर ने कई बदलते हुए रंग देखे हैं। 'सप्त सिन्धु' की इस तपोभूमि पर जहां संस्कृतियों के उत्थान हुए हैं वहां कई सभ्यताएं पृथ्वी गर्भ में समा भी गई हैं। यहीं आर्यों ने विश्राम लिया था, यहीं पर स्थापित हुए थे, और यहीं रावी के मनोरम तट पर उन्होंने ऋग्वेद की ऋचाओं का स्तवन भी किया। और यहीं से भारत को इस्लाम का पैगाम मिला।

यह प्रदेश उत्तर से आने वाले विदेशी आक्रमणकारियों का प्रथम ग्रास भी बना। चाहे वह ग्रीक सम्राट सिकन्दर हो या मुहम्मद गजनी।

16वीं–17वीं सदी में

समय की गहराइयों में गहरे न भी उतरे तो भी 16वीं, 17वीं शताब्दी में यह नगर मुगल साम्राज्य काल में अत्यन्त महत्वपूर्ण नगर था। जिस तरह लाहौर उत्तर और दक्षिण के रेलवे मार्गों का प्रमुख केन्द्र है उसी तरह से उस वक्त भी भौगोलिक रीति से यह अत्यन्त महत्वपूर्ण था।

काबुल कन्धार में मुगल साम्राज्य की इमारत को रक्षित रखने हेतु यह नगर सैनिक दृष्टि से अत्यन्त महत्वपूर्ण था। साथ ही दूसरे प्रसिद्ध नगर दिल्ली एवं आगरा भी इसके नजदीक होने के कारण यह नगर पूर्ण रूप से सुरक्षित था, तथा प्रत्येक वर्ष काश्मीर जाते हुए मुगल बादशाह लाहौर की देखभाल भी करते थे।

जहांगीर की दर्द भरी स्मृति

यह नगर जहांगीर के यौवन काल की दर्द भरी स्मृति को अपने हृदय में छिपाये हुए है। सलीम ने एक रूपवती–नृत्यांगना से प्रेम किया और नृत्यांगना अनारकली जीवित कब्र में चुन कर अपने प्रेम का मूल्य चुका गई। अनारकली के नाम से बना 'अनारकली बाजार' आज भी सैलानियों के लिए एक दर्द भरी याद है। यह संयोग की बात है कि अनारकली के महबूब बादशाह जहांगीर की कब्र भी इसी नगर में है।

भगवाध्वज

मुगल साम्राज्य के पतन के पश्चात। मराठाओं का भगवाध्वज भी इसी नगर पर फहरा। परन्तु 1761 ई. में अफगान विजेता अब्दुल्ला के हाथों पानीपत के मैदान में भीषण पराजय के बाद इस नगर से मराठाओं के शासन का अन्त हो गया। लाहौर राजकीय अस्थिरता का प्रतीक बन गया। लाहौर पर मुगल आते और जाते रहे। समय के उथल–पुथल में लाहौर मुगल बादशाहों के लिए शब्द भर रह गया।

मुगलों और मराठों में जिस समय पुनः जोश प्रवाहित होने लगा था, उस समय पंजाब के क्षितिज पर एक नवीन शक्ति उदित होती दिखाई देने लगी। गुरू गोविन्द सिंह ने राजनीति एवं सैनिक शिक्षा–दीक्षा ग्रहण करने के बाद सिख, पंजाब को स्वतन्त्र कराने के लिए बेसब्र थे। ठीक उसी समय सिक्खों

के स्वप्न को पूरा करने के लिए एक महापुरुष अवतरित हुए। वे थे महाराजा रणजीत सिंह।

सिक्खों की राजधानी

रणजीत सिंह ने लाहौर को राजधानी बना कर सिक्ख साम्राज्य को पेशावर से काश्मीर तक फैला दिया। अपूर्व सामर्थ्य और सैनिक चातुर्थ से स्थापित सिक्ख साम्राज्य की रक्षा रणजीत सिंह के उत्तराधिकारी कर न सके। ....और 1848 में सिक्ख साम्राज्य अंग्रेजों के हाथों पस्त हो गया।

सिक्ख साम्राज्य के 'लाहौर दरबार' की शान में वृद्धि करने वाला, काबुल के शाह को पराजित कर रणजीत सिंह द्वारा विजीत कोहिनूर हीरा महारानी विक्टोरिया के ताज को शोभित करने लगा।

सिक्ख साम्राज्य के पतन के पश्चात् अंग्रेजों को लाहौर से हटा सके ऐसी कोई शक्ति उस समय नहीं थी। परन्तु 19वीं सदी के अन्तिम चरण में गुलामी की जंजीरों में कसमसाते हुए वीरों ने आजादी का पावन जिहाद बोल दिया।

पंजाब वीर वसुन्धरा! पंजाब, जहां अंग्रेजों के शासन को उतार फैंकने के लिए सशस्त्र युद्ध की रचना हुई।

लाल मोर्चा

सन् 1920 ई. के अन्तिम चरण में एक नई शक्ति का प्रादुर्भाव हुआ। भारत के स्वतंत्रता संग्राम के तीन सेनानियों लाल, बाल और पाल में से लाला लाजपतराय ने पंजाब का मोर्चा संभाला।

सन् 1928 ई. में स्वतंत्रता की मांग को जांचने के लिए गोरी सरकार ने 'सायमन कमीशन' को भारत भेजा। जिसमें केवल अंग्रेज की अंग्रेज थे। इस पक्षपातपूर्व रवैये के कारण सम्पूर्ण देश विक्षुब्ध हो गया। सारा देश 'सायमन कमीशन वापस जाओ' के नारों से गूंज उठा। ऐसे समय में लाहौर शान्त कैसे बैठ सकता था। पंजाब केसरी लाला लाजपतराय के स्वागत में एक विशाल जुलूस शहर में निकाला गया। जुलूस जिस समय स्टेशन के नजदीक पहुंचा सशस्त्र सैनिक, निशस्त्र मानवों पर भेड़िये की तरह टूट पड़े। स्वयं लालाजी की छाती पर लाठियाँ गिरीं। सिंह घायल हो गया। इसी के परिणाम स्वरूप

लालाजी का देहावसान हो गया। लालाजी की मृत्यु में लाहौर ही नहीं अपितु सारा देश आंसुओं के समुद्र में डूब गया।

सरदार भगत सिंह

लालाजी पर लाठियों के वार करने की घृष्टता करने वाले गोरे सार्जेन्ट को सूरज के उजाले में भगतसिंह के हाथों इसका मूल्य चुकाना पड़ा और सरदार भगतसिंह ने इस प्रकार लालाजी का तर्पण किया।

फिर वही लाहौर की पावन भूमि और रावी का पावन तट। सम्पूर्ण देशवासी एकत्रित हुए, गुलामी की जंजीरों को तोड़ने के लिए, मुक्ति की प्रतिज्ञा के लिए। सप्तसिन्धु की इस पावन भू पर 26 जनवरी 1930 ई0 के दिन हमारे लाडले नेता पंडित जवाहर लाल नेहरू ने देशवासियों के साथ सम्पूर्ण स्वराज्य की प्रतिज्ञा ली। सारा देश एक स्वर से गरज उठा। और ये दिन अमर हो गया।

सन् 42 के क्रान्ति दिवस आए। कांग्रेस के कई नेताओं को पहले ही पकड़ लिया गया। फलस्वरूप क्रान्ति की मशाल को प्रज्ज्वलित रखने की जिम्मेदारी नवयुवक वर्ग पर आ गई। हाथों में मशाल थामें, भारत मां की जय का नारा लगाते हुए न जाने कितने सपूत बलिवेदी पर सर्वस्त्र अर्पण कर गए। कई जीवित क्रान्तिवीर गोरी सरकार की अमानवीयता के शिकार हुए।

इनमें जयप्रकाश नारायण भी थे। इस क्रान्तिकारी को चलती ट्रेन में से पकड़ लिया और लाहौर की जेल में पूछताछ के लिए बन्द कर दिया गया। आज भी लाहौर जेल की दीवारें आंसू बहाती हुई क्रान्तिकारियों पर हुए जुल्म की साक्षी दे रही हैं।

लाहौर केस के अंतिम आरोपी श्री जतीनदास यहीं पर स्वर्ग सिधारे। यहीं पर क्रान्तिकारियों पर जुल्म ढाने वाली गोरी सरकार ने शहीद भगतसिंह और बटुकेश्वरदत्त पर कोई कोर कसर नहीं छोड़ी। धन्य हैं भारत मां के ये लाल।

देश के दुर्भाग्य के साथ ही बंटवारा हुआ और लाहौर ने भी करवटें बदलीं। लाला लाजपतराय और सरदार भगतसिंह की कर्मभूमि में धर्म के अन्धे शासकों ने पागल बन कर मानवता का गला ही घोंट दिया। लाखों हिन्दू लाहौर, अपने प्यारे लाहौर को छोड़ कर भारत आ गए।

लाहौर में जिन्ना

लाहौर अब पाकिस्तान का भाग बन गया। विभाजन के पश्चात हजारों सशस्त्र पाक कबायली बारामूला और श्रीनगर के आसपास बर्बरता का प्रदर्शन करने लगे। उधर लाहौर में बैठे कायदे आजम जिन्ना विजय की राह देख रहे थे। परन्तु काश्मीर को हड़पने का जिन्ना का स्वप्न भारत के बहादुरों ने धूल–धूसरित कर दिया।

भारत के योद्धाओं और बलिदानियों के फौलादी पंजों का स्वाद जानने वाली यह महानगरी आज भी भूतकालीन भारत की अविस्मरणीय कड़ी है।

इसी नगर में रणजीत सिंह और भगतसिंह ने वीरता का गान किया था। यहीं ऋषि दयानन्द सरस्वती ने तप किया था और इसी भूमि पर इकबाल ने उर्दू साहित्य का सृजन किया। और यहीं भारत की आजादी का स्वप्न देखने वाले डॉ. साहब खूनी पंजों के शिकार हुए।

राघोवा और चौहान

समय ने फिर पलटा खाया। मराठा साम्राज्य का सूरज जब मध्यान्ह में था तब मराठा सेनापति राघोवा ने विजय से लौटते हुए रावी के पावन तीर से अपनी प्यास बुझाई थी। और आज पुनः एक बार दूसरे मराठा वीर यशवन्त राव चौहान ने फिर दुश्मन के नापाक इरादों को चुनौती देते हुए मातृभूमि की रक्षार्थ सर्वस्त्र बलिदान की प्रतिज्ञा ली।

▼ ▼ ▼

एक आवाज जिसने पूरे देश में तहलका मचाया

था, जो मेरी भावनाओं और भावुकता से जुड़ा हुआ था।

संकेत मिलते ही मेरे मुंह से पहला वाक्य निकला 'बड़ा मुश्किल है एक आदमी के लिए उस समय कुछ भी कहना, जब उसके देश के पितामह की लाश

—पं. शिव कुमार त्रिपाठी—

उसके सामने पड़ी हो और उससे कहा जाए कि तू इसे देख और देखकर दुनिया को बता कि तू क्या देख रहा है। इसलिए मैं थोड़ी देर बाद कोशिश करूंगा ...' और भर्राए हुए गले से मैंने माइक्रोफोन अपने साथी मेलविन डि मेलो को थमा दिया।'

'यह घटना है ३१ जनवरी, १९४८ की। उस दिन सुबह राष्ट्रपिता बापू की अंतिम यात्रा शुरू हुई थी। आकाशवाणी ने इसका आंखों देखा हाल प्रसारित करने का यकायक निश्चय किया था। इसकी सूचना मुझे रात १२ बजे बाद, आकाशवाणी के दिल्ली केन्द्र के निदेशक श्री बी. वी भट्ट ने हाथ से लिखकर भिजवाई थी।'

'उस समय तक आकाशवाणी से हिन्दी में रनिंग कमेंट्री शुरू नहीं हुई थी। मेरे लिए भी यह पहला अवसर था रनिंग कमेंट्री करने का '— श्री शिवकुमार त्रिपाठी ने कहा। केन्द्र निदेशक के पद से रिटायर ६९ वर्षीय श्री त्रिपाठी उन दिनों आकाशवाणी दिल्ली में हिन्दी के न्यूज रीडर थे। वे १९४६ से यहीं काम कर रहे थे। उनकी आवाज ने एक बार तो पूरे देश में तहलका मचा दिया था।

स्मृतियों के दरवाजे खटखटाते हुए उन्होंने कहा '३० जनवरी को शाम ६ बजे तथा रात सवा नौ बजे का न्यूज बुलेटिन मुझे पढ़ना था। मैं कोई साढ़े पांच बजे के आसपास यूनिट में पहुंचा। अनुवादक एन. एस. बेदी वहां बैठे हुए थे। खामोश और गंभीर। मुझे कुछ मालूम नहीं था। मैंने उससे अपने चलते अंदाज में पूछा — 'बे! मेरा बुलेटिन कहां है?'

'बेदी कुछ क्षण यों ही खामोश रहा। फिर उसने आश्चर्य भरी निगाहें मेरी ओर उठाई। मुझे लगा उसकी आंखों में प्रश्नचिह्न के बिम्ब तैर रहे हैं। मैं कुछ समझ नहीं पाया। वह धीरे से और गमगीन स्वर में बोला 'आपको पता नहीं। गांधी जी को गोली मार दी गयी। वे मर गए।'

'मैं भौंचक्का रह गया। कुछ क्षण तक मुझे लगा जैसे पैरों के नीचे की जमीन ने मुझे बांध लिया है। फिर मैं सुपरवाइजर के कमरे में गया। वहां कोई नहीं था। कमरा भीतर से बंद करके मैं खूब रोया। उधर डायरेक्टर न्यूज मुरारीलाल चावला मुझे ढूंढ रहे थे मैं कहीं भी दिखाई नहीं दिया। वे यूनिट में आए। उन्होंने देखा कि सुपरवाइजर का कमरा बंद है। दरवाजा खटखटाया। मैंने बड़ी मुश्किल से दरवाजा खोला वे मुझे इस हाल में देखकर चौंक गए। मेरे कपड़े भीगे हुए और आंखें सूजी हुई थीं।'

'उस शाम एक पृष्ठ का बुलेटिन था। गांधी जी की मृत्यु की सूचना देनी थी। अंग्रेजी - हिन्दी के बुलेटिन एक के बाद एक पढ़ने थे।'— उन्होंने कहा।

उनहत्तर वर्ष की आयु में कई व्यक्तियों की आवाज में जवानी का दमखम नहीं रहता है। लेकिन त्रिपाठी जी की आवाज में आज भी वही रवानी है। वही जोश है। वे इस बात से बहुत दुःखी हैं कि एक सुनियोजित तरीके से आकाशवाणी में हिन्दी को अपदस्थ और पथ्भ्रष्ट करने का षड्यंत्र चल रहा है। इस बात से उन्हें आक्रोश है, गुस्सा है।

वे कहते हैं — 'हिन्दी में नकल करने वालों का आकाशवाणी अड्डा बना हुआ है। यह तब तक चलता रहेगा, जब तक कि मूल ढांचा तथा चयन और नियुक्ति की नीति नहीं बदलेगी।'

१ दिसम्बर, १९४३ से १७ जून १९७४ तक आकाशवाणी की सेवा में रहे त्रिपाठी जी स्वाभिमान और जीवट के धनी हैं वे राष्ट्रभाषा हिन्दी को राष्ट्रीय एकता के लिए अनिवार्य माध्यम मानते हैं। पाश्चात्य संगीत और अंग्रेजी के दबदबे से प्रदूषित होती हिन्दी और उसके कार्यक्रमों में ठूंसी जा रही उर्दू के वे कट्टर आलोचक हैं।

१५ दिसम्बर १९१५ को जन्मे त्रिपाठी जी को स्वाधीनता प्राप्ति के बाद आकाशवाणी से उस समाचार का हिन्दी में पहला बुलेटिन पढ़ने का श्रेय भी मिला।

वे बताते हैं — '१५ अगस्त १९४७ को सवेरे सवा आठ बजे के बुलेटिन में मैंने हाथ से लिखी हुई ८७ शीट्स पढ़ी। सामान्यतः मैं ५० शीट्स ही पढ़ता था। उस दिन खबरें पढ़ते हुए मैं भावातिरेक में बह रहा था।'

कुछ कारणों से त्रिपाठी जी ने गांधी जी की मृत्यु के बाद आकाशवाणी से खबरें पढ़ना बंद कर दिया। नौकरी छोड़नी चाही। इस बात की जानकारी तत्कालीन उद्योगमंत्री डा. श्यामाप्रसाद मुखर्जी को हुई। वे बाराखंभा रोड पर वहां रहते थे, जहां आजकल ईरान का दूतावास है। उन्होंने वरिष्ठ अधिकारियों से कहा कि त्रिपाठी बी. बी. सी जाना चाहता है। यदि हमारे लिए उपयोगी हो तो यहीं रख लें।

अधिकारियों ने केबिनेट मंत्री के साफ कहने पर भी मेरी नियुक्ति नहीं की। अगर आज की तरह का माहौल होता तो पता नहीं अफसर, मंत्री को खुश रखने के लिए क्या नहीं करते। मेरे लिए ७ अधिकारियों का बोर्ड बैठा। दो घंटे इंटरव्यू चला। तब जाकर प्रोग्राम एक्जीक्यूटिव के पद पर मेरी नियुक्ति की गई। यह पद उन कलापों को याद करते हुए बताया कि उन दिनों हिन्दुस्तानी में मैं ही खबरें पढ़ा करता था। अंग्रेजी और उर्दू का दबदबा था। हालात यहां तक थे कि उत्तरी भारत के सभी केंद्रों के कार्यक्रम का आरम्भ 'आदाब अर्ज' कहकर शुरू होते थे और 'खुदा हाफिज' से समापन होता था। चार न्यूज बुलेटिन होते थे। इनमें दो, १५-१५ तथा दो १०-१० मिनिट के। दो बुलेटिन विदेश सेवा के लिए भी अन्य विदेशी भाषाओं में भी होते थे। जिस वक्त मैंने नौकरी शुरू की उस समय देवनागरी में कोई लिखने को ही तैयार नहीं था। उर्दू और अंग्रेजी में ही काम होता था।

त्रिपाठी जी का कहना है कि यदि जागरूक लोगों ने आकाशवाणी में हिन्दी को भ्रष्ट होने से नहीं बचाया गया तो देश के लिए घातक बात होगी। उनके विचार, उनका चिन्तन आज के परिवेश में आक्रोश की भींच में दबी चिनगारी की तरह है। वे रेडियो दूरदर्शन के प्रख्यात समीक्षक हैं। हिन्दी-अंग्रेजी अखबारों में कालम भी लिखते रहे हैं। आजकल भी इस अवस्था में लम्बे-तड़ंगे त्रिपाठी जी को देखकर यह नहीं लगता कि वह (७०) के करीब पहुंच चुके हैं। आवाज में कड़कपन उन्हें कभी बूढ़ा ही न होने दे।

—ब्रजेन्द्र रेही

शिवकुमार त्रिपाठी

एक आवाज़ जिसने पूरे देश में तहलका मचा दिया

(14 अक्टूबर, 1984)

7

"वह एक मनहूस दिन था। मुझे माइक्रोफोन से जो कुछ कहना था, वह सब कहने की मेरी मानसिक तैयारी नहीं थी, पर कहना जरूर था। वह मेरा दायित्व भी था, जो मेरी भावनाओं और भावुकता से जुड़ा हुआ था।"

संकेत मिलते ही मेरे मुंह से पहला वाक्य निकला– "बड़ी मुश्किल है एक आदमी के लिए उस समय कुछ भी कहना, जब उसके देश के पितामह की लाश उसके सामने पड़ी हो और उससे कहा जाए कि तू इसे देख और देखकर दुनिया को बता कि तू क्या देख रहा है।" इसलिए मैं इतना ही बोल पाया–"मैं थोड़ी देर बाद कोशिश करूंगा। और भर्राए हुए गले से मैंने माइक्रोफोन अपने साथी मेलविन डि'मेलो को थमा दिया।"

यह घटना है 31 जनवरी 1948 की। उस दिन सुबह राष्ट्रपिता बापू की अंतिम यात्रा शुरू हुई थी। आकाशवाणी ने इसका आखों देखा हाल प्रसारित करने का यकायक निश्चय किया था। इसकी सूचना मुझे रात 12 बजे बाद

आकाशवाणी दिल्ली के केन्द्र निदेशक श्री बी.बी.भट्ट ने हाथ से लिखकर भिजवाई थी।

''उस समय तक आकाशवाणी से हिन्दी में रनिंग कमेंट्री शुरू नहीं हुई थी। मेरे लिए भी यह अवरार था रनिंग कमेंट्री करने का।'' श्री शिवकुमार त्रिपाठी ने कहा। केन्द्र निदेशक के पद से रोवानिवृत्त 69 वर्षीय श्री त्रिपाठी उन दिनों आकाशवाणी दिल्ली में हिन्दी के न्यूजरीडर (समाचारवाचक) थे। वे 1945 से यहीं काम कर रहे थे। एक ऐसा समय भी था जब उनकी आवाज़ के लाखों दीवाने थे।

स्मृतियों के दरवाज़े खटखटाते हुए उन्होंने कहा– ''30 जनवरी को शाम छह बजे तथा रात सवा नौ बजे का न्यूज़ बुलेटिन मुझे पढ़ना था। मैं कोई साढ़े पांच बजे के आस–पास यूनिट में पहुंचा। अनुवादक एन.एस.बेदी वहां बैठे हुए थे। खामोश और गंभीर। मुझे कुछ मालूम नहीं था। मैंने उससे अपने चलते अंदाज़ में पूछा–'अबे ! मेरा बुलेटिन कहां है?'

बेदी कुछ क्षण यों ही खामोश रहा, फिर उसने आश्चर्यभरी निगाहें मेरी ओर उठाईं। मुझे लगा, उसकी आंखों में प्रश्नचिह्न के बिम्ब तैर रहे हैं। मैं कुछ समझ नहीं पाया। वह धीरे से ग़मगीन स्वर में बोला–'आपको पता नहीं। गांधीजी को गोली मार दी गई। वे मर गए।'

मैं भौचक्का रह गया। कुछ क्षण तक मुझे लगा जैसे पैरों के नीचे की ज़मीन ने मुझे बांध लिया है। फिर मैं सुपरवाइजर के कमरे में गया। वहां कोई नहीं था। कमरा भीतर से बंद करके मैं खूब रोया। उधर, डायरेक्टर न्यूज मुरारी लाल चावला मुझे ढूंढ रहे थे। जब मैं कहीं भी दिखाई नहीं दिया तो वे यूनिट में आए। उन्होंने देखा कि सुपरवाइजर का कमरा अंदर से बंद है। उन्होंने दरवाजा खटखटाया। मैंने बड़ी मुश्किल से दरवाजा खोला। वे मुझे इस हाल में देखकर चौंक गए। मेरे कपड़े भीगे हुए और आंखें सूजी हुई थीं। उस शाम एक पृष्ठ का बुलेटिन था। गांधीजी की मृत्यु की सूचना देनी थी। अंग्रेज़ी–हिन्दी के बुलेटिन एक के बाद एक पढ़ने थे।''

उनहत्तर वर्ष की आयु में कई व्यक्तियों की आवाज़ में जवानी का दगखम नहीं रहता। लेकिन त्रिपाठीजी की आवाज़ में आज भी वही रवानी है, वही जोश है। वे बहुत दुःखी हैं कि एक सुनियोजित तरीके से आकाशवाणी में

हिन्दी को अपदस्थ और भ्रष्ट करने का षड़यंत्र चल रहा है। इस बात से उन्हें आक्रोश है, गुस्सा है।

वे कहते हैं– ''आकाशवाणी हिन्दी से नफ़रत करने वालों का अड्डा बना हुआ है। यह तब तक चलता रहेगा जब तक मूल ढांचा तथा चयन और नियुक्ति की नीति नहीं बदलेगी।''

2 दिसम्बर 1943 से 17 जून 1974 तक आकाशवाणी की सेवा में रहे त्रिपाठीजी स्वाभिमान और जीवट के धनी हैं। वे राष्ट्रभाषा हिन्दी को राष्ट्रीय एकता के लिए अनिवार्य माध्यम मानते हैं। पाश्चात्य संगीत और अंग्रेजी के दबदबे से प्रदूषित होती हिन्दी और उसके कार्यक्रमों में ठूंसी जा रही उर्दू के वे कट्टर आलोचक हैं।

15 दिसम्बर, 1915 को जन्मे त्रिपाठीजी को स्वाधीनता प्राप्ति के तुरंत बाद आकाशवाणी से हिन्दी का पहला बुलेटिन पढ़ने का श्रेय भी मिला। वे बताते हैं– ''16 अगस्त, 1947 को सवेरे सवा आठ बजे के बुलेटिन में मैंने हाथ से लिखी हुई 87 शीट्स पढ़ी। सामान्यतः मैं 50 शीट्स ही पढ़ता था। उस दिन खबरें पढ़ते हुए मैं भावातिरेक में बह रहा था। मेरा रोम–रोम पुलकित था।''

त्रिपाठीजी ने गांधीजी की मृत्यु के बाद आकाशवाणी से खबरें पढ़ना बंद कर दिया और नौकरी छोड़नी चाही। इस बात की जानकारी तत्कालीन उद्योगमंत्री डा. श्यामाप्रसाद मुखर्जी को हुई। वे बाराखंभा रोड पर उस जगह रहते थे, जहां पर आजकल ईरान का दूतावास है। उन्होंने वरिष्ठ अधिकारियों से कहा कि त्रिपाठी बी.बी.सी. जाना चाहता है। यदि हमारे लिए उपयोगी हो तो यहीं रख लें।

''अधिकारियों ने कैबिनेट मंत्री के कहने पर भी मेरी नियुक्ति नहीं की। अगर आज की तरह का माहौल होता तो पता नहीं अफसर मंत्री को खुश करने के लिए क्या नहीं करते। मेरे लिए सात अधिकारियों का बोर्ड बैठा। दो घंटे इन्टरव्यू चला। तब जाकर प्रोग्राम एक्जीक्यूटिव के पद पर मेरी नियुक्ति की गई। यह पद उन दिनों आज के मुकाबले में कहीं अधिक महत्वपूर्ण पद था।''

विन्यास

हिन्दी, अंग्रेजी और उर्दू के विद्वान त्रिपाठीजी ने आज़ादी से पहले आकाशवाणी के क्रियाकलापों को याद करते हुए बताया कि "उन दिनों हिन्दुस्तानी यहां तक फैली थी कि उत्तरी भारत के केन्द्रों के सभी कार्यक्रमों का आरंभ 'आदाब अर्ज़' से शुरू होता था और 'ख़ुदा हाफ़िज़' से उनका समापन होता था। चार न्यूज़ बुलेटिन होते थे। इनमें दो 15–15 तथा दो 10–10 मिनट के थे। दो बुलेटिन विदेश सेवा के लिए भी विदेशी भाषाओं में होते थे। जिस वक्त मैंने नौकरी शुरू की, उस समय देवनागरी में कोई लिखने को ही तैयार नहीं था। उर्दू और अंग्रेज़ी में ही काम होता था।"

त्रिपाठीजी का कहना है कि "यदि जागरूक लोगों ने आकाशवाणी में हिन्दी को भ्रष्ट होने से नहीं बचाया तो देश के लिए घातक बात होगी।" उनके विचार, उनका चिन्तन आज के परिवेश में आक्रोश की नींव में दबी चिंगारी की तरह है। वे रेडियो, दूरदर्शन के प्रख्यात समीक्षक हैं। हिन्दी–अंग्रेज़ी अखबारों में वे कॉलम भी लिखते रहे हैं। आज भी त्रिपाठीजी को देखकर यह नहीं लगता कि वह 70 वर्ष के करीब पहुंच चुके हैं। शायद आवाज़ का कड़कपन उन्हें कभी बूढ़ा ही नहीं होने देगा।

▼ ▼ ▼

एक मनोरंजक खोज

बिच्छू बस्ती

बिच्छू का नाम सुनते ही कंपकंपी-सी होने लगती है। बिच्छू ऐसा जीव है जिसके काटने से मृत्यु तक हो जाती है। इसकी दुम के अन्त में एक थैली में रखा हुआ जहर सुई से भी पैने डंग द्वारा शरीर में प्रवेश कर जाता है और आदमी असह्य वेदना से छटपटाने लगता है।

बिच्छुओं के बारे में यह प्रचलित है कि ये कभी अन्य जीवों की तरह बिल बना कर या समूह में नहीं रहते हैं। आम तौर पर बिच्छू पत्थरों के नीचे, लकड़ियों की दरारों तथा कूड़े-करकट के ढेर में दबे रहते हैं।

उदयपुर के वन्य जीव प्रेमी श्री रजा एच. तहसीन ने इसी वर्ष के प्रारम्भ में 'एक बिच्छू बस्ती' की खोज की है। भारतीय प्राणी सर्वेक्षण विभाग के उप-निदेशक डा. बी. एस. लाम्बा ने इस खोज को एक मनोरंजक खोज बताया है।

श्री तहसीन के अनुसार यह 'बिच्छू बस्ती' उदयपुर से लगभग १७५ कि. मी. दूर कोटड़ा में सोम नदी के पास एक पहाड़ी पर है, इस पहाड़ी पर हजारों की तादाद में बिच्छू हैं। ये बिच्छू लगभग डेढ़ इंच चौड़े तथा क्रिकेट की गेंद की तरह के गोल बिल में रहते हैं। मटमैले रंग के ये बिच्छू अन्य सामान्य पहाड़ी बिच्छुओं की तरह ही हैं। यहां बिच्छुओं के हजारों बिल लगभग तीन सौ वर्ग गज क्षेत्र में देखे गए हैं।

ऐसी मान्यता है कि दो बिच्छू कभी साथ नहीं रहते। सहवास के बाद नर बिच्छू इतना लस्तपस्त हो जाता है कि मादा बिच्छू उसे खा जाती है, या वह स्वयं ही मर जाता है। बिच्छू के सौ के आसपास बच्चे होते हैं, ये बच्चे भी या तो मादा बिच्छू को खा जाते हैं या मादा बच्चों को खा जाती है, ये बच्चे ही मुश्किल से बच पाते हैं जो अलग-थलग हो जाते हैं।

श्री तहसीन ने बताया—"मैं उड़ने-वाली गिलहरियों की खोज में धरियावद तथा पानरवा के जंगलों में भटक रहा था कि अचानक ही 'बिच्छू-बस्ती' पहुंच गया। इससे पूर्व कभी ऐसी बस्ती नहीं देखी थी और न कहीं कुछ पढ़ा था। इस पहाड़ी पर जब मैंने सैंकड़ों की तादाद में बने हुए ये 'बिल' देखे तो मैं आश्चर्यचकित रह गया, मैंने अपने चाकू से कुरेद कर देखा तो उसमें से बिच्छू निकला। एक क्षण को मैं रोमांचित हो आया। कुछ क्षणों बाद मैंने ५-१० बिलों को और कुरेदा, तब जाकर मुझे विश्वास हो गया कि ये बिच्छुओं के बिल ही हैं।

—बृजेन्द्र रेही

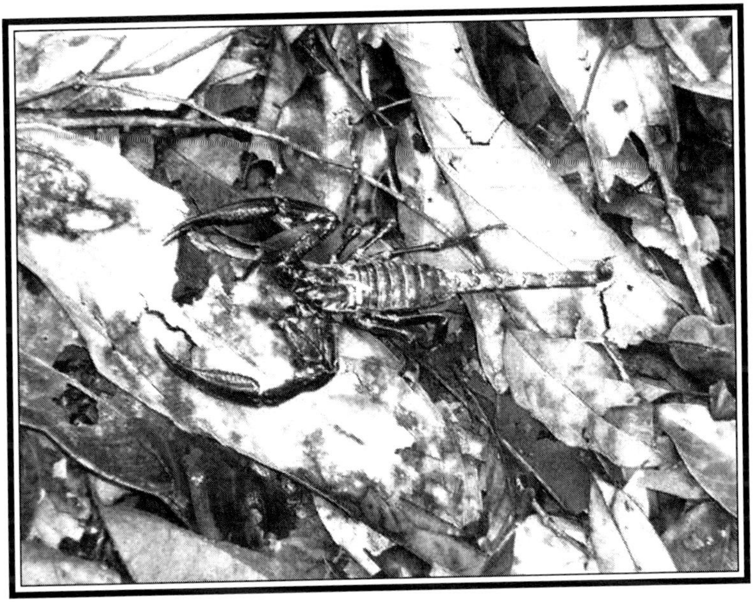

एक मनोरंजक खोज – बिच्छू बस्ती

(5 मई 1980)

8

बिच्छू का नाम सुनते ही कंपकपी–सी होने लगती है। बिच्छू ऐसा जीव है जिसके काटने से मृत्यु तक हो जाती है। इसकी दुम के अन्त में एक थैली में रखा हुआ जहर सुई से भी पैने डंक के द्वारा शरीर में प्रवेश कर जाता है और आदमी असह्य वेदना से छटपटाने लगता है।

बिच्छुओं के बारे में यह प्रचलित है कि वे कभी अन्य जीवों की तरह बिल बनाकर या समूह में नहीं रहते हैं। आमतौर पर बिच्छू पत्थरों के नीचे, लकड़ियों की दरारों तथा कूड़े–करकट के ढेर में दबे रहते हैं।

उदयपुर के वन्य जीव प्रेमी श्री रजा एच. तहसीन ने इसी वर्ष के प्रारंभ में 'एक बिच्छू बस्ती' की खोज की है। भारतीय प्राणी सर्वेक्षण विभाग के उपनिदेशक डा. बी.एस. लाम्बा ने इस खोज को एक मनोरंजक खोज बताया है।

श्री तहसीन के अनुसार यह 'बिच्छू बस्ती' उदयपुर से लगभग 175 किमी. दूर कोटडा तहसील में सोम नदी के घाटे के पास एक पहाड़ी पर है। उन्होंने

इस पहाड़ी पर हजारों की तादाद में बिच्छू देखे हैं। ये बिच्छू लगभग डेढ़ इंच चौड़े तथा क्रिकेट की गेंद की तरह गोल बिल में रहते हैं। मटमैले रंग के ये बिच्छू अन्य सामान्य पहाड़ी बिच्छुओं की तरह ही हैं। बिच्छुओं के ये हजारों बिल लगभग तीन सौ वर्ग गज क्षेत्र में देखे गए हैं।

ऐसी मान्यता है कि दो बिच्छू कभी साथ नहीं रहते। सहवास के बाद नर बिच्छू इतना लस्तपस्त और अशक्त हो जाता है कि मादा बिच्छू उसे खा जाती है। बिच्छू के सौ के आसपास बच्चे होते हैं। ये बच्चे भी या तो मादा बिच्छू को खा जाते हैं या मादा बच्चों को खा जाती है। वे बच्चे ही मुश्किल से बच पाते हैं जो अलग–थलग हो जाते हैं।

श्री तहसीन ने बताया– ''मैं उड़ने वाली गिलहरियों की खोज में धरियावद तथा पानरवा के जंगलों में भटक रहा था कि अचानक ही 'बिच्छू बस्ती' पहुंच गया। इससे पूर्व कभी भी ऐसी बस्ती नहीं देखी थी और न कहीं कुछ पढ़ा था। इस पहाड़ी पर जब मैंने सैकड़ों की तादाद में बने हुए ये 'बिल' देखे तो मैं आश्चर्यचकित रह गया। मैंने अपने चाकू से कुरेद कर देखा तो उसमें से बिच्छू निकला। एक क्षण को मैं रोमांचित हो आया। कुछ क्षणों बाद मैंने 5–10 बिलों को और कुरेदा। तब जाकर मुझे विश्वास हो गया कि ये बिच्छुओं के बिल ही हैं। ऐसी है यह बिच्छुओं की मनोरजंक बस्ती।

▼ ▼ ▼

कुंभलगढ़ दुर्ग

कुंभलगढ़ दुर्ग

ऐतिहासिक कुंभलगढ़ दुर्ग

(1970)

9

राजस्थान शक्ति और भक्ति की भूमि है। यहां के शासकों में अनेक ऐसे शासक हुए हैं जिन्होंने राजस्थान को साहित्य, संस्कृति और कला से समृद्ध किया है। ऐसे ही शासकों में से एक थे महाराणा कुंभा।

महाराणा कुंभा सन् 1433 में मेवाड़ के अधिपति बने। वे वीर योद्धा ही नहीं थे बल्कि कला, संगीत और साहित्य के मर्मज्ञ थे। उन्होंने अपने शासनकाल में जहां आक्रमणकारियों का डटकर मुकाबला किया वहीं मेवाड़ के निर्माण में अनेक ऐसे पृष्ठ जोड़े हैं जो आज पांच शताब्दियों के बाद उनके व्यक्तित्व और कृतित्व को याद दिलाए बिना नहीं रहती है।

शत्रुओं से लोहा लेने के लिए मेवाड़ के महाराणाओं ने 84 दुर्ग बनाए। इनमें से 33 दुर्ग अकेले महाराणा कुंभा ने बनवाए। इन दुर्गों में एक महत्वपूर्ण दुर्ग है कुंभलगढ़।

अपनी सुदृढ़ प्राचीरों, साधना–स्थलों और शिल्पकला की दृष्टि से अद्वितीय कुंभलगढ़ दुर्ग उदयपुर से लगभग 80 किलोमीटर दूर है। अरावली

की गिरिमालाओं में 36 सौ फुट की ऊंचाई पर निर्मित यह ऐतिहासिक किला चारों ओर घने जंगलों से घिरा हुआ है। केलवाड़ा गांव से 5 किलोमीटर दूर इस विशाल दुर्ग ने ऐसी कथाओं को बुना है, जिन्हें कभी भुलाया नहीं जा सकता।

कुंभलगढ़ का निर्माण महाराणा कुंभा ने गुजरात के शासकों के हमलों से बचने के लिए किया था। इतिहासकारों में इसके निर्माण–काल को लेकर अनेक मतभेद हैं, किन्तु उपलब्ध प्रमाणों से लगता है कि इसका निर्माण सन् 1448 के आसपास ही पूरा हुआ।

किदवंतियां हैं कि जिन कलाकारों ने देलवाड़ा के अद्भुत और कलात्मक मंदिर बनाए, जिनकी टांकी और हथौड़ियों ने अरावली की हरियाई घाटी में हीरे सा दमकता रणकपूर का जैन मंदिर संवारा उन्हीं के वंशजों ने कुंभलगढ़ का किला भी बनाया।

इस दुर्ग में चित्तौड़गढ़ के किले में निर्मित कीर्तिस्तंभ की तरह का एक स्तंभ है, उसे कीर्तिस्तंभ के नाम से ही जाना जाता है।

दुर्ग की प्राचीरों ने अपनी गोद में सहेज रखे हैं अनेक मंदिर। इनमें शिव संभवसरण, पितलियादेव तथा मामादेव के मंदिर शिल्पकला की दृष्टि से बेजोड़ हैं। किले में निर्मित 'यज्ञदेवी' एक ऐसा दर्शनीय स्थल है, जो तिमंजिली है। यह एक इमारत के सदृश्य दिखाई देती है। नीलकंठ मंदिर में विष्णु की एक प्रतिमा है, जिसके 12 हाथ है। दो विशाल मंडप इस बात के साक्षी हैं कि संगीत और कला का संरक्षण स्थल रहा होगा कुंभलगढ़ का दुर्ग।

कुंभलगढ़ के दुर्ग से कई मूर्तियां प्राप्त हुई हैं। इनमें से अनेक मूर्तियां उदयपुर के म्यूजियम में से हैं। इन मूर्तियों में महालक्ष्मी, कुबेर, महिषासुर–मर्दिनी, पृथ्वी आदि की मूर्तियां हैं। वस्तुतः कुंभलगढ़ दुर्ग के महल उतने आकर्षक नहीं हैं किन्तु इस सुदृढ़ दुर्ग की प्राचीरें यह साबित अवश्य करती हैं कि युद्ध भूमि में ही नहीं कला भूमि में भी मेवाड़ के लोग पीछे नहीं थे।

इतिहास

इस दुर्ग के आंचल में मेवाड़ का गौरवमय इतिहास रचा गया है। सन् 1536 की घटना होगी वह। बनवीर के अत्याचारों से बचाकर पन्नाधाय

चित्तौड़ से सीधी कुंभलगढ़ दुर्ग आई थीं। अपने आंचल में छिपाकर लाई थीं उदयपुर नगर के निर्माता और महाराणा प्रताप के पिता बालक उदयसिंह को। पन्नाधाय ने उदयसिंह के शिक्षण की भी यहीं व्यवस्था की। धीरे–धीरे राजपूत सामंतों ने उदयसिंह को मेवाड़ का शासक स्वीकार कर लिया। बाद में उदयसिंह ने इस दुर्ग में रहते हुए सेना संगठित की और चित्तौड़ पर कब्जा कर लिया। युद्ध स्थल से बनवीर भाग निकला।

गोगुन्दा में राजतिलक के बाद महाराणा प्रताप कुंभलगढ़ दुर्ग में ही रहे। यहीं उन्होंने सैन्य शक्ति संगठित की। 21 जून 1576 के 'हल्दीघाटी' के युद्ध के बाद भी महाराणा प्रताप इसी दुर्ग में आकर रहे। सम्राट अकबर ने सैनिकों को अक्टूबर 1557 में शाहबाज खां के नेतृत्व में कुंभलगढ़ भेजा किन्तु वे प्रताप को पाने में सफल नहीं हुए।

अकबर के सैनिकों ने इस दुर्ग पर 4 बार आक्रमण किया। फिर आया अप्रैल, 1578। अकबर नहीं चाहता था कि प्रताप उसके सामने सिर उठाएं और उस दुर्ग में रहें जिसकी प्राचीरें अभेद्य हैं। जिसका शिखर अभी तक अजेय है। प्रताप इस दुर्ग में रहकर तब तक मुकाबला करते रहे जब तक कि रसद मौजूद थी। शाहबाज खां के नेतृत्व में फिर अकबर के सैनिकों ने आक्रमण किया। प्रताप आधी रात को वहां से छिपकर निकल गए। अकबर के सैनिकों को कुछ भी हाथ नहीं आया।

कुंभलगढ़ दुर्ग की पहाड़ी की ढाल पर कुंवर पृथ्वीराज की छत्री बनी हुई है। 12 स्तंभों पर टिकी हुई यह छत्री सामंतों के पारिवारिक कलह की याद को ताजा करती है।

ऐसा है कुंभलगढ़ दुर्ग। राजस्थान के ऐतिहासिक किलों में अद्वितीय। नए शासकों ने वास्तुकला और शौर्य के प्रतीक इस दुर्ग के संरक्षण की ओर नजर भी नहीं उठाई। कुंभलगढ़ सभी ओर से पक्के सड़क मार्गों से जुड़ा भी नहीं है।

इस वर्ष दुर्ग की 521वीं वर्षगांठ मनाई जा रही है।

▼ ▼ ▼

अरावली की उपत्यकाओं में बसा नाथद्वारा

कला त्रिवेणी – नाथद्वारा

(दीपावली–1974)

कला त्रिवेणी-नाथद्वारा

नाथद्वारा, वल्लभ सम्प्रदाय का प्रधान पीठ होने के कारण विख्यात है। यहां पर भगवान श्रीनाथ जी का एक विशाल मंदिर है। इस मंदिर की गणना देश के सम्पन्न मंदिरों में की जाती है।

नाथद्वारा नगर की स्थापना सन १७८४ के आसपास श्रीनाथजी की मूर्ति के नाथद्वारा आगमन के बाद हुई। श्रीनाथजी के नाम पर ही इस कस्बे का नाम 'नाथद्वारा'' पड़ा। भगवान श्रीनाथ, श्री कृष्ण का ही बाल रूप है। ऐतिहासिक प्रमाणों के अनुसार इस मूर्ति का प्राकट्य उत्तर प्रदेश के जतीपुरा कस्बे में गिरिराज पर्वत से हुआ। सन १५२३ का श्रावण अपस्ती मास था। बरसात की रिम-झिम फुहारें हो रहीं थी कि श्रीनाथ जी की उर्ध्व भुजा पर्वत पर दिखाई दी। इस क्षेत्र के ब्रजवासी देवता की भुजा समझ कर उसका पूजन अर्चन करते रहे। तत्पश्चात सन् १५९२ में भुजा के बाद मूर्ति के मुख के दर्शन हुए। कहा जाता है कि जिस दिन गिरिराज पर्वत पर श्रीनाथजी के मुख के दर्शन हुए उसी दिन पुष्टिमार्गीय वैष्णव सम्प्रदाय के प्रवर्तक महाप्रभु वल्लभाचार्य का भी जन्म हुआ। आगे चल कर सन् १६०६ में आचार्य वल्लभ ने भगवान श्रीनाथ जी की मूर्ति की प्राण प्रतिष्ठा की। वल्लभ संप्रदाय में मूर्ति को 'स्वरूप' कहा जाता है, और इसमें कृष्ण के बाल भाव की सेवा की जाती है।

उन दिनों दिल्ली की राजसत्ता के अधिपति मुगल सम्राट औरंगजेब थे। उन्होंने भारत के हिन्दू मंदिरों को खंडित और नष्ट भ्रष्ट करने की योजना बनाई। इसका परिणाम यह हुआ कि वल्लभाचार्य के वंशज गोस्वामी गोविन्द जी महाराज श्रीनाथ जी के स्वरूप को छुपाते छिपाते मेवाड़ राज्य में चले आये। मेवाड़ के तत्कालीन महाराणा राजसिंह ने उन्हें शरण दी। जिस स्थान पर श्रीनाथ जी के स्वरूप को लाकर सुरक्षित रखा गया, वह स्थान 'सिंहाड़' ग्राम है। यह ग्राम आज के श्रीनाथ जी मंदिर से लगभग तीन किलो मीटर दूर है। मंदिर के साथ ही ''मोती महल'' नाम का एक भव्य महल भी नाथद्वारा में है। इस महल में वल्लभ संप्रदाय के प्रधान तिलकायत गोविन्दलालजी महाराज निवास करते हैं।

वल्लभ संप्रदाय में मंदिरों का निर्माण कलात्मकता से नहीं किया जाता है। ये मंदिर विशाल हवेलियों की तरह से ही हैं। इन मंदिरों पर कोई शिखर भी नहीं होता है किन्तु श्रीनाथजी के मंदिर में शिखर की जगह ''सुदर्शन- चक्र'' स्थापित है, जिस पर सात ध्वज फहराते रहते हैं। ये ध्वज श्रीनाथ जी मंदिर पर ही है। क्योंकि यह प्रधानपीठ है।

वल्लभ संप्रदाय के मंदिरों में 'सेवा' का अपना क्रम है। यहां वर्ष में कई उत्सव मनाये जाते हैं जिनमें ''अन्नकूट'' का उत्सव अपनी विशेषता लिये हुए है। यह उत्सव दीपावली के दूसरे दिन मनाया जाता है। अन्नकूट का उत्सव सारे देश में प्रसिद्ध है और हजारों की तादाद में तीर्थयात्री इस अवसर पर नाथद्वारा पहुंचते हैं।

गोवर्धन पूजा

अन्नकूट के दिन ''गोवर्धन-पूजा'' के चौक में गोबर का एक विशाल 'गोवर्धन पर्वत' बनाया जाता है। जिसे लकड़ी के घेरे से बांध कर सुरक्षित रखा जाता है। चौक के शेष भाग में श्रीनाथ जी मंदिर की गाएं आती हैं। इस दिन इन सैंकड़ों गायों की पूजा होती है। फिर ''प्रधान गौ'' से गोबर का [illegible]

लूट के चावल को ''पवित्र चावल'' मानते हैं और किसी भी शुभ कार्य के प्रारम्भ करने से पहले उसका उपयोग करते हैं। यह प्रथा नाथद्वारा क्षेत्र के आदिवासियों में ही प्रचलित है।

भीलों की यह लूट कब प्रारम्भ हुई, इसका अभी तक कोई प्रमाण तो नहीं मिला है किन्तु जानकार लोगों का कहना है कि सौ वर्ष से अधिक समय हो गया होगा।

ब्रजेन्द्र रेही

पुष्टि भक्ति तथा प्रणाली में आठ 'स' कारों का बड़ा महत्व है। ये हैं सेवा सामग्री, संगीत, साहित्य, शृंगार साज और संयम। इसलिए नाथ द्वारा में संगीत, चित्रकला, भित्ती चित्रकला, मीनाकारी, पाक-कला, पिछवाई जैसी कलाओं को विकसित होने का पूरा अवसर मिला है। यहां के चित्रकारों ने न केवल देश में ही बल्कि विदेशों में भी अपनी कला की छाप छोड़ी है। उन्हें आज भी सम्मानपूर्वक याद किया जाता है।

संगीत

संगीत की दृष्टि से वल्लभ संप्रदाय के मंदिरों की अपनी विशेषता है। नाथद्वारा के श्रीनाथ मंदिर में अष्टछाप के कवियों की परम्परा में ही भक्ति संगीत होता है। वल्लभाचार्य के पुत्र गुसाईं विठ्ठलनाथ ने कीर्तन सेवा को एक व्यवस्थित रूप प्रदान किया और आठ कीर्तनकारों की मंडली बनाई। इनमें सूरदास, परमानन्द दास, कुम्भनदास, कृष्णदास, छीतस्वामी, गोविन्द स्वामी, नन्ददास और चतुर्भुज दास जैसे विख्यात कवियों को नियुक्त किया।

कीर्तन, सेवा की एक व्यवस्था है। सेवा में कीर्तन का उतना ही महत्व है जितना यज्ञादि में वैदिक मंत्रों का कीर्तन में पद ऋतुओं और उत्सवों के अनुसार गाये जाते हैं। मंदिर के आठ दर्शनों मंगला, शृंगार, ग्वाल, राजभोग, उत्थापन, भोग, संध्या, आरती और शयन के लिए अलग अलग पद निर्धारित किये गये हैं। इतना ही नहीं वाद्य यंत्र भी निर्धारित हैं।

पुष्टि मार्ग की संगीत परम्परा को ''हवेली परम्परा'' भी कहा जाता है। इस शब्द का प्रचलन गुजरात की देन है, जहां पुष्टि मार्ग के सम्बन्ध में इसका प्रयोग किया गया है।

श्रीनाथ जी और अन्य मंदिरों में [illegible]

गोचर होता है। यहां के कलाकार पशुपक्षी और मानव आकृतियों के सजीव अंकन में सिद्धहस्त हैं। कलम से उद्यान- चित्रण तो देखते ही बनता है। चित्रांकन में परम्परागत रंगों का ही उपयोग किया जाता है। समय के बदलते हुए फेर में नाथद्वारा शैली का भी व्यवसायीकरण होता जा रहा है। फिर भी अनेक कलाकार आज भी मौजूद हैं, जो स्वांत: सुखाय 'कला- साधना' में संलग्न हैं। नाथद्वारा के चित्रकारों की अनेक कलाकृतियां जर्मनी ब्रिटेन और जापान के संग्रहालयों में आज भी शोभा बढ़ा रही हैं।

नाथद्वारा शैली की प्राचीनता को बनाये रखने और चित्रकारों को संरक्षण प्रदान करने के लिए यहां ''विशाल आर्ट गैलेरी'' स्थापित की जानी चाहिए। इस गैलेरी में चित्रों को उचित मूल्य पर बिक्री के लिए रखा जाना चाहिए। प्रतिभासम्पन्न चित्रकारों को पर्याप्त सहयोग दिया

(शेष पृष्ठ १२ पर)

10

नाथद्वारा, वल्लभ सम्प्रदाय का प्रधान पीठ होने के कारण विख्यात है। यहां पर भगवान श्रीनाथ जी का एक विशाल मंदिर है। इस मंदिर की गणना देश के सम्पदा सम्पन्न मंदिरों में की जाती है।

नाथद्वारा नगर की स्थापना सन् 1784 के आसपास श्रीनाथजी की मूर्ति के नाथद्वारा आगमन के बाद हुई। श्रीनाथजी के नाम पर ही इस कस्बे का नाम 'नाथद्वारा' पड़ा। भगवान श्रीनाथ, श्रीकृष्ण का ही बाल रूप हैं। ऐतिहासिक प्रमाणों के अनुसार इस मूर्ति का प्राकट्य उत्तर प्रदेश के जतीपुरा कस्बे में गिरिराज पर्वत से हुआ। सन् 1523 का श्रावण (अगस्त) मास था। बरसात की रिम–झिम फुहारें हो रहीं थीं कि श्रीनाथ जी की उर्ध्व भुजा पर्वत से निकलती हुई दिखाई दी।

इस क्षेत्र के ब्रजवासी देवता की भुजा समझ कर उसका पूजन अर्चन करते रहे। तत्पश्चात् सन् 1592 में भुजा के बाद मूर्ति के मुख के दर्शन हुए। कहा जाता है कि जिस दिन गिरिराज पर्वत पर श्रीनाथजी के मुख के दर्शन

श्रीनाथजी मंदिर का सूरजपोल द्वार

हुए उसी दिन पुष्टिमार्गीय वैष्णव सम्प्रदाय के प्रवर्तक महाप्रभ् वल्लभभाचार्य का भी जन्म हुआ। आगे चल कर सन् 1606 में आचार्य वल्लभ ने भगवान श्रीनाथजी की मूर्ति की प्राण प्रतिष्ठा की। वल्लभ संप्रदाय में मूर्ति को 'स्वरूप' कहा जाता है। इस संप्रदाय में कृष्ण के बाल भाव की सेवा की जाती है।

उन दिनों दिल्ली की राजसत्ता के अधिपति मुगल सम्राट औरंगजेब थे। उन्होंने भारत के हिन्दू मंदिरों को खंडित और नष्ट भ्रष्ट करने की योजना बनाई। इसका परिणाम यह हुआ कि वल्लभाचार्य के वंशज गोस्वामी गोविन्द जी महाराज श्रीनाथजी के स्वरूप को बचाते–छिपाते मेवाड़ राज्य में आए। मेवाड़ के तत्कालीन शासक महाराणा राजसिंह ने उन्हें शरण दी। जिस स्थान पर श्रीनाथजी के स्वरूप को लाकर सुरक्षित रखा गया, वह स्थान 'सिंहाड़' ग्राम है। यह ग्राम आज के श्रीनाथ मंदिर से लगभग तीन किलोमीटर दूर है। मंदिर के साथ ही 'मोती महल' नाम का एक भव्य महल भी नाथद्वारा में है। इस महल में वल्लभ संप्रदाय के प्रधान तिलकायत गोविन्दलालजी महाराज निवास करते हैं।

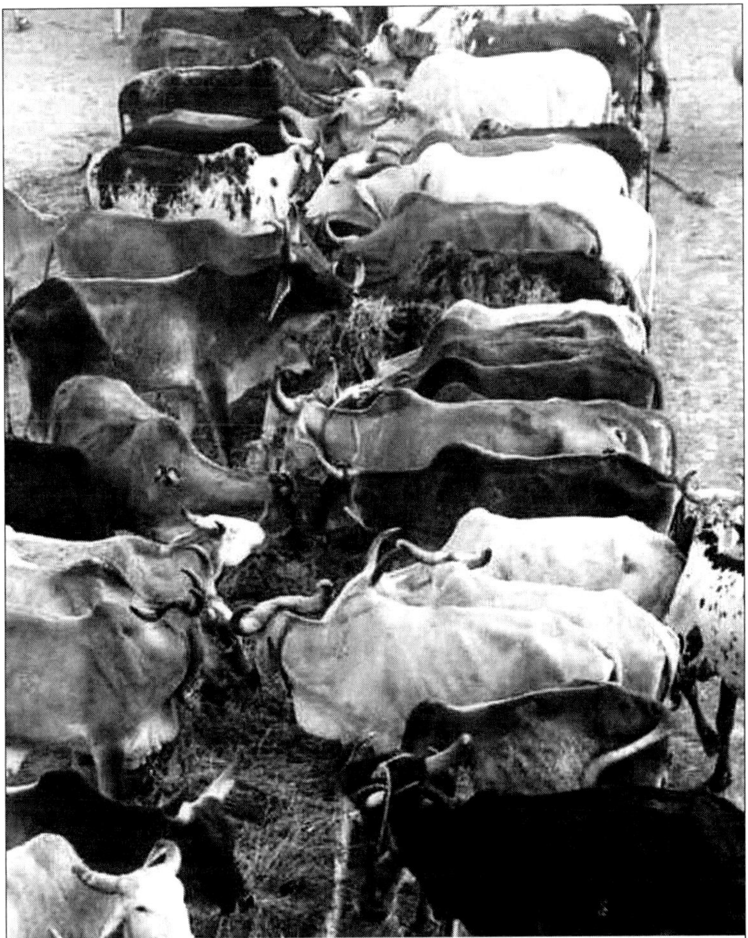

श्रीनाथजी मंदिर की गौशाला

वल्लभ संप्रदाय में मंदिरों का निर्माण कलात्मकता से नहीं किया जाता है। ये मंदिर विशाल हवेलियों की तरह से ही हैं। इन मंदिरों पर कोई शिखर भी नहीं होता है किन्तु श्रीनाथजी के मंदिर में शिखर की जगह ''सुदर्शन–चक्र'' स्थापित है, जिस पर सात ध्वज फहराते रहते हैं। ये ध्वज श्रीनाथजी मंदिर पर ही हैं क्योंकि यह प्रधानपीठ है।

वल्लभ संप्रदाय के मंदिरों में 'सेवा' का अपना क्रम है। यहां वर्ष में कई उत्सव मनाए जाते हैं जिनमें "अन्नकूट" का उत्सव अपनी विशेषता लिए हुए है। यहा उत्सव दीपावली के दूसरे दिन मनाया जाता है। अन्नकूट का उत्सव सारे देश में प्रसिद्ध है और हजारों की तादाद में तीर्थयात्री इस अवसर पर नाथद्वारा पहुंचते हैं।

गोवर्धन पूजा

अन्नकूट के दिन 'गोवर्धन पूजा' के चौक में गोबर का एक विशाल 'गोवर्धन पर्वत' बनाया जाता है। जिसे लकड़ी के घेरे से बांध कर सुरक्षित रखा जाता है। चौक के शेष भाग में श्रीनाथजी मंदिर की गाएं आती हैं। इस दिन सैकड़ों गायों की पूजा होती है। फिर "प्रधान गौ" से गोबर का गोवर्धन गुंधवाया जाता है। इस दिन की सबसे बड़ी विशेषता यही है कि 'गो–क्रीड़ा' देखते बनती है। मंदिर की गौशाला में सेवा करने वाले 'ग्वालिये' और ब्रजवासी सिर पर रंगबिरंगे चमकदार दुपट्टा बांधे और किलकारियां करते हुए गायों को खिलाते हैं। इन ग्वालियों को खिलाने की कला भी देखते ही बनती है। हाथ में एक बड़े झुनझुने को बजाते ही गायें ग्वाले पर झपटती हैं, किन्तु थोड़ी दूर भाग कर रुक जाती हैं। इस प्रकार की गौ–क्रीड़ा अपने आप में न केवल आकर्षक है, बल्कि दर्शनीय भी है।

गौ–पूजन से पहले गायों के सींगों को रंगा जाता है। उनके सिर पर मोर पंख बांधे जाते हैं तथा शरीर पर रंग–बिरंगे मांडने बनाए जाते हैं। गौ–क्रीड़ा का यह कार्यक्रम सायंकाल 5.30 बजे के आसपास 'गोवर्धन पर्वत' गूंधने के साथ ही समाप्त हो जाता है।

अन्नकूट

मध्यरात्रि से पूर्व श्रीनाथजी के अन्नकूट के दर्शन होते हैं। मंदिर के पट दर्शनार्थियों के लिए खोल दिए जाते हैं। श्रीनाथजी के स्वरूप (मूर्ति) के ठीक सामने के स्थान "डोल तिवारी" में लगभग 125 मन चावलों का ढेर लगाया जाता है। दर्शनार्थी दर्शन करके जब लौट जाते हैं तो लगभग मध्यरात्रि के आसपास भीलों द्वारा चावलों की लूट का कार्यक्रम होता है। मंदिर के चारों ओर की छतों, कंगूरों आदि स्थानों पर "लूट" को देखने के लिए हजारों की तादाद में यात्री खड़े–बैठे रहते हैं। गोवर्धन पूजा के चौक "सूरजपोल" दरवाजा खोल दिया जाता है और नंगे बदन, गले में झोला लटकाए,

श्रीनाथजी मंदिर के बाहर प्रसाद की दुकान

'हां–हो–हा–हा' की किलकारियां भरते हुए आदिवासी भील पके चावलों के पहाड़ पर टूट पड़ते हैं और अपने गले में लटकाए हुए झोले में अधिक से अधिक चावल भर कर लूट ले जाते हैं। गोवर्धन पूजा के चौक से लगाकर नाथद्वारा कस्बे के प्रमुख मार्गों और मंदिर के चारों ओर के मार्गों पर भील तरुणियां, युवतियां अपने पिता, भाईयों, पतियों आदि की प्रतीक्षा करती हैं। जैसे ही लूट का चावल लेकर भील पहुंचता है वे बांस की टोकरियों और पीपों में खाली कर लेती हैं। वह फिर ''लूट'' के लिए चला जाता है। लूट का यह क्रम दो–ढाई घंटे चलता है।

अन्नकूट के दिन भील लोग प्रातःकाल से ही नाथद्वारा आने शुरू हो जाते हैं और सांझ होते–होते इनकी संख्या हजारों तक पहुंच जाती है। ये लोग इसे धार्मिक मेले के रूप में मानते हैं। श्रीनाथजी के लूट के चावल को 'पवित्र चावल' मानते हैं और किसी भी शुभ कार्य के प्रारम्भ करने से पहले उसका उपयोग करते हैं। यह प्रथा नाथद्वारा क्षेत्र के आदिवासियों में ही प्रचलित है।

भीलों की यह लूट कब प्रारम्भ हुई, इसका अभी तक कोई प्रमाण तो नहीं मिला है किन्तु जानकार लोगों का कहना है कि सौ वर्ष से अधिक समय हो गया होगा।

विन्यास

पुष्टि भक्ति सेवा प्रणाली में सात 'स' कारों का बड़ा महत्व है। ये हैं सेवा सामग्री, संगीत, साहित्य, श्रृंगार, साज और संयम। इसलिए नाथद्वारा में संगीत, चित्रकला, भित्ती चित्रकला, मीनाकारी, पाक कला, पिछावाई जैसी कलाओं को विकसित होने का पूरा अवसर मिला है। यहां के कलाकारों ने न केवल देश में ही बल्कि विदेशों में भी अपनी कला की छाप छोड़ी है। उन्हें आज भी सम्मानपूर्वक याद किया जाता है।

संगीत

संगीत की दृष्टि से वल्लभ संप्रदाय के मंदिरों की अपनी विशेषता है। नाथद्वारा के श्रीनाथ मंदिर में अष्टछाप के कवियों की परम्परा में ही भक्ति संगीत होता है। वल्लभाचार्य के पुत्र गुंसाई विट्ठलनाथ ने कीर्तन सेवा को एक व्यवस्थित रूप प्रदान किया और आठ कीर्तनकारों की मंडली बनाई। इनमें सूरदास, परमानन्द दास, कुभनदास, कृष्णदास, छीतस्वामी, गोविन्द स्वामी, नन्ददास और चतुर्भुज दास जैसे विख्यात कवियों को नियुक्त किया।

कीर्तन, सेवा की एक व्यवस्था है। सेवा में कीर्तन का उतना ही महत्व है जितना यज्ञादि में वैदिक मंत्रों का। कीर्तन में पद ऋतुओं और उत्सवों के अनुसार गाए जाते हैं। मंदिर के आठ दर्शनों मंगला, श्रृंगार, ग्वाल, राजभोग, उत्थापन, भोग, संध्या, आरती और शयन के लिए अलग–अलग पद निर्धारित किए गए हैं। इतना ही नहीं वाद्य यंत्र भी निर्धारित हैं।

पुष्टिमार्ग की संगीत परम्परा को ''हवेली परम्परा'' भी कहा जाता है। इस शब्द का प्रचलन गुजरात की देन है, जहां पुष्टिमार्ग के सम्बन्ध में इसका प्रयोग किया जाता है।

श्रीनाथजी और अन्य मंदिरों में ध्रुपद–धमार शैली में कीर्तन की गायकी की जाती है। अष्टछाप के कवियों द्वारा रचित पदों में 'लावणी' का चलन नहीं है, इसलिए उन्हें पूर्ण ध्रुपद माना जाता है। इनके अलावा कुछ प्रमुख भक्त कवियों सर्वश्री जयदेव, हरिदास स्वामी, तानसेन, अकबर की प्रियतमा ''ताजबीवी'', हितहरिवंश, हरिराय जी के पदों को भी 'कीर्तन' में शामिल किया गया है।

कीर्तन में बीन, चारतार का तम्बूरा, सारंगी, हारमोनियम, पखावज और झांझ जैसे वाद्य यंत्रों का प्रयोग होता है। ''तबला'' का उपयोग नहीं किया जाता है।

नाथद्वारा का लाल बाग का मुख्यद्वार। द्वार पर बने भित्ति चित्र।

नाथद्वारा के संगीतकारों में स्व. हरनाथ कीर्तनकार, गोविन्दराम मुखिया, रामदास कीर्तनकार, पुरुषोत्तम पखावजी, मन्नालाला कीर्तनकार, मूलचन्द कीर्तनकार, अमृतलाल संगीताचार्य, श्यामसुन्दर कुमावत, पन्नालाल, बालकृष्ण आदि हैं।

जहां तक संगीत पद्धति और परम्परा का प्रश्न है, नाथद्वारा के कीर्तनकारों ने उसे अभी भी मूल रूप में बनाए रखा है। यह दुर्भाग्य की बात है कि नयी पीढ़ी के परम्परागत कीर्तनकार अब उतने दक्ष दिखाई नहीं देते हैं। यदि नाथद्वारा संगीत शैली को जीवित रखना है तो उसे संरक्षण प्रदान किया जाना चाहिए।

चित्रकला

नाथद्वारा के चित्रकारों ने दुनियां में अपने नाम की धूम मचाई है। इनमें स्व. नारायण शर्मा, रघुनाथ शर्मा, घासीराम शर्मा, जगन्नाथ शर्मा, हीरालाल

शर्मा, खूबीराम शर्मा, भगवान शर्मा और देवीलाल शर्मा प्रमुख हैं। वर्तमान में सर्व श्री नरोतम शर्मा, प्रेमनरेन्द्र शर्मा, कन्हैयालाल शर्मा, गोवर्धन जोशी, कन्हैयालाल जी, द्वारकालाल जांगिड़, नयन सुखलाल, जमनादास शर्मा, रेवाशंकर शर्मा, हीरालाल शर्मा, मोहन शर्मा, भूरालाल, रघुनाथ चित्रेश, हेमचन्द शर्मा, बी.एस.शर्मा, फतहलाल आदि अनेक प्रौढ़ युवा कलाकार कलम साधना में लीन हैं।

जहां तक नाथद्वारा की चित्रकला का प्रश्न है, इसका विकास श्रीनाथजी के नाथद्वारा आगमन के बाद से ही माना जा सकता है। चित्रकारी का काम करने वाले ''आदि गौड़ ब्राह्मण'' हैं जो मंदिर की परिक्रमा में वर्षों से रह रहे हैं। धीरे–धीरे इनका निवास ''चित्रकारों की गली'' के नाम से पुकारा जाने लगा। दुनिया में शायद ही कहीं इतने चित्रकार एक साथ किसी एक स्थान पर रहते हों।

नाथद्वारा शैली, एक विशिष्ट शैली है। जिस पर मुगल और राजपूत शैली का प्रभाव स्पष्टः दृष्टिगोचर होता है। यहां के कलाकार पशु–पक्षी और मानव आकृतियों के सजीव अंकन में सिद्धहस्त हैं। कलम से उद्यान–चित्रण तो देखते ही बनता है। चित्रांकन में परम्परागत रंगों का ही उपयोग किया जाता है। समय के बदलते हुए फेर में नाथद्वारा शैली का भी व्यवसायीकरण होता जा रहा है। फिर भी अनेक कलाकार आज भी मौजूद हैं, जो स्वांतः सुखाय 'कला–साधना' में संलग्न हैं। नाथद्वारा के चित्रकारों की अनेक कलाकृतियां जर्मनी, ब्रिटेन और जापान के संग्रहालयों में आज भी शोभा बढ़ा रही हैं।

नाथद्वारा शैली की प्राचीनता को बनाए रखने और चित्रकारों को संरक्षण प्रदान करने के लिए यहां ''विशाल आर्ट गैलरी'' स्थापित की जानी चाहिए। इस गैलरी में चित्रों को उचित मूल्य पर बिक्री के लिए रखा जाना चाहिए। प्रतिभा सम्पन्न चित्रकारों को पर्याप्त सहयोग दिया जाना चाहिए जिससे कि वे निश्चिंतता से कला–साधना में लगे रह सके।

दीवारों पर भी मानव और पशु आकृतियों के चित्रांकन में नाथद्वारा के कलाकार सिद्धहस्त हैं। दीवार पर वनस्पति रंगों और पत्थर या खनिज रंगों से इतने आकर्षक चित्र बनाए जाते हैं कि वे देखते ही बनते हैं। धीरे–धीरे भित्ति चित्रांकन की परम्परा लुप्त होती जा रही है। फिर भी मंदिरों की दीवारों पर प्रतिवर्ष दीपावली से पूर्व चित्र बनाने का कार्य किया जाता है।

विन्यास

श्रीनाथजी के उत्सवों से संबन्धित कपड़ों पर किया गया चित्रांकन ''पिछवाई'' के नाम से पुकारा जाता है। कपड़े पर चांदी–सोने के रंगों से तथा मखमल, गोटा किनारी, ज़री और रंग बिरंगे रेशमी डोरों (धागों) से ऐसी कलात्मक पिछवाइयां बनाई जाती हैं कि वे देखते ही बनती हैं।

इनके अलावा नाथद्वारा में कई कलाएं जैसे पाक कला, सांझी कला, पुष्प श्रृंगार कला भी विकसित हुई हैं। इन कलाओं में पारंगत अनेक कलाकार आज जीवन के संघर्षों से जूझ रहे हैं।

नाथद्वारा केवल धार्मिक नगरी ही नहीं है, बल्कि साहित्य, संगीत, और कला की त्रिवेणी नगरी है। इसके विकास से यहां की कलाओं को संरक्षण मिलेगा जो हमारी सांस्कृतिक धरोहर को और अधिक गौरवान्वित करेगा।

कला संरक्षण और संस्कृति नीति

(अगस्त, 1999)

कला संरक्षण और संस्कृति नीति

हमारे यहां कला और संस्कृति से संबंधित सामग्रियों के संरक्षण की बहुत ही लचर व्यवस्था है। इस दिशा में विश्वविद्यालयों, अकादमियों और दूरदर्शन आदि ने भी वह काम नहीं किया, जो करना चाहिए था। इस मामले में दूरदर्शन की भूमिका सबसे अधिक निराशाजनक रही है, जिसका मुझे प्रत्यक्ष अनुभव है। मुझे याद है 1984 में जब दूरदर्शन की रजत जयंती मनाई जा रही थी उन दिनों संगीत और नृत्य से संबंधित एक कार्यक्रम के शोध और आलेख की जिम्मेदारी मुझे सौंपी गई थी। जिन कलाकारों पर आलेख तैयार करना था उनमें स्व. पं. ओंकारनाथ ठाकुर तथा कथक नृत्याचार्य स्व. शम्भू महाराज का नाम उल्लेखनीय थे। शुरुआत में दूरदर्शन में जो तकनीक काम में लाई जाती थी उसमें पौन इंच की टेप पर रिकार्डिंग होती थी। मुझे देखकर आघात पहुंचा कि

कला-वार्ता

असुरक्षित तरीके से रखे जाने के कारण वह टेप नष्ट हो गई और उसका इस्तेमाल नहीं किया जा सका।

इसी तरह उस समय के एक निदेशक की अदूरदर्शिता और उपेक्षा की दुखभरी घटना याद आ रही है! यह घटना अपने युग के विख्यात गायक स्व. कुमार गंधर्व से संबंधित है। उक्त निदेशक के कहने पर मैंने मध्य प्रदेश शासन के तत्कालीन संस्कृति सचिव, कवि और आलोचक श्री अशोक वाजपेयी से सम्पर्क किया और उन्होंने कुमार जी को सीपीसी अर्थात् दूरदर्शन के केंद्रीय निर्माण केंद्र में रिकार्डिंग के लिए तैयार कर लिया, लेकिन मामला टॉय-टॉय फिस्स हो गया। बात पारिश्रमिक पर आकर फेल हो गई। जो पारिश्रमिक तत्कालीन निदेशक देना चाहते थे वह सम्मानजनक नहीं था।

कुछ दिनों बाद कुमार जी हमारे बीच नहीं रहे। इस घटनाचक्र का दुखद पहलू यह भी था कि उन्हीं दिनों एक लोकप्रिय टीवी धारावाहिक के एक अभिनेता को दिल्ली बुलाकर उतना पारिश्रमिक दिया गया जो कुमार जी को दिए जाने वाले पारिश्रमिक से चार गुना अधिक था। यह उस संस्कृतिविहीन सोच का दुष्परिणाम था जिसके कारण दूरदर्शन अपने युग के एक महान संगीतकार को रिकार्ड करने से वंचित रह गया।

याद रखने योग्य बात है कि दिल्ली में सितम्बर 1959 में दूरदर्शन की शुरुआत के समय कुछ मानदंड तय किए गए थे जिनमें कहा गया था कि दूरदर्शन शिक्षा, संस्कृति, कला, साहित्य, स्वास्थ्य संबंधित कार्यक्रम बनाएगा तथा उनके माध्यम से जन चेतना जागृत करने में अहम भूमिका निभाएगा। 1981 में अच्छे कार्यक्रमों के निर्माण के उद्देश्य से केंद्रीय कार्यक्रम निर्माण केंद्र सीपीसी की स्थापना की गई। इसका उद्देश्य कला, संस्कृति, साहित्य से संबंधित कार्यक्रमों और धारावाहिकों का निर्माण करना है। निस्संदेह यह कहा जा सकता है कि सीपीसी अपने उद्देश्यों में एक हद तक सफल भी रहा प्रसार भारती के गठन और उस पर बाजार अर्थव्यवस्था के आक्रमण से दूरदर्शन भी प्रभावित हुए बिना नहीं रहा। उसके कार्यक्रमों में शास्त्रीय नृत्य, संगीत, कलाएं और साहित्यिक गतिविधियां लगभग कम हो गईं।

पता चला है कि राजनीतिक स्वार्थ की खातिर सीपीसी को अब कला और संस्कृति से लगभग मुक्त कर खेल और समाचार संबंधी गतिविधियों का केंद्र बनाया जाएगा। यह ठीक नहीं है। याद रखने योग्य बात है कि सीपीसी हमारी सांस्कृतिक धरोहर के संरक्षण का केंद्र है। यहां जो कुछ हो रहा है उसमें निस्संदेह सुधार की गुंजाइश है किन्तु उसके पारम्परिक स्वरूप को [illegible] करना संस्कृति विहीनता को जन्म देना है। सरकार को चाहिए की वह खेल और समाचारों के लिए नए स्टूडियो बनाए।

यह कहने में कोई संकोच नहीं है कि वर्तमान सरकार संस्कृति के क्षेत्र में ऐसा मैं कुछ नहीं कर पाई जिसे उल्लेखनीय कहा जा सके। 1993 में हमारे देश की संस्कृति नीति का प्रारूप बनाने के लिए राष्ट्रीय परिसंवाद आयोजित किया गया था। इसमें देश के चोटी के 89 संस्कृतिकर्मियों ने शिरकत की थी।

इन संस्कृतकर्मियों ने जो सिफारिशें की उसमें यह आग्रह किया गया था। भारतीय संस्कृति को किसी एक परम्परा से एकाकार नहीं किया जा सकता क्योंकि वह अनेक परम्पराओं के संवर्द्धन से बनी है। उसमें मानवीय मूल्यों की प्रतिष्ठा तथा सभी समुदायों की कलात्मक उत्कृष्टता का रसास्वादन है। उस नीति दस्तावेज में यह भी सुझाव दिया गया था कि शास्त्रीय कलाओं, संगीत, नृत्य और मूर्ति कला में परम्पराओं और विरासत के प्रलेखन पर बल दिया जाए तथा उत्कृष्ट कलाकारों के अनुभवों का आडियो-विजुअल रिकार्ड रखा जाए।

यह भी राय दी गई थी कि शास्त्रीय कलाओं और नृत्यों के प्रदर्शनों के लिए छोटे-छोटे प्रेक्षागृह बनाए जाएं। कक्षा 2 से 10 तक नृत्य, संगीत और चित्रकला को अनिवार्य विषय बनाया जाए तथा व्यापारिक और गैर-व्यापारिक माध्यमों के जरिए सभी समाजों और सभी आयु वर्गों के स्त्रियों, पुरुषों के बीच शास्त्रीय संगीत का प्रचार एवं प्रसार किया जाए। क्षेत्रीय सांस्कृतिक केंद्रों के प्रत्येक क्षेत्र में नृत्य, नाटक और संगीत के विद्यालय खोले जाने चाहिएं तथा वहां पर उन क्षेत्रों की शास्त्रीय और लोक कलाओं का अध्ययन कराया जाना चाहिए।

वर्तमान सरकार ने इस दिशा में कोई उल्लेखनीय कार्य नहीं किया।

● बृजेंद्र रेही

11

हमारे यहां कला और संस्कृति से संबंधित सामग्रियों के संरक्षण की बहुत ही लचर व्यवस्था है। इस दिशा में विश्वविद्यालयों, अकादमियों और दूरदर्शन आदि ने भी वह काम नहीं किया, जो करना चाहिए था। इस मामले में दूरदर्शन की भूमिका सबसे अधिक निराशाजनक रही है, जिसका मुझे प्रत्यक्ष अनुभव है।

मुझे याद है 1984 में जब दूरदर्शन की रजत जयंती मनाई जा रही थी उन दिनों संगीत और नृत्य से संबंधित एक कार्यक्रम के 'शोध और आलेख' की जिम्मेदारी मुझे सौंपी गई थी। जिन कलाकारों पर आलेख तैयार करना था उनमें स्व. पं. ओंकारनाथ ठाकुर तथा कथक नृत्याचार्य पं शम्भू महाराज का नाम उल्लेखनीय थे।

शुरुआत में दूरदर्शन में जो तकनीक काम में लाई जाती थी उसमें पौन इंच की टेप पर रिकार्डिंग होती थी। मुझे देखकर आघात पहुंचा कि असुरक्षित तरीके से रखे जाने के कारण वे टेप नष्ट हो गई और उसका इस्तेमाल नहीं किया जा सका।

इसी तरह उस समय के एक निदेशक की अदूरदर्शिता और उपेक्षा की दुखभरी घटना याद आ रही है। यह घटना अपने युग के विख्यात गायक स्व. कुमार गंधर्व से संबंधित है। उक्त निदेशक के कहने पर मैंने मध्यप्रदेश शासन के तत्कालीन संस्कृति सचिव, कवि और आलोचक श्री अशोक वाजपेयी से सम्पर्क किया और उन्होंने कुमार जी को सीपीसी अर्थात् दूरदर्शन के केन्द्रीय निर्माण केन्द्र में रिकार्डिंग के लिए तैयार कर लिया, लेकिन मामला टांय–टांय फिस्स हो गया। बात पारिश्रमिक पर आकर रुक गई क्योंकि तत्कालीन निदेशक जो पारिश्रमिक देना चाहते थे वह सम्मानजनक नहीं था।

कुछ दिनों बाद कुमार जी हमारे बीच नहीं रहे। इस घटनाचक्र का दुखद पहलू यह भी था कि उन्हीं दिनों एक लोकप्रिय टीवी धारावाहिक के एक अभिनेता को दिल्ली बुलाकर उतना पारिश्रमिक दिया गया जो कुमार जी को दिए जाने वाले पारिश्रमिक से चार गुना अधिक था। यह उस संस्कृतिविहीन सोच का दुष्परिणाम था जिसके कारण दूरदर्शन अपने युग के एक महान् संगीतकार को रिकार्ड करने से वंचित रह गया।

याद रखने योग्य बात है कि दिल्ली में सितम्बर 1959 में दूरदर्शन की शुरुआत के समय कुछ मानदंड तय किए गए थे जिनमें कहा गया था कि दूरदर्शन शिक्षा, संस्कृति, कला, साहित्य, स्वास्थ्य संबंधित कार्यक्रम बनाएगा तथा उनके माध्यम से जन चेतना जागृत करने में अहम भूमिका निभाएगा। 1981 में अच्छे कार्यक्रमों के निर्माण के उद्देश्य से केन्द्रीय कार्यक्रम निर्माण केन्द्र सीपीसी को स्थापना की गई। इसका उद्देश्य कला, संस्कृति, साहित्य से संबंधित कार्यक्रमों और धारावाहिकों का निर्माण करना है।

निस्संदेह यह कहा जा सकता है कि सीपीसी अपने उद्देश्यों में एक हद तक सफल भी रहा। प्रसार भारती के गठन और उस पर बाजार अर्थव्यवस्था के आक्रमण से दूरदर्शन भी प्रभावित हुए बिना नहीं रहा। उसके कार्यक्रमों में शास्त्रीय नृत्य, संगीत, कलाएं और साहित्यिक गतिविधियां लगभग कम हो गईं।

पता चला है कि राजनीतिक स्वार्थ की खातिर सीपीसी को अब कला और संस्कृति से लगभग मुक्त कर खेल और समाचार संबंधी गतिविधियों का केन्द्र बनाया जाएगा। यह ठीक नहीं है। याद रखने योग्य बात है कि सीपीसी हमारी सांस्कृतिक धरोहर के संरक्षण का केन्द्र है। यहां जो कुछ हो रहा है

उसमें निस्संदेह सुधार की गुंजाइश है किन्तु उसके पारम्परिक स्वरूप को खराब करना संस्कृति विहीनता को जन्म देना है। सरकार को चाहिए कि वह खेल और समाचारों के लिए नए स्टूडियो बनाए।

यह कहने में कोई संकोच नहीं है कि वर्तमान सरकार संस्कृति के क्षेत्र में ऐसा कुछ नहीं कर पाई जिसे उल्लेखनीय कहा जा सके। 1993 में हमारे देश की संस्कृति नीति का प्रारूप बनाने के लिए राष्ट्रीय परिसंवाद आयोजित किया गया था। इसमें देश के चोटी के 89 संस्कृतिकर्मियों ने शिरकत की थी।

इन संस्कृतिकर्मियों ने जो सिफारिशें दीं उसमें यह आग्रह किया गया था कि भारतीय संस्कृति को किसी एक परम्परा से एकाकार नहीं किया जा सकता क्योंकि वह अनेक परम्पराओं के संवर्द्धन से बनी है। उसमें मानवीय मूल्यों की प्रतिष्ठा तथा सभी समुदायों की कलात्मक उत्कृष्टता का रसास्वादन है। उस नीति दस्तावेज में यह भी सुझाव दिया गया था कि शास्त्रीय कलाओं, संगीत, नृत्य और मूर्ति कला में परम्पराओं और विरासत के प्रलेखन पर बल दिया जाए तथा उत्कृष्ट कलाकारों के अनुभवों का आडियो–विजुअल रिकार्ड रखा जाए।

यह भी राय दी गई थी कि शास्त्रीय कलाओं और नृत्यों के प्रदर्शनों के लिए छोटे–छोटे प्रेक्षागृह बनाए जाएं। कक्षा 2 से 10 तक नृत्य, संगीत और चित्रकला को अनिवार्य विषय बनाया जाए तथा व्यापारिक और गैर–व्यापारिक माध्यमों के जरिए सभी समाजों और सभी आयु वर्गों के स्त्रियों, पुरूषों के बीच शास्त्रीय संगीत का प्रचार एवं प्रसार किया जाए। क्षेत्रीय सांस्कृतिक केन्द्रों के प्रत्येक क्षेत्र में नृत्य, नाटक और संगीत के विद्यालय खोले जाने चाहिएं तथा वहां पर उन क्षेत्रों की शास्त्रीय और लोक कलाओं का अध्ययन कराया जाना चाहिए।

वर्तमान सरकार ने इस दिशा में कोई उल्लेखनीय कार्य नहीं किया।

कामेश्वर मंदिर
मौत के मुंह में एक खजुराहो

संबंध में ऐतिहासिक तथ्य अभी तक प्रकाश में नहीं आए हैं। गांव में तालाब के किनारे पंचरथ की तरह बना यह कलात्मक मंदिर दो खंडों में है। मंदिर स्तूपाकार है। सभा-मंडप में शिलालेख भी खुदे हुए हैं। इनमें एक लेख सन १०७५ का है। शेष तीन लेख सन ११९२ के हैं। इन लेखों की लिखावट अस्पष्ट हो गई है किन्तु उनसे इसके निर्माण काल और जीर्णोद्धार पर प्रकाश अवश्य पड़ता है।

मंदिर के गर्भ गृह के द्वार के दोनों ओर काम-क्रीड़ा की अनेक मूर्तियां हैं। २४ खंभों पर टिका हुआ यह मंदिर नृत्य मुद्राओं, वाद्यवादन करती किन्नरियों, गणेश, कोष, गंधर्व आदि की आकर्षक मूर्तियों का खजाना है। इस कलात्मक मंदिर का दुर्भाग्यपूर्ण पहलू यह है कि इसे देखकर किसी भी कला-प्रेमी को यह कहने में संकोच नहीं होगा कि मंदिर को मौत निगल रही है। इस मंदिर की सुरक्षा और रख-रखाव की

ब्रजेन्द्र रेही

ओर अभी तक न तो राज्य सरकार का ध्यान गया है और न ही पुरातत्व विभाग का। इस मंदिर का निजी सम्पत्ति के रूप में उपयोग किया जा रहा है।

मंदिर की उपेक्षा का सबसे दुःखद पहलू यह है कि वर्षों से की जा रही लिपाई-पुताई के कारण मूर्तियों की बारीकियां और शिलालेख के अक्षर चूने की परत में छिप गए हैं। कहते हैं कि मंदिर के आसपास की कई मूर्तियां चोर-उचक्के उठा ले गए हैं। कई मूर्तियां खंडित हो चुकी हैं। मंदिर का शिखर टूटकर एक ओर पड़ा हुआ है।

गांव के लोगों के अनुसार इस इलाके में यह जनश्रुति है कि मंदिर के आसपास कहीं खजाना गड़ा हुआ है। कहते हैं कई बार खजाने के लिए मंदिर के आसपास खुदाई भी की गई। इस क्षेत्र में सम्पत्ति के संबंध में जो दोहा प्रचलित है, उसके अनुसार चतुर्थी के चंद्रमा के प्रकाश से मंदिर के शिखर की अंडाकार छाया जहां जमीन पर दिखाई देगी, उसी जगह १८ अरब रु. की सम्पत्ति मिलेगी। पता नहीं वह दिन कब आएगा?

सामूहिक आत्महत्याएं

मंदिर के साथ एक दिलदहलाने वाली कथा भी जुड़ी है। लगभग चार सौ वर्ष पूर्व मारवाड़ में उदोसिंह

आएगी। इससे चारणों में रोष फैल गया। वे अपने शासक अन्नदाता के विरुद्ध तलवार तो उठा नहीं सकते थे, इसलिए सभी ने मिलकर आत्म-हत्या का निश्चय किया।

इस सामूहिक आत्मघात का संकेत देने के लिए एक ढोल बजाने वाले को बुलाया गया। उसका नाम गोविन्द

भी उदोसिंह का दिल नहीं पसीजा और उसने मृतकों के परिजनों को जागीरें नहीं सौंपी। बाद में दिल्ली के बादशाह के आदेश से जागीरें लौटाई गईं।

चाहे ये किवदंतियां हों या ऐतिहासिक तथ्य—यह कलात्मक मंदिर संरक्षण चाहता है।

पुताई और चूने में छिपी कलाकृति

कामेश्वर मंदिर
मौत के मुंह में एक खजुराहो

(1982)

12

राजस्थान का इतिहास त्याग और बलिदान की अनेक अविस्मरणीय तथा चमत्कारिक कथाओं और घटनाओं का समृद्ध संकलन है। इनमें से एक पृष्ठ है कामेश्वर मंदिर का।

यह मंदिर पाली जिले के आऊवा गांव में है। आऊवा का नाम इसलिए स्वर्णाक्षरों में मंडित है क्योंकि यहां के ठाकुर खुशाल सिंह ने 1857 की क्रान्ति के दौर में अंग्रेजों से लोहा लिया था। यह शिव–मंदिर है, किन्तु काम कला की कलात्मक मूर्तियों के कारण ही इसे कामेश्वर मंदिर कहा जाता है।

कहा जाता है कि इस मंदिर का निर्माण वेश्याओं ने कराया था। इस बारे में प्रामाणिक तथ्य अभी तक प्रकाश में नहीं आए हैं। गांव में तालाब के किनारे पंचरथ की तरह बना यह कलात्मक मंदिर दो खंडों में है। मंदिर स्तूपाकार है। सभा–मंडप में शिलालेख भी खुदे हुए हैं। शेष तीन लेख सन् 1112 के हैं। इन लेखों की लिखावट अस्पष्ट हो गई है किन्तु उनसे इसके निर्माण काल और जीर्णोद्धार पर प्रकाश अवश्य पड़ता है।

कामेश्वर मंदिर की दीवारों पर कलात्मक मूर्तियां

गर्भ गृह के द्वार के दोनों ओर काम–क्रीड़ा की अनेक मूर्तियां हैं। 24 खंभों पर टिका हुआ यह मंदिर नृत्य मुद्राओं, वाद्यवादन करती किन्नरियों, गणेश, ऋषि, गंधर्व आदि की आकर्षक मूर्तियों का खजाना है। इस मंदिर का दुर्भाग्यपूर्ण पहलू यह है कि इसे देखकर किसी भी कला–प्रेमी को यह कहने में संकोच नहीं होगा कि मंदिर को मौत निगल रही है। इस मंदिर की सुरक्षा और रख–रखाव की ओर अभी तक न तो राज्य सरकार का ध्यान गया है और न ही पुरातत्व विभाग का। इस मंदिर का निजी सम्पत्ति के रूप में उपयोग किया जा रहा है।

मंदिर की उपेक्षा का दुखद पहलू यह भी है कि वर्षों से की जा रही पुताई के कारण मूर्तियों की बारीकियां और शिलालेख के अक्षर चूने की परत में छिप गए हैं। कहते हैं कि मंदिर के आसपास की कई मूर्तियां चोर–उचक्के उठा ले गए हैं। कई मूर्तियां खंडित हो चुकी हैं। मंदिर का शिखर टूटकर एक ओर पड़ा हुआ है।

गांव के लोगों के अनुसार इस इलाके में यह जनश्रुति है कि मंदिर के आसपास कहीं खजाना गड़ा हुआ है। कहते हैं कई बार खजाने के लिए मंदिर के आसपास खुदाई भी की गई। इस क्षेत्र में सम्पत्ति के संबंध में जो दोहा प्रचलित है, उसके अनुसार चतुर्थी को चंद्रमा के प्रकाश से मंदिर के शिखर की अंडाकार छाया जहां जमीन पर दिखाई देगी, उसी जगह 18 अरब रु. की सम्पत्ति मिलेगी। पता नहीं वह दिन कब आएगा?

मंदिर के साथ एक दिल–दहलाने वाली कथा भी जुड़ी है। लगभग चार सौ वर्ष पूर्व मारवाड़ में उदयसिंह का शासन था। किंवदंती है कि उसके

शासनकाल में सैकड़ों चारणों ने इस मंदिर में सामूहिक आत्महत्या किया था। राजस्थान में लोक–कवियों की एक प्रसिद्ध जाति है चारण। कहते हैं किसी कारण से उदयसिंह चारणों से रुष्ट हो गए और उनकी जागीर छीन ली। चारण लोग भी अपनी बात पर अड़ गए और उन्होंने कामेश्वर मंदिर में जाकर उदयसिंह के विरुद्ध धरना देकर सत्याग्रह शुरू कर दिया। इस पर उदयसिंह को क्रोध आ गया। उन्होंने अपने एक विश्वस्त व्यक्ति अक्खाजी को एक कटार लेकर कुछ सैनिकों के साथ चारणों के पास भेजा और कहलाया कि तुम मर भी जाओ तो भी तुम लोगों की बात नहीं मानी जाएगी। इससे चारणों में रोष फैल गया। वे अपने शासक अन्नदाता के विरुद्ध तलवार तो उठा नहीं सकते थे, इसलिए सभी ने मिलकर आत्महत्या का निश्चय किया।

इस सामूहिक आत्मघात का संदेश देने के लिए एक ढोल बजाने वाले को बुलाया गया। उसका नाम गोविन्द दमामी था। उसे यह कहकर मंदिर के शिखर पर चढ़ा दिया गया कि जैसे ही सूरज की पहली किरण फूटे, ढोल बजाना शुरू कर देना। ढोल बजते ही वहां एकत्र सैकड़ों चारण अपने–अपने हथियारों से आत्महत्या कर लेंगे। कहा जाता है कि दमामी शिखर पर चढ़ तो गया किन्तु उसने ढोल नहीं बजाया, बल्कि सूरज पहली किरण फूटते ही उसने अपने सीने में कटार घोंप ली। जैसे ही वह शिखर से नीचे लुढ़का, आसपास बैठे चारणों ने एक–दूसरे पर शस्त्रों से वार करके और अपने आप पर हथियार चलाकर रक्त का तालाब भर दिया। सैकड़ों शव यहां–वहां जमा हो गए।

इस सामूहिक आत्महत्या कांड से भी उदयसिंह का दिल नहीं पसीजा और मृतकों के परिजनों को भी जागीरें नहीं सौंपी। बाद में दिल्ली के बादशाह के आदेश से जागीरें लौटाई गईं।

चाहे ये किंवदंतियां हों या ऐतिहासिक तथ्य–यह कलात्मक मंदिर संरक्षण चाहता है।

उषा भगत

किसी कलाकार का दिल तोड़ना अच्छा नहीं!

(19 नवंबर, 1984)

किसी कलाकार का दिल तोड़ना अच्छा नहीं!

अमजद अली

स्वप्न सुन्दरी

—ब्रजेन्द्र रेही

13

"गणतंत्र दिवस के दूसरे दिन परम्परागत लोक कलाकारों के दलों की तीनमूर्ति भवन में प्रधानमंत्री से मुलाकात कराई जाती है। इस वर्ष कई कलाकारों के दल तीनमूर्ति भवन गए थे।

श्रीमती इन्दिरा गांधी से मिलकर सभी भाव–विभोर थे। एक–एक दल प्रधानमंत्री के समक्ष अपनी कला पेश करता रहा और इन्दिरा जी नाच में थोड़ा–बहुत भाग लेती रहीं।

गुजरात के कलाकारों ने बहुत शानदार नृत्य पेश किया। इन्दिरा जी ताल और लय पर स्वयं थिरकने लगीं। कुछ ही क्षण बाद सांस्कृतिक अधिकारी कुमार उषा भगत ने उन्हें रोक लिया। नृत्य की गति बहुत तीव्र थी और अधिक उम्र के कारण प्रधानमंत्री को चोट लगने का भय था।"

बाद में श्रीमती गांधी ने सभी कलाकारों के साथ चाय पी। इस बीच उन्होंने उषा भगत को बुलाया और कहा– 'देखा! तुमने मुझे उनके साथ

नाचने से रोक दिया। कितने मायूस हुए होंगे वे लोग। किसी कलाकार का दिल तोड़ना अच्छा नहीं।'

....और चाय पीने के बाद इन्दिराजी लोक–नर्तकों के उस दल के साथ नाचीं ही नहीं बल्कि नृत्य के बाद उनके साथ तस्वीरें भी खिंचवाईं।

यह संस्मरण सुनाते–सुनाते उषा भगत भीग सी जाती हैं। फिर यों लगता है जैसे यादों के चौराहे पर बैठी हुई कहीं खो गई हैं।

वे बताती हैं: पिछले वर्ष सितम्बर–अक्टूबर में इन्दिराजी विदेश यात्रा पर गई थीं। न्यूयार्क में उन्हें पता चला कि 'गांधी' फिल्म के हीरो बेन किंग्सले शेक्सपीयर का कोई नाटक कर रहे हैं। वे न केवल उस नाटक को देखने गईं बल्कि किंग्सले से मिलकर उन्हें मुबारकबाद भी दी।

लंदन यात्रा के दौरान वे ओपेरा देखना कभी नहीं चूकती थीं। मास्को में जब सोवियत अधिकारियों को यह पता चला कि रूसी बैले श्रीमती गांधी को बहुत प्रिय हैं, तो उनके लिए विशेष कार्यक्रम आयोजित किया गया। इस क्रम में सोवियत संघ के विख्यात किन्तु बुजुर्ग बैले नृत्यांगना काया ने भी नृत्य किया। सामान्यतः काया अब नृत्य नहीं करती हैं।

यहूदी मेनुहिन और जुबीन मेहता को वे बहुत पसन्द करती थीं। मेनुहिन से उनका परिचय तब हुआ जब, जवाहरलाल नेहरू प्रधानमंत्री थे। उस दिन जब मेनुहिन ने नेहरू के लिए अपना कार्यक्रम पेश किया तो श्रीमती मेनुहिन, इन्दिराजी के साथ साड़ी पहन कर गईं।

उषाजी कहती हैं : इन्दिराजी नए प्रतिभाशाली कलाकारों को आगे बढ़ाने के लिए बहुत चिन्तित रहती थीं। श्रीमती गांधी की यह राय थी कि विदेशी मेहमानों के समक्ष भारतीय शास्त्रीय गायन, वादन और नृत्य के लम्बे–लम्बे कार्यक्रम नहीं पेश किए जाने चाहिए। वे कार्यक्रम संक्षिप्त और जानदार होने चाहिए।

"इन्दिराजी कर्नाटक संगीत की महान् गायिका एम.एस. सुब्बलक्ष्मी का बहुत सम्मान करती थीं। 1980 में जब सुब्बलक्ष्मी के गुरू और पति सदाशिवम् संजय गांधी के लिए शोक व्यक्त करने इन्दिराजी से मिलने गए तो इन्दिराजी ने कहा कि अच्छा तो यह होगा कि वे आएं और गाएं।"

अमजद अली खां

उन्होंने पूरी तन्मयता से सुब्बलक्ष्मी को सुना। सुब्बलक्ष्मी ने मीरा के भजन, संस्कृत के श्लोक और कुछ स्तुतियां सुनाई थीं।''

जब भी उन्हें किसी कलाकार के आर्थिक संकट या बीमारी का पता चलता, वे अपने पास से सहायता भिजवातीं। रसूलन बाई, शंभू महाराज और मोइनुद्दीन डागर को उन्होंने सहयोग किया और इन कलाकारों के निधन से दुःखी भी हुईं। स्वर सम्राट पं. ओंकारनाथ ठाकुर का जब दिल्ली के पंडित पंत अस्पताल में इलाज चल रहा था तब उन्हें देखने भी गई थीं।''

जब वे मात्र 13 वर्ष की थीं, उन्होंने इलाहाबाद में ''द कश्मीरी ड्रामेटिक एसोसिएशन'' की ओर से खेले गए नाटक ''हरिश्चन्द्र'' में रोहिताश्व की भूमिका निभाई थी। 1933–34 में जब वे पूना की ''प्यूपिल्स ऑन स्कूल'' में पढ़ती थीं, तब भी कई नाटको में काम किया। रवीन्द्रनाथ ठाकुर के नाटक ''ऋतुराज'' और एक गुजराती नाटक ''भाई नो भेद'' में उन्होंने मुख्य भूमिकाएं निभाई थीं। उनका नाटकों के प्रति यह अनुराग जीवन पर्यन्त बना रहा।

श्रीमती उषा भगत के अनुसार ''श्रीमती गांधी राष्ट्रीय नाट्य विद्यालय के कई नाटकों को बहुत पसंद करती थीं। उन्होंने विख्यात् नाट्य निर्देशक अलकाजी के कई नाटक देखे थे। 'अंधा युग', तुगलक और 'हयवदन' नाटक उन्हें बहुत अच्छे लगे थे।

अमजद अली खां

इस वर्ष अप्रैल में श्रीमती गांधी ने विभिन्न क्षेत्रों के 15 प्रमुख व्यक्तियों को सपत्नीक आमंत्रित किया था। इनमें सरोदवादक उस्ताद अमजद अली खां भी थे।

वे बताते हैं : हम लोग ड्राइंग रूम में बैठे हुए थे। सभी को उन्होंने अपने हाथ से चाय बनाकर दी। तब इन्दिराजी ने सभी से समस्याओं की जानकारी ली। मैंने उन्हें बताया कि यदि शास्त्रीय संगीत और नृत्य के कलाकारों की बेरोजगारी दूर नहीं की गई तो इस कला के उठ जाने का खतरा है। मैंने सुझाव दिया कि स्कूलों में शास्त्रीय कलाएं अनिवार्य विषय के रूप में शुरू की जाएं। श्रीमती गांधी ने मेरी बात का समर्थन करते हुए कहा कि यह सुझाव अच्छा है। उन्होंने तुरंत ही शारदा प्रसाद जी से इस विषय पर गौर करने के लिए कहा किन्तु मुझे लगता है कि इस दिशा में लोगों ने कोई रुचि नहीं दिखाई।''

खां साहब का कहना है : इन्दिरा जी कलाकारों को जिस तरह प्यार और इज्जत देती थीं, वह दुर्लभ है। मुझे कई दफे उनके समक्ष सरोद बजाने का मौका मिला। यों पहली बार उनसे मेरी मुलाकात 1960 में पंचमढ़ी में हुई थी। तब पंडित नेहरू वहां गए थे। उस वर्ष मेरे पिता को 'पद्‌मभूषण' से सम्मानित किया गया था।

मध्यप्रदेश के तत्कालीन मुख्यमंत्री पं. द्वारका प्रसाद मिश्र के आमंत्रण पर मैं और पिताजी पंचमढ़ी गए थे। हमें बताया गया था कि 15 मिनट का कार्यक्रम भी पेश करना है। इससे ज्यादा प्रधानमंत्री के पास समय नहीं है। कार्यक्रम शुरू करने से पहले मैंने इन्दिराजी से पूछा कि आप बताएं कि कितनी देर बजाऊं? उन्होंने कहा कि मैं आपसे पूछने वाली थी कि आप कितनी देर बजाएंगे? उस दिन मैंने कोई डेढ़ घंटा बजाया। तबले पर संगति किशन महाराज कर रहे थे। उस दिन से अब तक उन्होंने जो स्नेह और सम्मान दिया, वह मैं कभी नहीं भूल सकता।

अमजद साहब कहते हैं कि श्रीमती गांधी ने मेरा एक सुझाव और भी मान लिया था। वह फिल्मों में शास्त्रीय नृत्य और संगीत के कलाकारों को विकृत तरीके से पेश करने के विरुद्ध था। मैंने कहा था कि सेंसर बोर्ड में शास्त्रीय कलाओं की गरिमा को बचाने के लिए एक नृत्यकार और संगीतकार भी सदस्य बनाए जाने चाहिए।

कुचिपुड़ि नृत्यांगना स्वप्न सुंदरी को भी श्रीमती गांधी के निधन से गहरा आघात लगा। वे कहती हैं : इस प्रकार के ऊंचे पदों पर बैठे हुए कम लोग होंगे जो कला के लिए अपना समय निकालें। श्रीमती गांधी में जो संवेदना

स्वप्न सुंदरी

थी, वह मुश्किल से ही देखने को मिलती है वे न केवल नृत्य–संगीत के कार्यक्रम देखती थीं, बल्कि उनकी बारीकियों को भी समझती थीं।'

'राष्ट्रपति भवन में मेरा कार्यक्रम था। अचानक मेरा झुमका गिर गया। मैं नाच कर रंगमंच से पार्श्व में चली गई। इतने में एक अधिकारी झुमका लेकर आया और कहा कि पी.एम. ने नोटिस किया। वे नए कलाकारों को विश्लेषण की नजर से देखती थीं और उनका मूल्यांकन भी करती थीं।

निस्संदेह श्रीमती गांधी कला–जगत के लिए एक वरदान थीं। उनका निधन सभी कलाओं और उनसे जुड़े कलाकारों के लिए गहरा आघात है।

खस के खजाने में

ब्रजेंद्र रेह[illegible]

चिलचिलाती धूप और लू की लपटों के बीच खस के पर्दे, पंखे और इत्र, मन को कितना सुकून देते हैं. रीतिकालीन कवियों ने ग्रीष्म ऋतु के वर्णन में भी खस की खुशबू को नजरअंदाज नहीं किया है.

खूब खस बीड़के खजाने खोल डारे भारे,
खोले खसखाने धरे कुसुम गुलाब के.

ऐसी ही खुशबूदार खस की खेती होती है, राजस्थान के भरतपुर जिले में. देश में खस का सर्वाधिक उत्पादन भले ही भरतपुर में हो, लेकिन इसका लाभ राजस्थान के मजदूरों को नहीं मिलता. भरतपुर, कुम्हेर, डीग और कामां में खस की अच्छी पैदावार होती है. प्रसिद्ध पक्षी अभयारण्य में करीब ३० सेंटीमीटर लंबी खस उगती है, जो श्रेष्ठ किस्म की मानी जाती है. इसके अलावा कोटा तथा सवाई माधोपुर जिलों में भी खस की उपज होती है.

खस एक प्रकार के घास की जड़ होती है. इसे यहां के लोग 'कूंचा' कहते हैं. कूंचा जब पक जाता है, तो उसे काट कर घास के पूलों की तरह बांध लिया जाता है. यहां के किसान कच्चे मकानों पर छाया के लिए भी इसका इस्तेमाल करते हैं. कूंचा की जड़ को इत्र आदि बनाने के लिए अलग कर दिया जाता है.

(ऊपर) इत्र बनाने का प्रथम चरण : मशीन से खस को कुट्टी की कटाई. (● छाया : आनंद आचार्य)

खस का इत्र बनाया जाता है. नवंबर से मार्च [illegible] इसका इत्र बनाने का यह क्रम जारी रहता है. [illegible] बनाने के लिए कच्ची भट्ठियों का निर्माण [illegible] जाता है.

सबसे पहले कूंचा की जड़ को कुट्टी की मशी[न से] काट कर छोटे-छोटे टुकड़े कर लिये जाते हैं. इन टुकड़ों को तांबे की बड़ी-बड़ी [illegible] भट्ठियों पर चढ़ा दिया जाता है. [illegible] जाता है. इसमें बननेवाली भाप को छोटे पाइप[ों के] जरिये एक बर्तन में इकट्ठा किया जाता है, जो पा[नी में] डूबा रहता है. बाद में भापवाले बर्तन को पानी से नि[काल] लिया जाता है. भाप से जो द्रव मिलता है, उसे 'खस [का] याद' कहते हैं. इस याद का परिशोधन करके [illegible] इत्र बनाया जाता है.

इस व्यवसाय को लगभग दो सौ वर्ष हो गये [हैं,] लेकिन इत्र बनाने की तकनीक में कोई सुधार [नहीं] हुआ.

यह कितना कटु सत्य है कि जो लोग खुशब[ूदार] इत्र बनाते हैं, उन मजदूरों के लिए खस की खुशब[ू] [illegible] की चीज होती है. ■

(ऊपर) खस के टुकड़ों से भरी तांबे की देगें भट्ठियों पर रख दी गयी हैं और उनमें पानी डाला जा रहा है. (नीचे बायें) देग से निकली भाप को पाइपों द्वारा पानी में डूबे बर्तनों में पहुंचाया जा रहा है. (दायें) और अब इत्र बन कर तैयार है.

इत्र बनाने का प्रथम चरण : मशीन से खस की कुट्टी की कटाई

खस के खजाने में

(11 मई, 1980)

14

चिलचिलाती धूप और लू की लपटों के बीच खस के पर्दे, चिकें और इत्र, मन को कितना सुकून देते हैं। रीतिकालीन कवियों ने ग्रीष्म ऋतु के वर्णन में भी खस की खुशबू को नजर अंदाज नहीं किया है।

खूब खस के खजाने खोल डारे भारे,
खोले खसकाने धरे कुसुम गुलाब के।

ऐसी ही खुशबूदार खस की खेती होती है, राजस्थान के भरतपुर जिले में। देश में खस का सर्वाधिक उत्पादन भले ही भरतपुर में हो, लेकिन इसका लाभ राजस्थान के मजदूरों को नहीं मिलता। भरतपुर, कुम्हेर, डीग और कामां में खस की अच्छी पैदावार होती है। प्रसिद्ध घना पक्षी अभयारण्य में करीब 30 सेंटीमीटर लम्बी खस उगती है, जो श्रेष्ठ किस्म की मानी जाती है। इसके अलावा कोटा तथा सवाई माधोपुर जिलों में भी खस की उपज होती है।

खस एक प्रकार के घास की जड़ होती है। इसे यहां के लोग 'कूंचा' कहते हैं। कूंचा जब पक जाता है, तो उसे काट कर घास के पूलों (गट्ठर) की

खस के टुकड़ों से भरी तांबे की देगें भट्ठियों पर रखकर उनमें पानी डाला जा रहा है।

तरह बांध लिया जाता है। यहां के किसान कच्चे मकानों पर छाया के लिए भी इसका इस्तेमाल करते हैं। कूंचा की जड़ को इत्र आदि बनाने के लिए अलग कर दिया जाता है।

खस का इत्र बनाया जाता है। नवम्बर से मार्च तक इसका इत्र बनाने का यह क्रम जारी रहता है। इत्र बनाने के लिए कच्ची भट्ठियों का निर्माण किया जाता है।

सबसे पहले कूंचा की जड़ को कुट्टी की मशीन से काट कर छोटे–छोटे टुकड़े कर लिए जाते हैं। फिर इन टुकड़ों को तांबे की बड़ी–बड़ी देगों में भर कर भट्ठियों पर चढ़ा दिया जाता है। इन देगों में एक से डेढ़ क्विंटल खस भर दी जाती है। इसमें थोड़ा पानी भी भरा जाता है। देगों का मुंह ढक्कन से बंद कर उनके चारों ओर मुलतानी माटी लपेट दी जाती है। देगों को दो–तीन दिन तक आग पर रख कर खस को उबाला जाता है। इसमें बनने वाली भाप को छोटे पाइपों के जरिये एक बर्तन में इकट्ठा किया जाता है, जो पानी में डूबा रहता है। बाद में भाप वाले बर्तन को पानी से निकाल लिया जाता है। भाप से जो द्रव मिलता है, उसे 'खस की गाद' कहते हैं। इस गाद का परिशोधन करके उसका इत्र बनाया जाता है।

देग से निकली भाप को पाइपों द्वारा पानी में डूबे बर्तनों में पहुंचाया जा रहा है।

इस व्यवसाय को लगभग दो सौ वर्ष हो गए होंगे लेकिन इत्र बनाने की तकनीक में कोई सुधार नहीं हुआ।

यह कितना कटु सत्य है कि जो लोग खुशबूदार इत्र बनाते हैं, उन मजदूरों के लिए खस की खुशबू दूर की चीज होती है।

गोदना गुदवाती एक ग्रामीण युवती

गुदना यानी देह चित्रांकन : एक नया फैशन

(मई, 1980)

गुदना यानी देह चित्रांकन : एक नया फैशन

ब्रजेन्द्र रेही

फैशन की दुनिया बड़ी विलक्षण है। इन दिनों उच्चवर्ग की महिलाओं में गुदना यानी देह-चित्रांकन का फैशन दिनोंदिन बढ़ता जा रहा है।

प्राचीन काल से आज तक आभूषण नारी को प्रिय रहे हैं। 'सज के सोलह शृंगार चली गोरी' गाने वाले कवियों ने जन-मन की कोमलता को शब्द-माधुरी से पुलकित करने में कोई कसर नहीं रखी।

नारी-शृंगार में जहां आभूषण और वस्त्र का प्रमुख स्थान है, वहीं देह को सजाने में गोदना गुदवाने की परम्परा भी रही है। आज यह परम्परा 'फैशन' की बदलती हुई मान्यताओं के बीच बनवासी और घुमक्कड़ जातियों में ही सिमट कर रह गई है।

राजस्थान, मध्यप्रदेश और गुजरात में बसने वाली आदिवासी जातियों-भील, मीणा तथा गरासिया महिलाओं तथा घुमक्कड़

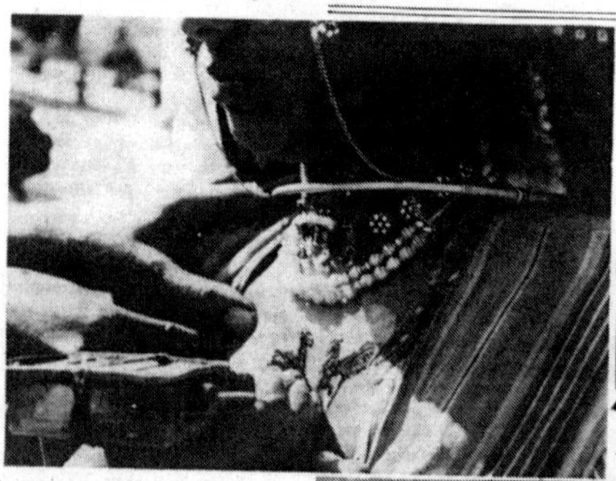

▲ मशीन से गुदना : हाथों पर फूलपत्ती

◀ वक्ष पर मोर की आकृति की गुदाई

जातियों सांसी, कंजर, कालबेलियों व गाडी लुहारों में भी यह प्रथा विद्यमान है। इसके अलावा अन्य आदिम जातियों में भी किसी न किसी रूप में शरीर अलंकरण की 'गुदना-प्रथा' रही है और आज भी दूर-दराज के इलाकों में इसे देखा जाता है।

गुदना या गोदना प्रथा के पीछे कोई भी मान्यता रही हो, लेकिन इसमें सौंदर्य को निखारना ही प्रमुख है। नील या कोयले के रंग में डूबी हुई सुई से शरीर गुदवाने से जो पीड़ा होती है, कोमलांगी उसे बर्दाश्त कर लेती है। कई बनवासी जातियों में तो ४–५ वर्ष की लड़की भी गुदवाई जाती है। फूल पत्ती, गहनों के आकार, चिबुक पर तिल, हाथी, मोर, बिच्छू, गाय, घोड़ा, ऊंट, बन्दर सूर्य, चन्द्रमा आदि गोदने की परम्परा है। भील लोग बालोर के रस में डूबी सुई या बबूल के कांटे से गुदना गोदते हैं। अब तो गुदना के काम में मशीनों का भी उपयोग किया जाता है।

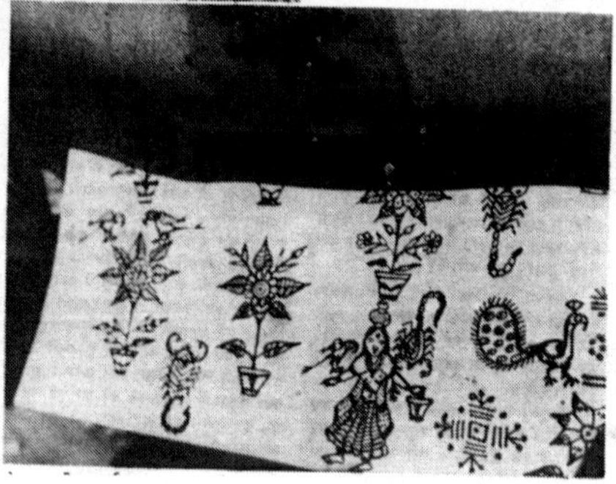

15

प्राचीन काल से आज तक आभूषण नारी के प्रिय रहे हैं। 'सज के सोलह श्रृंगार चली गोरी' गाने वाले कवियों ने जन–मन की कोमलता को शब्द–माधुरी से पुलकित करने में कोई कसर नहीं रखी।

नारी श्रृंगार में जहां आभूषण और वस्त्र का प्रमुख स्थान है, वहीं देह को सजाने में गोदना गुदवाने की परम्परा भी रही है। आज यह परम्परा 'फैशन' की बदलती हुई मान्यताओं के बीच बनवासी जातियों में ही सिमट कर रह गई है।

राजस्थान, मध्यप्रदेश और गुजरात में बसने वाली आदिवासी जातियों भील, मीणा तथा गरासिया महिलाएं तथा घुमक्कड़ जातियों सांसी, कंजर, कालवेलियों व गाड़ी लुहारों में भी यह प्रथा विद्यमान है। इसके अलावा अन्य आदिम जातियों में भी किसी न किसी रूप में शरीर अलंकरण की 'गुदना–प्रथा' रही है और आज भी दूर–दराज के इलाकों में इसे देखा जाता है।

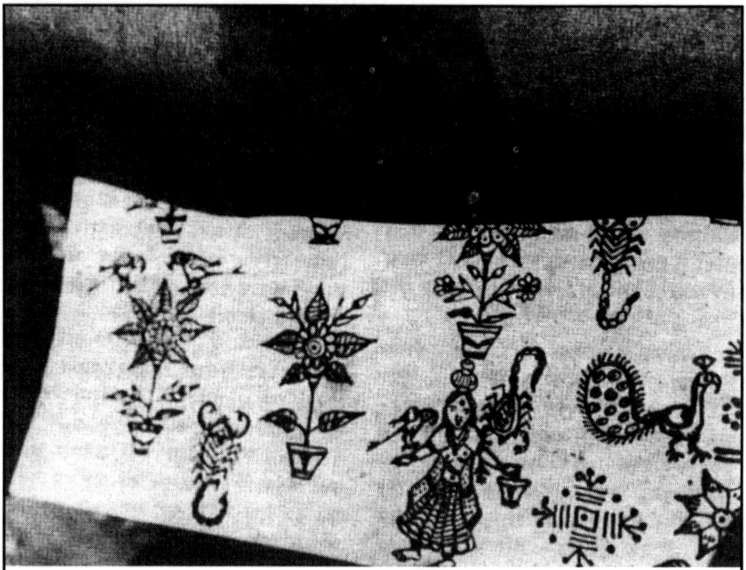

गोदना की आकृतियां

गुदना या गोदना प्रथा के पीछे कोई भी मान्यता रही हो लेकिन इसमें सौन्दर्य को निखारना ही प्रमुख है। नील या कोयले के रंग में डूबी हुई सुई से शरीर गुदवाने से जो पीड़ा होती है, कोमलांगी उसे बर्दाश्त कर लेती है। कई बनवासी जातियों में तो 4–5 वर्ष की लड़की की गुदवाई की जाती है। फूल, पत्ती, गहनों के आकार, चिबुक पर तिल, हाथी, मोर, बिच्छू, गाय, घोड़ा, ऊंट, बन्दर, सूर्य, चन्द्रमा आदि गोदने की परम्परा है। भील लोग बालोर के रस में डूबी सुई या बबूल के कांटे से गोदते हैं।

सुन्दर दिखने की आकांक्षा में नारी उस असहाय पीड़ा को बर्दाश्त कर जाती है। गुदना प्रथा के उसी प्राचीन रूप का आधुनिक संस्करण 'देह–पेन्टिंग' है। शरीर पर कूंची (ब्रश) से अलंकरण करवाने का यह 'फैशन' इस समय महानगरों कलकत्ता, बम्बई और दिल्ली की सुन्दरियों में प्रवेश कर गया है। गुदना के मुकाबले देह पर धैर्य से कूंची फिरवाना कम पीड़ादायक है। फिर 'पेन्टिंग' कभी भी मिटाई जा सकती है और इच्छानुसार अलंकरण कराया जा सकता है। कलकत्ता में उच्च वर्ग की महिलाओं में यह फैशन लोकप्रिय हो

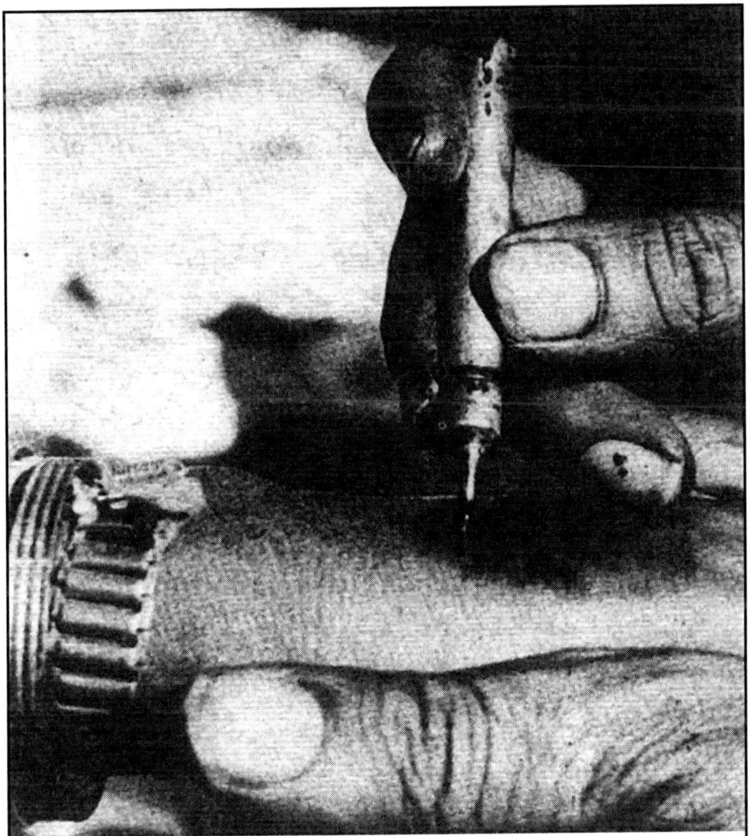

मशीन से गुदना : हाथों पर फूलपत्ती

रहा है। पानी के रंगों की सहायता से देह सजाने की यह अलंकरण–कला अभी महानगरों तक ही सीमित है।

'फैशन' की दुनिया अजीब है। न जाने कौन सी चीज कब चल निकले। सौन्दर्य के मानदण्ड अपने अलग महत्व रखते हैं। फिर आदमी की कल्पनाशीलता ही तो है, जो नए–नए रास्ते खोज लेती है। अब भविष्य पर निर्भर है कि देह चित्रांकन का यह फैशन कितना लोकप्रिय होता है।

एक खजुराहो राजस्थान में है!

□ ब्रजेन्द्र रेही

उदयपुर से ५४ किलोमीटर दूर एक गांव है जगत. इस गांव में निर्मित 'अंबिका मन्दिर' शिल्पकला की बेजोड़ कृति है. पुरातत्वविदों का कहना है कि १० वीं शताब्दी में निर्मित यह मन्दिर खजुराहो के मंदिरों की तरह का है, जिसमें अज्ञात शिल्पियों की टांकी तथा हथौड़ी का कमाल देखा जा सकता है. देवी दुर्गा के कई प्रचलित नाम हैं. इनमें जगदंबा भी एक है. ऐसा माना जाता है कि 'जगत' नाम, जगदम्बा शब्द का अपभ्रंश ही है.

जगत ग्राम में एक विशाल परकोटे से घिरा हुआ अम्बिका मन्दिर भारतीय शिल्पकला के चरमोत्कर्ष-काल की याद को ताजा कर देता है. उन कलाकारों के प्रति सिर अनायास ही श्रद्धा से झुक जाता है, जिनकी अंगुलियों और कल्पना ने इस मरु-प्रदेश में भी गरिमा-सा जड़ दिया और आने वाली पीढ़ियों के नाम एक धरोहर सौंप दी.

मूल मन्दिर में प्रवेश के लिए 'प्रवेश मंडप' से होकर जाना पड़ता है. दो मंजिला 'प्रवेश मंडप' भी कम आकर्षक नहीं है. यहां उत्कीर्ण मूर्तियां दर्शक को बरबस ही खींच लेती हैं और निगाहें उस प्रस्तर सौंदर्य में डूबती हैं. कला की बारीकियों और भावनाओं के प्रतिबिम्ब. मुख्य मन्दिर के बाह्य भाग पर सुरसुन्दरी, मकर की आकृतियों वाली बांडुआओं की रथ पर आरूढ़ तथा छत पर उत्कीर्ण प्रतिमाएं, महिषासुर मर्दिनी तथा चतुर्भुज की ऐसी मूर्तियां हैं जिन पर से आंख हटती ही नहीं. 'समुद्र मंथन' का दृश्य पर्यटक के मस्तिष्क में उसकी पौराणिक कथा की याद को ताजा कर जाता है.

सुप्रसिद्ध पुरातत्ववेत्ता श्री रत्नचन्द्र अग्रवाल का मानना है कि जगत के अम्बिका मन्दिर का निर्माण खजुराहो के 'लक्ष्मण मन्दिर' से पहले हुआ है. लक्ष्मण मन्दिर का निर्माण सन् ९५४ ई. में माना जाता है. उत्तर भारत में जगत ग्राम का मन्दिर राजस्थान का 'खजुराहो' है.

कला के लिए जीवन

इस मन्दिर में पत्थर की जाली का आकर्षक काम भी है. यहां की दो खिड़कियों को देख कर जैसलमेर के पत्थर की जाली का काम करने वाले कलाकारों की याद आ जाती है. मन्दिर में निर्मित, नृत्य करती गणेश की प्रतिमा, राजा शार्दूल, दुर्गा, महिषमर्दिनी, कुबेर, यम, वरुण की प्रतिमाएं याद दिलाती हैं कि उस युग के कलाकार, कला को कितनी गहराई तक जीते थे.

प्रवेश मंडप और मुख्य मंदिर के बीच लगभग ५० गज का फासला है. यह मन्दिर मेवाड़ के गुहिल वंश के राजाओं का पूजा-स्थल रहा है. मन्दिर की भव्यता इस बात का स्पष्ट प्रमाण है कि कभी यह मन्दिर नृत्यांगनाओं तथा संगीतकारों की कला-साधना का प्रमुख केन्द्र रहा होगा. कहा जाता है कि सन् ११७१ में महाराजा सामंतसिंह देव ने इस मंदिर में 'स्वर्ण कलश' भेंट किया था. सन् १२३० में राजा सिंहडादेव ने मन्दिर के ध्वज-दंड के लिए 'सोने का डंडा' भी भेंट किया. इतिहास के ये पृष्ठ यही बताते हैं कि कई वर्षों तक मन्दिर व्यापक हलचल का केन्द्र रहा होगा तथा इसकी व्यवस्था भी कुशल हाथों में रही होगी.

शिखर बंद मन्दिर के बाहरी भाग पर उत्कीर्ण मूर्तियों में अनेक अद्भुत अंग तथा नृत्य मुद्राएं देखी जा सकती हैं. मन्दिर के बाह्य भाग में दाहिनी ओर अंगड़ाई लेती हुई 'अलस कन्या' की मूर्ति किसी सजीव सुन्दरी सी जान पड़ती है. शिल्पकारों ने अपनी टांकी और हथौड़ी से कैसे प्राण फूंके होंगे ? इसी भाग पर वात्सल्य की साकार देवी 'मां' और शिशु की आकर्षक मूर्तियां भी हैं. मन्दिर के दाहिनी ओर ही निर्मित 'प्रसाला मंडप' भी कम दर्शनीय नहीं है. एक गृह से जल निकास के लिए निर्मित नाली जल कुंड में गिरती है, वह टूटी हुई है.

उस दिन जब मैं अम्बिका मन्दिर को देखने गया तो उसकी दुर्दशा देख कर आंखें छलछला आयीं. इस मन्दिर की सुरक्षा का कोई प्रबन्ध नहीं है. पुरातत्व विभाग ने एक चौकीदार की नियुक्ति अवश्य कर रखी है लेकिन टूटे हुए परकोटे और बिना किसी सहारा हथियार के बेचारा चौकीदार कैसे मन्दिर की मूर्तियों को गांव के नासमझ बालकों के प्रस्तर-प्रहारों से बचायें ?

क्रूर उपेक्षा की कहानी

प्रवेश मंडप में प्रवेश से पूर्व जो परकोटा बना हुआ था, वह ढह गया है और उसके पत्थर मंडप के इर्द-गिर्द बिखरे हुए हैं. मन्दिर के चारों ओर भी यही स्थिति है. आवारा पशुओं और कुत्तों ने मन्दिर को अपना शरण-स्थल बना लिया है. प्रवेश मंडप की छत गिर गयी है और शेष रह गयी हैं सीढ़ियां, जिन पर जंगली घास उगी हुई है. मंडप के चारों ओर उत्कीर्ण शैलचित्रों की मुद्राओं वाली छोटी-छोटी प्रतिमाओं पर प्रस्तर-प्रहारों के निशान यह सरकार की क्रूर उपेक्षा की कहानी स्वतः ही कह देते हैं. मुख्य मन्दिर की छत को कबूतरों ने अपना घर बना लिया है. मूर्तियों पर जमी हुई काई इस बात का पक्का सबूत है कि संस्कृति का ढिंढोरा पीटने वाली सरकार अपनी 'सांस्कृतिक धरोहर' की कितनी उपेक्षा करती है.

आंखों में तैरता हुआ पानी लेकर लौटता हूं और मुड़ मुड़ कर उन अज्ञात कलाकारों के प्रति श्रद्धावनत होता हूं जिन्होंने सौंपी थी ऐसी बहुमूल्य धरोहर, मन स्वयं को धिक्कारता है.

ऐसा है राजस्थान का खजुराहो — नौकरशाही और राजनेताओं की उदासीनता का शिकार. दुर्भाग्य तो यह भी है कि कुराबड़ गांव से जगतग्राम तक की लगभग ११ किलोमीटर लम्बी सड़क भी पक्की नहीं बनी. जगत को पर्यटकों के आकर्षण का केन्द्र बनाया जा सकता है. पुनः गूंज सकती हैं इस मन्दिर में संगीत और नृत्य की झंकारें .... पर कोई सोचे तो.

जगत: एक खजुराहो राजस्थान में!

(17 फरवरी, 1980)

16

उदयपुर से 54 किलोमीटर दूर एक गांव है जगत। इस गांव में निर्मित 'अंबिका माता मंदिर' शिल्पकला की बेजोड़ कृति है। पुरातत्त्वविदों का कहना है कि 10वीं शताब्दी में निर्मित यह मंदिर खजुराहो के मंदिरों की तरह का है, जिसमें अज्ञात शिल्पियों की टांकी तथा हथौड़ी का कमाल देखा जा सकता है। देवी दुर्गा के कई प्रचलित नाम हैं, इनमें जगदंबा भी एक है। ऐसा माना जाता है कि 'जग' नाम, जगदम्बा शब्द का अपभ्रंश ही है।

जगत ग्राम में एक विशाल परकोटे से घिरा हुआ अम्बिका मन्दिर भारतीय शिल्पकला के चरमोत्कर्षकाल की याद को ताजा कर देता है। उन कलाकारों के प्रति सिर अनायास ही श्रद्धा से झुक जाता है, जिनकी अंगुलियों और कल्पना ने इस वन–प्रदेश में भी नगीना–सा जड़ दिया और आने वाली पीढ़ियों के नाम एक धरोहर सौंप दी।

मूल मन्दिर में प्रवेश के लिए 'प्रवेश मंडप' में होकर जाना पड़ता है। दो मंजिला 'प्रवेश मंडप' भी कम आकर्षक नहीं है। यहां उत्कीर्ण मूर्तियां दर्शक

को बरबस ही खींच लेती है और निगाहें उस प्रस्तर सौंदर्य में ढूंढती हैं, कला की बारीकियों और भावनाओं के प्रतिबिम्ब, मूल्य मन्दिर के वाह्य भाग पर सुरसुन्दरी, मकर की आकृतियों वाली योद्धाओं की रथ पर आरूढ़ तथा छत पर उत्कीर्ण प्रतिमाएं, महिषासुर मर्दिनी तथा चतुर्भुज की ऐसी मूर्तियां हैं जिन पर से आंख हटती ही नहीं। 'समुद्र मंथन' का दृश्य पर्यटक के मस्तिष्क में उसकी पौराणिक कथा की याद को तरोताजा कर जाता है।

सुप्रसिद्ध पुरातत्वविद श्री रतनचन्द्र अग्रवाल का मानना है कि जगत के अम्बिका मन्दिर का निर्माण खजुराहो के 'लक्ष्मण मन्दिर' से पहले हुआ है। लक्ष्मण मन्दिर का निर्माण सन् 154 ई. में माना जाता है। उत्तर भारत में जगत ग्राम का मन्दिर राजस्थान का 'खजुराहो' है।

कला के लिए जीवन

इस मन्दिर में पत्थर की जाली का आकर्षक काम भी है। यहां की दो खिड़कियों को देखकर जैसलमेर के पत्थर की जाली काम करने वाले कलाकारों की याद आ जाती है। मन्दिर में निर्मित, नृत्य करती गणेश की प्रतिमा, राजा शार्दुल, दुर्गा, महिषासुर मर्दिनी, कुबेर, यम, वरुण की प्रतिमाएं याद दिलाती हैं कि उस युग के कलाकार, कला को कितनी गहराई तक जीते थे।

प्रवेश मंडप और मुख्य मंदिर के बीच लगभग 50 गज का फासला है। यह मन्दिर मेवाड़ के गुहिल वंश के राजाओं का पूजा–स्थल रहा है। मन्दिर की भव्यता इस बात का स्पष्ट प्रमाण है कि कभी यह मन्दिर नृत्यांगनाओं तथा संगीतकारों की कला–साधना का प्रमुख केन्द्र रहा होगा। कहा जाता है कि सन् 1171 में महाराजा सामंतसिंह देव ने इस मंदिर में 'स्वर्ण कलश' भेंट किया था। सन् 1220 में राजा सिंहडादेव ने मन्दिर के ध्वज–दंड के लिए 'सोने का डंडा' भी भेंट किया। इतिहास के ये पृष्ठ यही बताते हैं कि कई वर्षों तक मन्दिर व्यापक हलचल का केन्द्र रहा होगा तथा इसकी व्यवस्था भी कुशल हाथों में रही होगी।

शिखरबंद मन्दिर के बाह्य भाग पर उत्कीर्ण मूर्तियों में अनेक वाद्य यंत्र तथा नृत्य मुद्राएं देखी जा सकती हैं। मन्दिर के बाह्य भाग में दाहिनी ओर अंगड़ाई लेती हुई 'अलस कन्या' की मूर्ति किसी सजीव सुन्दरी सी जान पड़ती

10वीं शताब्दी में बना 'अंबिका मंदिर' शिल्पकला की बेजोड़ कृति है। (बाएं से) अलसकन्या, सुरसुंदरी और महिषमर्दनी की ये प्रतिमाएं बीते कल की शानदार कला का प्रतीक भी हैं और आज हो रही उपेक्षा का शिकार

है। शिल्पकारों ने अपनी टांकी और हथौड़ी से कैसे प्राण फूंके होंगे! इसी भाग पर वात्सल्य की साक्षात देवी 'मां' और शिशु की आकर्षक मूर्तियां भी हैं। मन्दिर के दाहिनी ओर ही निर्मित 'प्रवेश मंडप' भी कम दर्शनीय नहीं है। पूजा गृह से जल निकास के लिए निर्मित नाली जल कुंड में गिरती है। यह ढंकी हुई है।

उस दिन जब मैं अम्बिका मन्दिर को देखने गया तो उसकी दुर्दशा देखकर आंखें छलछला आयीं। इस मन्दिर की सुरक्षा का कोई प्रबन्ध नहीं है। पुरातत्व विभाग ने एक चौकीदार की नियुक्ति अवश्य कर रखी है लेकिन ढहते हुए परकोटे और बिना किसी सुरक्षा दीवार के बेचारा चौकीदार कैसे मन्दिर की मूर्तियों को गांव के नासमझ बालकों के प्रस्तर–प्रहारों से बचाएं?

क्रूर उपेक्षा की कहानी

प्रवेश मंडप में प्रवेश से पूर्व जो परकोटा बना हुआ था, वह ढह गया है और उसके पत्थर मंडप के इर्दगिर्द बिखरे हुए हैं। मन्दिर के चारों ओर भी

यही स्थिति है। आवारा चौपायों और कुत्तों ने मन्दिर को अपना शरण–स्थल बना लिया है। प्रवेश मंडप की छत गिर गयी है और शेष रह गई हैं सीढ़ियां, जिन पर जंगली घास उगी हुई है। मंडप के चारों ओर उत्कीर्ण रति–क्रीड़ा की मुद्राओं वाली छोटी–छोटी प्रतिमाओं पर प्रस्तर–प्रहारों के ताजा घाव सरकार की क्रूर उपेक्षा की कहानी स्वतः ही कह देते हैं। मुख्य मन्दिर की छत को कबूतरों ने अपना घर बना लिया है। मूर्तियों पर जमी हुई काई इस बात का पक्का सबूत है कि संस्कृति का ढिंढोरा पीटने वाली सरकार अपनी 'सांस्कृतिक धरोहर' की कितनी उपेक्षा करती है।

आंखों में तैरता हुआ पानी लेकर लौटता हूं और मुड़–मुड़ कर उन अज्ञात कलाकारों के प्रति श्रद्धावनत होता हूं जिन्होंने सौंपी थी ऐसी बहुमूल्य धरोहर। मन स्वयं को धिक्कारता है।

ऐसा है राजस्थान का खजुराहो–नौकरशाही और राजनेताओं की उदासीनता का शिकार। दुर्भाग्य तो यह भी है कि कुराबड़ गांव से जगत ग्राम तक की लगभग 12 किलोमीटर लम्बी सड़क भी पक्की नहीं बनी। जगत को पर्यटकों के आकर्षण का केन्द्र बनाया जा सकता है। पुनः गूंज सकती है इस मन्दिर में संगीत और नृत्य की झंकारें... पर कोई सोचे तो।

जब होल्कर ने श्रीनाथजी का मन्दिर लूटा

(17 अक्टूबर, 1976)

जब होल्कर ने श्रीनाथ जी का मन्दिर लूटा

सन् १८०२. इन्दौर के शासक जसवन्त राव होल्कर को शासन से हटा दिया गया. होल्कर अपनी जान बचाने के लिए रियासत से भाग निकला और मेवाड़ की ओर निकल गया. उसके साथ उसके कुछ वफादार सैनिक भी थे. शासन छिन जाने के कारण वह क्रोध से आगबबूला हो रहा था और रास्ते में मारकाट मचाता हुआ आगे बढ़ रहा था. उसने रतलाम और मेवाड़ के किलों को घेर कर लूट लिया. उसका लूटपाट करने का तरीका डाकुओं और लुटेरों से भी भयानक और दिल दहलाने वाला था. जब सिंधिया की सेना को पता लगा कि होल्कर पदच्युत होने के बाद भी उसके राज्य की सीमाओं में लूटपाट करके जनता को आतंकित कर रहा है तो उसने सेना भेजी, जिसने भागते हुए होल्कर का पीछा किया. अब होल्कर अधिक हानि नहीं पहुंचा सका और अरावली की उपत्यकाओं में छिपता-ठहरता वैष्णवों के पावन-धाम नाथद्वारा पहुंच गया.

नाथद्वारा - कन्हैया की शान्त और पवित्र नगरी. सात्विक और रसमय जीवन, नगरवासी प्रभु-गुणगान में लीन. यों लगता, जैसे गोकुल, वृन्दावन और मथुरा. नगर के पास ही बहने वाली बनास नदी, जैसे यमुना का शीतल जल. हजारों की तादाद में तीर्थ-यात्रियों का तांता लगा रहता.

क्रोधाग्नि में जलते हुए होल्कर को और क्या चाहिए था. प्रभु-सेवा में लीन लोगों को देख कर उसने जो चाहा वह किया. वह मंदिर में अपने सैनिकों के साथ प्रवेश कर गया और भगवान श्रीनाथ जी के स्वरूप (पुष्टिमार्ग में मूर्ति को स्वरूप कहते हैं) के सम्मुख पहुंच कर अंटशंट बकने लगा. उसने स्वरूप को धिक्कारा, दुर्वचन कहे फिर वह मंदिर के प्रधान पुजारी गोस्वामी श्री दामोदर के पास पहुंचा और उन्हें डराया-धमकाया व हत्याकांड पर उतारू हो जाने का भय दिखाया. इसके बदले में गोस्वामी जी ने तीन लाख रुपये दिये और नागरिकों तथा मंदिर की सुरक्षा का वचन लिया. किन्तु होल्कर तो जैसे मानवता की सर्वः मान्यताओं को भूल गया था. मंदिर से बाहर आ कर उसने नगर में लूटपाट की और लोगों से रुपयों की मांग शुरू कर दी. जो लोग रुपये देने में असमर्थ रहे, उन्हें वह कैद कर अपने डेरे में ले गया और वहां उन्हें अनेक यातनाएं दीं. उसके आतंक से नाथद्वारा में श्मशान का वातावरण छा गया.

होल्कर के आतंक को देख कर गोस्वामी जी ने सोचा कि प्रभु के स्वरूप को यहां से अन्यत्र सुरक्षित स्थान पर ले जाना ही श्रेयस्कर है. गोस्वामी जी मेवाड़ के महाराणा भीमसिंह से मिले और उनसे अनुरोध किया कि भगवान के स्वरूप की रक्षा की जाये. महाराणा ने कोठारिया के सरदार विजयसिंह पर

बजरंग रेही

सुरक्षा की जिम्मेदारी डाली. गोस्वामी जी ने सरदार से परामर्श किया और यह निश्चय हुआ कि भगवान की मूर्ति के साथ स्वयं ठाकुर तथा बीस नौजवान बहादुर राजपूत जायेंगे और मूर्ति को उदयपुर पहुंचा आयेंगे.

. . . और इस व्यवस्था के साथ ही भगवान श्रीनाथ जी के पावन स्वरूप को उदयपुर पहुंचा दिया गया. मूर्ति को उदयपुर पहुंचा कर जब ठाकुर नाथद्वारा लौटे तो होल्कर के सिपाहियों ने उन्हें घेर लिया और कहा, 'तुम लोग अपने घोड़े हमें सौंप दो, अन्यथा दंड पाओगे.' ठाकुर और उसके साथियों ने जब यह सुना तो उनकी आंखों में खून उतर आया. राजपूती शान आग की तरह फुंफकार उठी. सरदार से रहा नहीं गया और उसने ललकारते हुए कहा, 'चाहे प्राण ही क्यों न चले जायें, किन्तु घोड़े सौंप कर मातृ-भूमि का मान नहीं लजाऊंगा.' - मेवाड़ी वीर अपने-अपने घोड़ों से उतर गये और घोड़ों के पैरों में जंजीरें बांध कर नंगी तलवारें लेकर दुश्मनों पर टूट पड़े. बीस सैनिकों ने होल्कर के सिपाहियों के दांत खट्टे कर दिये. किन्तु होल्कर के सैनिक संख्या में बहुत अधिक थे, इसलिए अंत में वीर ठाकुर और उनके साथियों को अपनी बलि देनी पड़ी.

होल्कर को और चाहिए ही क्या था? वह पुनः नाथद्वारा-वासियों पर टूट पड़ा और उसने कस्बे को जी भर लूटा. आतंकित भक्त-जन गांव छोड़ कर भाग खड़े हुए. उधर महाराणा भीमसिंह की आलसी वृत्ति को देख कर गोस्वामी जी ने सोचा कि उदयपुर में रहना भी खतरे से खाली नहीं. और वे उदयपुर के पास अरावली की शैलमालाओं में स्थित घसियार गांव की ओर चले गये. उनके साथ सैकड़ों भक्त-जन भी थे. वहीं घसियार में भक्तजनों के सहयोग से श्रीनाथ भगवान का विशाल मंदिर बनवाया गया और अनेक वर्षों तक श्रीनाथ जी वहीं रहे. आज भी घसियार नाथद्वारा की तरह एक पवित्र स्थल माना जाता है.

17

सन् 1802, इन्दौर के शासक जसवन्त राव होल्कर अपनी जान बचाने के लिए रियासत से भाग निकला और मेवाड़ की ओर निकल गया। उसके साथ उसके कुछ वफादार सैनिक भी थे। शासन छिन जाने के कारण वह क्रोध से आगबबूला हो रहा था और रास्ते में मारकाट मचाता हुआ आगे बढ़ रहा था। उसने रतलाम ओर भेंदर के किलों को घेर कर लूट लिया। उसका लूटपाट करने का तरीका डाकुओं और लुटेरों से भी भयानक और दिल दहलाने वाला था।

जब सिंधिया की सेना को पता लगा कि होल्कर पदच्युत होने के बाद भी उसके राज्य की सीमाओं में लूटपाट करके जनता को आतंकित कर रहा है तो उसने सेना भेजी, जिसने भागते हुए होल्कर का पीछा किया। अब होल्कर अधिक हानि नहीं पहुंचा सका और अरावली की अपत्यकाओं में छिपता–ठहरता वैष्णवों के पावनधाम नाथद्वारा पहुंच गया।

विन्यास

नाथद्वारा – कन्हैया की शान्त और पवित्र नगरी। सात्विक और रसमय जीवन, नगरवासी प्रभु–गुणगान में लीन। यूं लगता, जैसे गोकुल, वृन्दावन और मथुरा। नगर के पास ही बहने वाली बनास नदी, जैसे यमुना का शीतल जल। हजारों की तादाद में तीर्थयात्रियों का तांता लगा रहता।

क्रोधाग्नि में जलते हुए होल्कर को और क्या चाहिए था। प्रभु–सेवा में लीन लोगों को देखकर उसने जो चाहा वह किया। वह मंदिर में अपने सैनिकों के साथ प्रवेश कर गया और भगवान श्रीनाथजी की मूर्ति (पुष्टिमार्ग में मूर्ति को स्वरूप कहते हैं) के सम्मुख पहुंच कर अंटशंट बकने लगा। उसने स्वरूप को धिक्कारा, दुर्वचन कहे, फिर वह मंदिर के प्रधान पुजारी गोस्वामी श्री दामोदर लाल के पास पहुंचा और उन्हें डराया–धमकाया व हत्याकांड पर उतारू हो जाने का भय दिखाया। इसके बदले में गोस्वामी जी ने तीन लाख रुपए दिए और नागरिकों तथा मन्दिर की सुरक्षा का वचन लिया। किन्तु होल्कर तो जैसे मानवता की सभी मान्यताओं को भूल गया था।

मंदिर से बाहर आ कर उसने नगर में लूटपाट की और लोगों से रुपयों की वसूली शुरू कर दी। जो लोग रुपये देने में असमर्थ रहे, उन्हें वह कैद कर अपने डेरे में ले गया और वहां उन्हें अनेक यातनाएं दीं। उसके आतंक से नाथद्वारा में श्मशान का वातावरण छा गया।

होल्कर के आतंक को देखकर गोस्वामी जी ने सोचा कि प्रभु के स्वरूप को यहां से अन्यत्र सुरक्षित ले जाना ही श्रेयस्कर है। गोस्वामी जी मेवाड के महाराणा भीमसिंह से मिले और उनसे अनुरोध किया कि भगवान के स्वरूप की रक्षा की जाए। महाराणा ने कोठारिया के सरदार विजयसिंह पर सुरक्षा की जिम्मेदारी डाली। गोस्वामी जी ने सरदार से परामर्श किया और यह निश्चय हुआ कि भगवान की मूर्ति के साथ स्वयं ठाकुर तथा बीस नौजवान बहादुर राजपूत जाएंगे और मूर्ति को उदयपुर पहुंचा आएंगे।

.....और इस व्यवस्था के साथ ही भगवान श्रीनाथजी के पावन स्वरूप को उदयपुर पहुंचा दिया गया। मूर्ति को उदयपुर पहुंचा कर जब ठाकुर नाथद्वारा लौटे तो होल्कर के सिपाहियों ने उन्हें घेर लिया और कहा, 'तुम लोग अपने घोड़े हमें सौंप दो अन्यथा दंड पाओगे।'

ठाकुर और उसके साथियों ने जब यह बात सुनी तो उनकी आंखों में खून उतर आया। राजपूती शान आहत नाग की तरह फुंफकार उठी। सरदार से रहा नहीं गया और उसने ललकारते हुए कहा– 'चाहे प्राण ही क्यों न चले जाएं, किन्तु घोड़े सौंप कर मातृभूमि का मान नहीं लजाऊंगा।' मेवाड़ी वीर अपने–अपने घोड़ों से उतर गये और घोड़ों के पैरों में जंजीरें बांध कर नंगी तलवारें लेकर दुश्मनों पर टूट पड़े। बीस सैनिकों ने होल्कर के सिपाहियों के दांत खट्टे कर दिए, किन्तु होल्कर के सैनिक संख्या में बहुत अधिक थे, इसलिए अंत में वीर ठाकुर और उनके साथियों को अपनी बलि देनी पड़ी।

होल्कर को और चाहिए की क्या था? वह पुनः नाथद्वारा–वासियों पर टूट पड़ा और उसने कस्बे को जी भर लूटा। आतंकित भक्त–जन गांव छोड़कर भाग खडे हुए। उधर महाराणा भीमसिंह की आलसी वृत्ति को देखकर गोस्वामी जी ने सोचा कि उदयपुर में रहना भी खतरे से खाली नहीं और वे उदयपुर के पास अरावली के शैलमालाओं में स्थित घसियार गांव की ओर चले गये। उनके साथ सैकड़ों भक्त–जन भी थे। वहीं घसियार में भक्त–जनों के सहयोग से श्रीनाथ भगवान का विशाल मंदिर बनवाया गया और अनेक वर्षों तक श्रीनाथजी वहीं रहे। आज भी घसियार नाथद्वारा की तरह एक पवित्र स्थल माना जाता है।

▼ ▼ ▼

राजस्थानी पनिहारिनें

रेत में बुनी सुनहरी कथा

हम 'धीरजी की ढाणी' पीछे छोड़ चुके थे। जोधपुर-जैसलमेर मार्ग पर का यह गांव अपनी अलग ही संस्कृति में गुंथा-बुना है। कंडों और गधों पर रखी हुई पखालों में पानी लदा था। रेगिस्तान में जीजिविषा इस तरह कि मीलों तक पानी का नामोनिशान न होने के बावजूद लोग अपनी जरूरत को किसी न किसी तरह पूरा करते हैं।

पिछले कुछ वर्षों में अरब शहजादों के शिकार-प्रेम और पोखरण के परमाणु विस्फोट के कारण जैसलमेर का नाम दुनिया के अखबारों में सुर्खियों में रहा है।

रेतीले टीले छूटते जा रहे थे। नये टीले दिखाई दे रहे थे। उन पर लिखी लोक कथाओं को हवा इस तरह कुरेद रही थी कि मन के किसी कोने में कसक उठ आती।

'...... देख रहे हैं न आप। वह सुनहरा किला। बस यही है जैसलमेर की शान।' इस इलाके के एक परिचित ने सामने की ओर इशारा किया। कैसा मनोहारी दृश्य था कि अस्ताचलगामी सूर्य की सुनहरी रश्मियों ने जैसलमेर दुर्ग को सोने की लंका का रूप दे दिया है।

हम किले की तलहटी में पहुंच गये थे। जैसलमेर के एक जागरूक निवासी इतिहास भी बताते और अपना दर्द भी कह जाते—'देखिये न, वर्षों से इसकी सफाई नहीं हुई।'

त्रिभुजाकार पहाड़ी पर निर्मित इस दुर्ग में जैसलमेर के पीले पत्थरों का उपयोग किया गया है—'यह देखिए-यह बुर्ज है। ढह रहा है। पर एक नहीं, ९९ बुर्ज हैं इस किले में। दुनिया में शायद ही ऐसा किला हो, जहां इतनी बुर्जें हों—। इस दुर्ग की नींव रखी थी सन ११५६ ईसवी में महारावल जैसल ने। वह बड़े बहादुर और कला पारखी थे।'

'यह सूरजपोल है। अल्लाउद्दीन खिलजी के आक्रमण के बाद यह अक्षयपोल बनाई गई। यह भूतापोल है। मैं ज्यादा तो नहीं जानता, पर शायद यहां भूत-प्रेत रहते हों—।'

मैं मन ही मन उसकी बात पर मुस्करा उठता हूं।

'अच्छा लगा न। यही तो बात है हमारे जैसलमेर में कि जो आता है, खो जाता है।' हम 'हवापोल' को पार कर आए थे और एक खुले चौक में खड़े थे।

'यह है चौहट्टा चौक। यहां ढाई शाके (जौहर) हुए थे। अलाउद्दीन खिलजी के समय २४ हजार भाटी-राजपूत वंश की वीरांगनाओं ने धधकते हुए अंगारों को समर्पित कर दिया था अपना रूप और यौवन। इसी चौक में है गज विलास महल, रंग महल, जनाना महल के पत्थर की कारीगरी के कलात्मक झरोखे, देवी भगवती का मंदिर। यहीं बनी हैं—जौहर समर्पित राजपूत वीरांगनाओं की स्मृतियों में सतियों की सीढ़ियां।'

'इस चौहट्टे में दशहरा और गणगौर के मेले लगते थे। कोई पन्द्रह वर्ष पहले तक तो ये मेले लगते रहे, पर बाद में न जाने कैसे बन्द हो गए।' उसके स्वर में झुंझलाहट थी। उसे यह अच्छा नहीं लग रहा था कि लोक-संस्कृति को इस प्रकार क्यों हानि पहुंचाई गई।

'इस चौक से ये दो रास्ते हैं—इधर से हम लक्ष्मी नाथ जी के मंदिर में जाते हैं। १४वीं शताब्दी का बना हुआ मंदिर है यह। इधर है जैन मंदिर। देवी के मंदिर की कलात्मक जालियां देखते ही बनती हैं। जैसे किसी ने पत्थर पर कसीदे का काम कर रखा है। दाहिनी ओर के रास्ते में ऊपर की ओर एक इमारत में सरकार एक स्कूल चलाती है, एक छोटा पोस्ट आफिस भी है उसी रास्ते में।'

किले की गलियों से गुजरते हुए देशी-विदेशी पर्यटकों को देखकर यहां रहने वालों को अब कोई आश्चर्य नहीं होता, लेकिन झरोखे से झांकती महिलाएं जैसलमेर के मरु सौन्दर्य की एक झलक अवश्य दे जाती हैं।

'यह जैन मंदिर है—पार्श्वनाथजी, संभवनाथजी, शीतलनाथजी, चन्द्रप्रभु, ऋषभदेव और महावीर मंदिर ये मंदिर हैं यहां।' पार्श्वनाथ मंदिर का तोरण द्वार मुझे मोह लेता है। मेरे अनेक साथी इस तोरण द्वार की तस्वीरें खींचने में लग जाते हैं। तोरण के स्तंभों पर खुदी हुई देव मूर्तियां, किन्नारियां, गंधर्व, खड़े गणेश की मूर्तियां—पन्द्रहवीं शताब्दी में निर्मित इस मंदिर की कहानी को आज भी सजीव बनाए हुए हैं। नृत्य की मुद्राएं, गान करती रमणियां, सभा मण्डप, मंदिर की परिक्रमा—चारों ओर नजरें दौड़ाता हूं—प्रस्तर-सौन्दर्य मुझे बांध लेता है। इन कलात्मक मूर्तियों को देखकर मुझे देलवाड़ा, रणकपुर और जगत के मंदिर याद आ जाते हैं।

ब्रजेन्द्र रेही

सभा मण्डप में आठ तोरण हैं। मण्डप की छत पर खुदाई का शानदार काम है। निज मंदिर के चारों ओर ५२ डेरियां हैं, जिनमें तीर्थंकरों की मूर्तियां हैं। मंदिर की परिक्रमा में मूर्तियों को देखते-देखते मैं दक्षिणी द्वार के बाहर आकर ठिठक जाता हूं। कथक नृत्य, संभोग की मुद्रा और श्रृंगार करती रमणी की आकर्षक मूर्ति और उसके पास है—वात्सल्य का पर्याय मां, बच्चे को स्तन पान करा रही है। लगभग साढ़े छह हजार से अधिक मूर्तियां हैं इन मंदिरों में।

मंदिरों को देखने के बाद हम 'जिनभद्र सूरी ज्ञान भण्डार' में पहुंच गये थे। इस भण्डार में लगभग आठ हजार ऐसे प्राचीन ग्रंथ हैं, जो ताड़-

जैसलमेर का किला

जैसलमेर: रेत में बुनी सुनहरी कथा

(23 जनवरी, 1983)

18

हम 'धीरजी की ढाणी' पीछे छोड़ चुके थे। जोधपुर–जैसलमेर मार्ग पर यह गांव अपनी अलग ही संस्कृति में गुंथा–बुना है। ऊंटों और गधों पर रखी हुई पखालों में पानी लदा था। रेगिस्तान में जिजीविषा इस तरह कि मीलों तक पानी का नामोनिशान न होने के बावजूद लोग अपनी जरूरत को किसी न किसी तरह पूरा करते हैं।

पिछले कुछ वर्षों में अरब बादशाहों के शिकार–प्रेम और पोखरण में परमाणु विस्फोट के कारण जैसलमेर का नाम दुनिया के अखबारों में सुर्खियों में रहा है।

रेतीले टीले छूटते जा रहे थे। नये टीले दिखाई दे रहे थे। उन पर लिखी लोक कथाओं को हवा इस तरह कुरेद रही थी कि मन के किसी कोने में कसक उठ आती।

'......देख रहे हैं न आप। वह सुनहरा किला। बस यही है जैसलमेर किला। बस यही है जैसलमेर की शान।' इस इलाके के एक परिचित ने सामने

की ओर इशारा किया। कैसा मनोहारी दृश्य था कि आस्ताचलगामी सूर्य की सुनहरी रश्मियों ने जैसलमेर दुर्ग को सोने की लंका का रूप दे दिया है।

हम किले की तलहटी में पहुंच गए थे। जैसलमेर के एक जागरूक निवासी इतिहास भी बताते हैं और अपना दर्द भी कह जाते हैं–'देखिए न, वर्षों से इसकी सफाई नहीं हुई।'

त्रिभुजाकार पहाड़ी पर निर्मित इस दुर्ग में जैसलमेर के पीले पत्थरों का उपयोग किया गया है।–'वह देखिए–वह बुर्ज है। टूट रहा है। पर एक नहीं, 99 बुर्ज हैं इस किले में। दुनिया में शायद ही ऐसा किला हो, जहां इतनी बुर्ज हों। इस दुर्ग की नींव रखी थी सन् 1155 ईस्वी में महारावल जैसल ने। वह बड़े बहादुर और कला पारखी थे।

'यह सूरजपोल है। अल्लाउद्दीन खिलजी के आक्रमण के बाद यह अक्षयपोल बनाई गई। यह भूतापोल है। मैं ज्यादा तो नहीं जानता, पर शायद यहां भूत–प्रेत रहते हों।'

मैं मन ही मन उसकी बात पर मुस्कुरा उठता हूं।

'अच्छा लगा न। यही तो बात है हमारे जैसलमेर में कि जो आता है, खो जाता है।' हम 'हवापोल' को पार कर आए थे और एक खुले चौक में खड़े थे।

'यह है चौहट्टा चौक। यहां ढाई शाके (जौहर) हुए थे। अलाउद्दीन खिलजी के समय 24 हजार भाटी राजपूत वंश की वीरांगनाओं ने धधकते हुए अंगारों को समर्पित कर दिया था अपना रूप और यौवन। इसी चौक में हैं गज विलास महल, रंग महल, जनाना महल के पत्थर की कारीगरी के कलात्मक झरोखे, देवी भगवती का मंदिर। यहीं बनी हैं–जौहर समर्पित राजपूत वीरांगनाओं की स्मृतियों में 'सतियों की सीढियां'।

'इस चौहट्टे में दशहरा और गणगौर के मेले लगते थे। कोई पन्द्रह वर्ष पहले तक तो ये मेले लगते रहे, पर बाद में न जाने कैसे बन्द हो गए।' उराके स्वर में झुंझलाहट थी। उसे यह अच्छा नहीं लग रहा था कि लोक–संस्कृति को इस प्रकार क्यों हानि पहुंचाई गई।

'इस चौक से ये दो रास्ते हैं–इधर से हम लक्ष्मीनाथ जी के मंदिर में जाते हैं। 14वीं शताब्दी का बना हुआ मंदिर है वह। इधर है जैन मंदिर। देवी के मंदिर की कलात्मक जालियां देखते ही बनती हैं। जैसे किसी ने पत्थर पर कसीदे का काम कर रखा है। दाहिनी ओर के रास्ते में ऊपर की ओर एक इमारत में सरकार एक स्कूल चलाती है, एक छोटा पोस्ट आफिस भी है उसी रास्ते में।'

किले की गलियों से गुजरते हुए देशी–विदेशी पर्यटकों को देखकर यहां रहने वालों को अब कोई आश्चर्य नहीं होता, लेकिन झरोखे से झांकती महिलाएं जैसलमेर के मरू सौन्दर्य की एक झलक अवश्य दे जाती हैं।

'यह जैन मंदिर है–पार्श्वनाथजी, संभवनाथजी, शीतलनाथजी, चन्द्रप्रभु, ऋषभदेव और महावीर के मंदिर हैं यहां।' पार्श्वनाथ मंदिर का तोरण द्वार मुझे मोह लेता है। मेरे अनेक साथी इस तोरण द्वार की तस्वीरें खींचने में लग जाते हैं। तोरण के स्तंभों पर खुदी हुई देव मूर्तियां, किन्नारियों, गंधर्व, खड़े गणेश की मूर्तियां–पन्द्रहवीं शताब्दी में निर्मित इस मंदिर की कहानी को आज भी सजीव बनाए हुए हैं। नृत्य की मुद्राएं, मंदिर की परिक्रमा–चारों ओर नजरें दौड़ाता हूं–प्रस्तर–सौन्दर्य मुझे बांध लेता है। इन कलात्मक मूर्तियों को देखकर मुझे देलवाड़ा, रणकपुर और जगत के मंदिर याद आ जाते हैं।

सभा मण्डप में आठ तोरण हैं। मण्डप की छत पर खुदाई का शानदार काम है। निज मंदिर के चारों ओर 52 डेरियां हैं, जिनमें तीर्थंकरों की मूर्तियां हैं। मंदिर की परिक्रमा में दो मूर्तियों को देखते–देखते मैं दक्षिणी द्वार के बाहर आकर ठिठक जाता हूं। कथक नृत्य, संभोग की मुद्रा और श्रृंगार करती रमणी की आकर्षक मूर्ति और उसके पास है वात्सल्य का पर्याय–मां, बच्चे को स्तन पान करा रही है। लगभग साढ़े छह हजार से अधिक मूर्तियां हैं इन मंदिरों में।

मंदिरों को देखने के बाद हम 'जिनभद्र सूरी ज्ञान भण्डार' में पहुंच गए थे। इस भण्डार में लगभग आठ हजार ऐसे प्राचीन ग्रंथ हैं, जो ताड़–पत्रों और काष्ठ पट्टिकाओं पर लिखे गए हैं। ग्रंथ भण्डार में चित्रकला की बेजोड़ कलाकृतियां भी हैं।

राजस्थानी पनिहारिनें

ऐसी मान्यता है कि आठवीं से बारहवीं शताब्दी तक कागज उपलब्ध नहीं था। लेकिन यहां 11वीं शताब्दी की पुस्तिका है। यहां पर चांदी, सोने और कांस्य पर आकर्षक चित्रकारी संग्रहीत है। ज्ञान भण्डार में रत्न प्रतिमाएं देखते ही बनती हैं। सोने के सिंहासन पर पार्श्वनाथजी की पन्ने की कोई चार–पांच इंच की मूर्ति है।

कौटिल्य के अर्थशास्त्र की पांडुलिपि भी यहीं है। यहां 12वीं से 14वीं शताब्दी का पुस्तकालय है। यहां 38 इंच लम्बा ताड़ पत्र भी है, जिस पर साहित्य की रचना की गई है। दीवार पर एक तस्वीर भी टंगी हुई है, जिसमें पृथ्वीराज राठौर अपने दरबार में बैठे हुए हैं। लगभग चार सौ वर्ष पुराने जैसलमेर में बने हुए चित्र में सोने के पानी का उपयोग किया गया है। यहीं पर दादा साहब श्री जिनदत्त सूरी जी महाराज की चादर चोल पट्टी एवं मुंहपट्टी दर्शनार्थ रखी गई है। कहा जाता है कि सवा आठ सौ वर्ष पूर्व इनका देहान्त हो गया था। अन्तिम संस्कार में उनकी ये वस्तुएं जली नहीं थीं।

अब हम किले से नीचे उतर आए थे। जैसलमेर की गलियों में पत्थर की कारीगरी के अनेक नमूने देखे। कौन रक्षा करेगा उन कलाकारों की, इस अमोली विरासत की?

कलात्मक झरोखे : अनुपम सौंदर्य

'ये हैं कलात्मक हवेलियां। यह पटवों की हवेली है। जो भी जैसलमेर आता है इन हवेलियों को देखकर दांतों तले उंगली दबा लेता है। ये हवेलियां शिल्पकला की अद्वितीय मिसाल हैं। एक ही पत्थर से बने झरोखे, दीवारों, छतों पर की गयी सोने की कलम की सुनहरी चित्रकारी, चटक लाल रंग, नीले–हरे कांच का काम, इन झरोखों का वर्णन, वर्णनातीत है। सालिमसिंह की हवेली, नथमल की हवेली, गंदी गलियों से गुजर कर जब पर्यटक इन हवेलियों तक पहुंचता है तो सब कुछ भूल जाता है। उसे केवल दिखाई देती है पत्थर की कारीगरी।' उसने कहा।

इन हवेलियों के झरोखे, तिवारी, छतरियां, सब कुछ मरूभूमि के वैभव की याद दिला देते हैं। पटवों की हवेली 18वीं सदी की है।

आज जैसलमेर में पत्थर की जाली की यह कला लुप्त हो गई है। रह गये हैं एक–दो वंशधर, उन बेजोड़ शिल्पकारों के–फतेह मोहम्मद (60 वर्ष) और पीर मोहम्मद (45 वर्ष)। कौन कराये आज पत्थर की कटाई का महंगा कार्य? जिनके पूर्वजों ने जैसलमेर को अपनी टांकी और हथौड़ी से संवारा, उसी पीढ़ी के ये लोग संरक्षण के लिए तरस रहे हैं।

जैसलमेर की काष्ठकला, मूर्तिकला, सभी में ऐसे लोकरंगी जीवन की झांकी मिलती है, जिसने पल–पल सृजन किया है दूर–दराज के इस रेगिस्तान में।

विन्यास

हम जैसलमेर से लौट रहे हैं। रेतीले टीलों की स्वर्ण नगरी हमारे विचारों में घूम रही है। अचानक ही मुझे एक दोहा याद आ जाता है–

गढ़ दिल्ली, गढ आगरो, अब गढ़ बीकानेर,

भलो चुणायो भरटियो, सिरे तो जैसलमेर।

दक्षिण गंगोत्री की बर्फ में पहली बार

बर्फ में भारतीय हेलीकॉप्टर

उनमें कीटाणुओं के बारे में पता लगाया गया। दक्षिण गंगोत्री में भी इसी प्रकार के प्रयोग किये गये दक्षिण गंगोत्री वह स्थान है, जहां गत वर्ष प्रथम अभियान दल ने एक केन्द्र की स्थापना की थी। अब इस केन्द्र के पास एक हवाई पट्टी बना दी गयी है।

यहां की मिट्टी के कोई ५० से ज्यादा नमूने इकट्ठे किये गये और इन पर माइक्रोबायलॉजिकल तथा इकोलोजिकल प्रयोग किये गये। इसी प्रकार चुम्बकीय प्रभाव, वायुमंडलीय दबाव, हवा की गति, आर्द्रता, विकिरण, घनत्व आदि के बारे में विस्तार से अध्ययन किया गया। भूगर्भ शास्त्रियों ने हिम-शैलों में १८ कि. मी. गहराई तक ड्रिलिंग करके बर्फ के नीचे से नमूने लिए और धातु के खम्भे गाड़ कर बर्फ में होने वाले कम्पन रिकार्ड किया। एक सौ कि. मी. क्षेत्र का भू-विज्ञान से संबंधित मान-चित्र भी तैयार किया गया।

बर्फ की चट्टानों के नीचे से कई नमूने भी इकट्ठे किये गये। इनमें खनिज भी हैं। कुछ नमूने इस प्रकार हैं : पाइरोक्साइनाइट,

दक्षिण गंगोत्री पर आधार–शिविर

दक्षिण गंगोत्री की बर्फ में पहली बार

(12 अप्रैल, 1983)

19

'रहस्यमय, रोमांचक और दिल को हिला देने वाले क्षण थे वे। हेलिकॉप्टर की ओर बढ़ते–बढ़ते हमारे पैर अचानक जमीन में धंसने लगे। ऐसा लगा जैसे धमनियों और शिराओं में खून जम रहा है। एक क्षण में ही अहसास हो गया कि यह सब तापमान के बढ़ने का परिणाम है। हेलिकॉप्टर और हमारे बीच चंद गज का फासला ही रह गया था। पैर अब भी बर्फ में धंसे थे। फिर भी हमने हौसला नहीं खोया और किसी तरह हम लोग हेलिकॉप्टर पर सवार हो ही लिए।'

यह घटना है दक्षिणी ध्रुव की। दूसरे भारतीय अन्टार्कटिका अभियान दल ने चांदी सी चमकती हिम–प्रदेश की उस धरती पर साहस और शक्ति के स्वर्णाक्षरों से रचे गए इतिहास में एक पृष्ठ और जोड़ दिया था।

पहली बार उतरे थे हिम–शैलों पर भारतीय हेलिकॉप्टर। पायलेट्स के लिए भी यह अनुभव विस्मय और रोमांच से भरा हुआ था। बहुत मुश्किल होता है चमचमाती और किरणों को परावर्तित करती सफेद सतह पर हेलिकॉप्टर

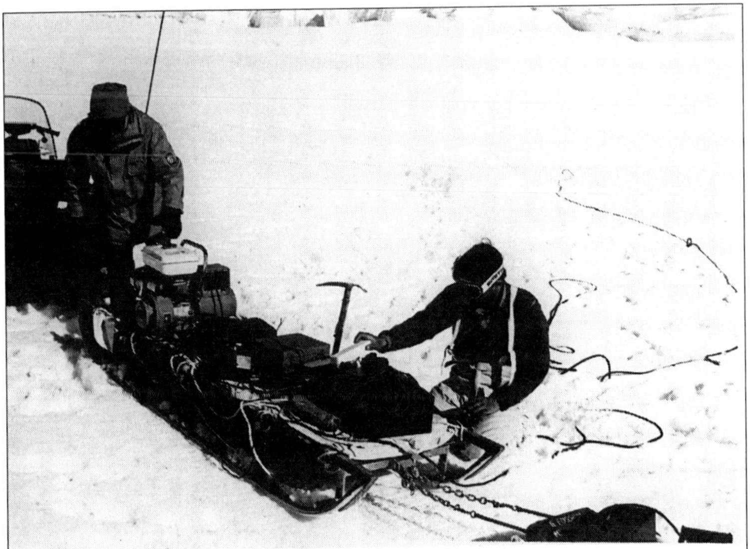

वैज्ञानिक प्रयोग : बाएं दल के नेता श्री रैना

उतारना। अभियान–दल के सभी 40 सदस्यों (जिनमें 28 वैज्ञानिक और 12 चालक थे) के मन में कुछ कर गुजरने की तमन्ना थी, जो फलीभूत हुई। अभियान सफल रहा और 24 हजार किलोमीटर की दूरी तय करके 110 दिन के बाद दल 21 मार्च को स्वदेश लौट आया।

बर्फ, बर्फ और बर्फ। 14 हजार वर्ग किलोमीटर क्षेत्र में फैले अन्टार्कटिका यानी दक्षिणी ध्रुव प्रदेश का 92 प्रतिशत भाग चौबीसों घंटे बर्फ से ढंका रहता है। यहां शून्य डिग्री तापमान सामान्य बात है किन्तु अनेक जगह तो पानी भी जमाव बिन्दु से 15 डिग्री नीचे हो जाता है। कितना मुश्किल होता है आदमी का ऐसे वातावरण में रहना।

अगर आदमी अन्टार्कटिका की बर्फ में धंस जाए या पानी में डूब जाए तो मात्र 30 सैकन्ड में उसकी मृत्यु निश्चित रूप से हो जाती है। इसलिए कि यहां के ठंडे पानी से 'हाइपोथर्मियां' हो जाता है। इसमें हृदय एक झटके के साथ काम करना बन्द कर देता है।

दक्षिण गंगोत्री अंटार्कटिका में पहला भारतीय दल

38 सदस्यों के दल का नेतृत्व भारतीय भू–विज्ञान सर्वेक्षण के निदेशक श्री बी.के. रैना ने किया। दल में 11 वैज्ञानिक, 3 इंजीनियर, 3 डॉक्टर, 6 पायलट, एक कैमरामैन, तीन सहायक, एक संचार इंजीनियर और 12 जहाज चालक थे।

दल में गये वैज्ञानिकों ने वहां अनेक प्रयोग किए। समुद्र और बर्फ के 13 नमूने लिए गए और उनमें बैक्ट्रियाज़ के बारे में पता लगाया गया। दक्षिण गंगोत्री में भी इसी प्रकार के प्रयोग किए गए। दक्षिण गंगोत्री वह स्थान है, जहां गत वर्ष प्रथम अभियान दल ने एक केन्द्र की स्थापना की थी। अब इस केन्द्र के पास एक हवाई पट्टी बना दी गई है।

यहां की मिट्टी के कोई 50 से ज्यादा नमूने इकट्ठे किए गए और इन पर माइक्रोबायलोजिकल तथा इकोलोजिकल प्रयोग किए गए। इसी प्रकार चुम्बकीय प्रभाव, वायुमंडलीय दबाव, हवा की गति, आर्द्रता, विकिरण, घनत्व आदि के बारे में विस्तार से अध्ययन किया गया। भूगर्भ शास्त्रियों ने हिमशैलों में 18 किमी. गहराई तक ड्रिलिंग करके बर्फ के नीचे से नमूने लिए और धातु

दक्षिण गंगोत्री अंटार्कटिका में पहला भारतीय दल

के खम्भे गाड़ कर बर्फ में होने वाले कम्पन को रिकार्ड किया। एक सौ किमी. क्षेत्र का भू–विज्ञान से संबंधित मानचित्र भी तैयार किया गया।

बर्फ की चट्टानों के नीचे से कई नमूने भी इकट्ठे किए गए। कुछ नमूने इस प्रकार हैं : पाइरोक्साइनाइट, नाइस, ग्रेनुलाइट्स, मेटावेस्टाइट्स डाइक्स पिंकग्रेनाइट और ग्रेनाइट। रोडियो–एक्टिव खनिजों का भी पता लगाया गया। चट्टान से जो भी नमूने लाए गए हैं उनका अध्ययन सोवियत और अमेरिकी भू–वैज्ञानिक भी करेंगे।

वैज्ञानिक दल ने दक्षिण गंगोत्री से 90 किमी. दूर स्थित 'बूलथाट माउंटेन' से चट्टानों के नमूने इकट्ठे किए हैं। इन सभी नमूनों के अध्ययन के बाद 'गोंडवाना लैंड' के सिद्धान्त की सत्यता की परख हो सकेगी। इस सिद्धान्त के अनुसार दक्षिण ध्रुव और भारत किसी समय एक ही भूखण्ड के हिस्से थे।

फिल्म्स डिवीज़न के कैमरामैन श्री दीपक हल्दंकर ने सभी गतिविधियों और प्राकृतिक दृश्यों का साहसपूर्ण फिल्मांकन किया। उन्होंने कोई 50 हजार फुट फिल्म खींची।

दल के सदस्यों को कई रोमांचक अनुभव भी हुए। मसलन मौत के सन्नाटे सी बर्फानी ठंड में श्री हल्दंकर 10 घंटे तक बिना 'स्लीपिंग–बैग' के सोये रहे। यह अपने आप में एक रिकार्ड है। बाद में डाक्टरों ने उनके स्वास्थ्य की जांच की और ठीक पाया।

दस–दस हजार फुट ऊंचे बर्फ के पहाड़ों से घिरे इस इलाके में तापमान के बढ़ने और घटने का व्यापक असर होता है। ग्लेशियर फिसलते हैं, पहाड़ चटकने लगते हैं। अभियान दल के सदयों ने दो बार बर्फ के तूफान का भी सामना किया। एक बार तूफान की गति 160 किमी. प्रतिघंटा थी। लगभग 50 घंटे गहरे संकट में बीते। तम्बू भी उखड़ गए थे और तापमान पानी के जमाव बिन्दु से 7 डिग्री और नीचे पहुंच गया था।

यहां रहने के लिए दो झोपड़ियां निर्मित की गयीं, जिनमें भीतर की परत अल्यूमिनियम की थी। अभियान–दल के सदस्यों की उस शीत–प्रदेश में रहने वाले स्कुआ पक्षियों के साथ अच्छी दोस्ती हो गयी। गिद्ध की तरह का यह पक्षी वैज्ञानिकों की गतिविधियों को ध्यान से देखता और आवाजें करता।

स्वदेश लौटने के बाद दल के नेता श्री रैना ने कहा 'निस्संदेह अद्‌भुत, रोमांचक और साहसपूर्ण अभियान था यह। कोई चीज असंभव नहीं है। इसका मुझे प्रत्यक्ष अनुभव हुआ।' बर्फ में चलने की क्षमता रखने वाले विशेष रूप से निर्मित 'एम.वी. पोलर सर्कल' जहाज से किया गया यह अभियान, अब एक दस्तावेज भी है।

▼ ▼ ▼

दक्षिण भारत में बढ़ता हिंदी का कारवां

भारत में अंग्रेजी का आधिपत्य बनाए रखने के लिए काफी तत्व यह प्रचार जोर-शोर से कर रहे हैं कि दक्षिण भारत में हिन्दी का कड़ा विरोध हो रहा है। सच्चाई यह है कि दक्षिण भारतीय भी हिन्दी को स्वीकार कर चुके हैं —हिन्दी दिवस पर विशेष का बेबाक विश्लेषण।

शिक्षा में हिन्दी

बृजेन्द्र रेही

दक्षिण भारत में बढ़ता हिन्दी का कारवां

(14 सितम्बर, 1980)

20

गत कुछ वर्षों से राजनीतिक क्षेत्र में यह प्रचार बहुत तेजी से किया गया कि दक्षिण भारत में हिन्दी का व्यापक विरोध है, वहां की जनता अंग्रेजी के स्थान पर हिन्दी को संपर्क भाषा का स्थान देना नहीं चाहती है, वहां राष्ट्रभाषा के प्रचार–प्रसार के लिए अनुकूल वातावरण नहीं है। ऊपर से देखा जाए तो इस प्रचार से भ्रम पैदा हुए बगैर नहीं रहेगा। इसका कारण स्पष्ट है–बड़े राजनीतिज्ञों और सत्ताधीशों की भाषा आजादी के आन्दोलन के दौरान तथा आजादी मिलने के कुछ वर्ष बाद तक हिन्दी या अपनी–अपनी मातृभाषा रही थी, लेकिन अब अंग्रेजी हो गई है। अंग्रेज चले गए, परन्तु अंग्रेजियत को ओढ़ लिया नेतृवर्ग ने।

दक्षिण में हिन्दी का महायज्ञ सन् 1918 में ही शुरू हो गया था। इसके पुरोहित थे महात्मा गांधी। वह अंग्रेजी के भाषायी साम्राज्य को उखाड़ फेंकना चाहते थे। भविष्यदृष्टा बापू ने कहा–''राष्ट्रभाषा के बिना राष्ट्र गूंगा है।''

उनके आशीर्वाद से मद्रास के गोखले हाल में सन् 1918 में दक्षिण भारत हिन्दी प्रचार सभा की स्थापना की गई। हिन्दी का प्रथम वर्ग शुरू किया बापू के पुत्र स्व. देवदास गांधी ने। फिर सन् 1937 में मद्रास प्रेसिडेंसी के अपने प्रधान मंत्रित्वकाल में श्री सी. राजगोपालाचारी ने भी हिन्दी की अनिवार्यता पर जोर दिया। दक्षिण भारत हिन्दी प्रचार सभा के अलावा दक्षिणी राज्यों में अनेक संस्थाओं का गठन हुआ।

ये संस्थाएं हैं–मैसूर रियासत हिन्दी प्रचार समिति (मैसूर), हिन्दी प्रचार समिति (कर्नाटक), महिला हिन्दी सेवा समिति (बैंगलोर), केरल हिन्दी प्रचार सभा (त्रिवेन्द्रम) तथा हिन्दी प्रचार सभा (हैदराबाद)। सैकड़ों हिन्दी प्रचारकों, विद्वानों तथा हिन्दी प्रेमियों ने व्यापक स्तर पर निस्वार्थ भाव से हिन्दी पढ़ना–पढ़ाना शुरू किया। परिणाम यह निकला कि हिन्दी सीखने और जानने वालों की संख्या करोड़ों से ऊपर पहुंच गई। दक्षिण के किसी सुदूर गांव में चले जाइए, हिन्दी समझने और बोलने वाला न मिले, ऐसा संभव नहीं। ऐसा इसलिए भी हुआ कि व्यवसाय के लिए निकले मारवाड़ियों और नौकरी के लिए गए बिहार तथा उत्तर प्रदेश के लोगों ने हिन्दी के प्रसार में 'राजदूत' का काम किया।

हिन्दी दक्षिण में भी जनभाषा का रूप धारण करने के लिए उद्वेलित हो रही थी कि तमिलनाडु में भाषा–विद्वेष की 'काली–आंधी' ने लोगों के दिलों में भय के बीज बो दिए। यह काल था सन् 1964–65 का। तमिलनाडु की क्षेत्रीय राजनीतिक पार्टी द्रविड़ मुनेत्र कड़गम (द्रमुक) ने यह कुप्रचार किया कि अब तमिल की जगह हिन्दी लाई जा रही है। इस कुप्रचार से पिछड़े तथा अशिक्षित वर्ग के लोगों, छात्रों, मध्यम श्रेणी के नेताओं और बड़े व्यापारियों तथा धनी लोगों के दिलों में आशंका की चिनगारी विशाल लपटों में बदल गई। भाषायी नफरत की आग में हिन्दी के प्रचार पट्ट, नामपट्ट जलाए गए। तोड़फोड़ हुई। हिन्दी शिक्षकों, कार्यकर्ताओं तथा प्रचारकों के साथ अनेक स्थानों पर अमानुषिक बर्ताव भी किया गया।..... और लोगों में नफरत फैलाकर सन् 1967 में द्रमुक तमिलनाडु में सत्ता हथियाने में सफल हो गई।

हिन्दी के विरुद्ध इस तरह नफरत फैलाने तथा वातावरण को दूषित करने के बाद भी दक्षिण में क्या हिन्दी का कारवां रुका? जवाब है नहीं रुका। तमिलनाडु में सन् 1967 में द्रमुक शासन की शुरूआत के समय हिन्दी

परीक्षाओं में बैठने वालों की संख्या 20 हजार थी। जनवरी 1976 में द्रमुक के पतन के बाद यह संख्या बढ़कर 88 हजार हो गई। ऐसा इसलिए हुआ कि हिन्दी दक्षिण के लोगों की जरूरत बन गई थी। उसे राष्ट्रभाषा के रूप में उनकी आत्मा ने स्वीकार कर लिया।

हिन्दी का ऐसा व्यापक व हिंसक विरोध कर्नाटक, केरल और आन्ध्रप्रदेश में नहीं हुआ। इन राज्यों में सरकार, हिन्दी प्रचारकों तथा जनता के आपसी सहयोग से हिन्दी का प्रचार–प्रसार हुआ है और अब भी हो रहा है।

शिक्षा में हिन्दी

दक्षिण राज्यों में काम कर रही हिन्दी प्रचार सभाओं से प्राप्त आंकड़ों के अनुसार चारों राज्यों में अब तक लाखों लोग हिन्दी का विधिवत शिक्षण ले चुके हैं।

दक्षिण के 12 विश्वविद्यालयों में हिन्दी के उच्च अध्ययन की सुविधा है। इनमें उस्मानिया, श्रीवेंकटेश्वर, आंध्र–मद्रास, मैसूर एवं कर्नाटक विश्वविद्यालयों में उच्चस्तरीय शोध कार्य हिन्दी में किया जा रहा है। इन विश्वविद्यालयों से चार सौ शोध–प्रबंध हिन्दी में स्वीकृत हो चुके हैं। इतना ही नहीं, लगभग चार सौ पंजीकृत विषय हैं, जिन पर शोधार्थी कार्य कर रहे हैं। उस्मानिया विश्वविद्यालय से 47, श्री वेंकटेश्वर से 34, आंध्रप्रदेश विश्वविद्यालय से 24 तथा इतर विश्वविद्यालयों से 15 व्यक्तियों को पी.एच.डी. की उपाधि प्रदान की जा चुकी है। आंध्रप्रदेश में अब तक 125 विद्वान विद्यावाचस्पति (पी.एच.डी.) की उपाधि प्राप्त कर चुके हैं। इनमें से 86 विद्वानों की मातृभाषा तेलुगु है।

मैसूर विश्वविद्यालय में 1959 से, कर्नाटक विश्वविद्यालय में 1960 से तथा बैंगलोर विश्वविद्यालय से 1971 से हिन्दी के स्नातकोत्तर अध्ययन की व्यवस्था है। कर्नाटक के इन तीनों विश्वविद्यालयों से एक हजार हिन्दी एम.ए. तथा पी.एच.डी. निकल चुके हैं। बैंगलोर विश्वविद्यालय में हिन्दी अध्ययन में सहायता के लिए मध्यप्रदेश सरकार ने एक लाख रुपए का अनुदान भी दिया है।

केन्द्रीय सरकार के त्रिभाषा फार्मूले के अंतर्गत केरल तथा आंध्रप्रदेश में लगभग सभी प्राथमिक शालाओं में हिन्दी प्रवेश कर गई है।

विन्यास

कर्नाटक के 26 सरकारी महाविद्यालयों में हिन्दी पढ़ाई जाती है तथा सभी हाईस्कूलों में हिन्दी की अनिवार्य पढ़ाई 1950 से 1971 के शिक्षा वर्ष तक कराई जाती रही है।

आंध्रप्रदेश में साढ़े तीन हजार से अधिक माध्यमिक पाठशालाओं में 5 हजार से अधिक हिन्दी शिक्षक हिन्दी पढ़ा रहे हैं। अब तक 21 लाख छात्र हिन्दी की शिक्षा प्राप्त कर चुके हैं। इस राज्य में सरकार हिन्दी प्रचार–प्रसार का काम करने वाली संस्थाओं को अनुदान भी देती है। प्रतिवर्ष तीन करोड़ रुपया हिन्दी–शिक्षकों के वेतन पर खर्च किया जाता है।

तमिलनाडु में मद्रास विश्वविद्यालय में इस वर्ष से हिन्दी का स्नातकोत्तर अध्ययन शुरू कर दिया गया है। इस राज्य में अभी सरकारी स्कूलों में हिन्दी को राज्य सरकार की हिन्दी विरोधी नीति के कारण अन्य तीन राज्यों की तरह स्थान नहीं मिला है। दक्षिण भारत हिन्दी प्रचार सभा के प्रयत्नों से इस वर्ष डेढ़ लाख से अधिक छात्र–छात्राएं हिन्दी परीक्षाओं में बैठे। सभा ने स्नातकोत्तर हिन्दी विभाग खोला है। हिन्दी के उच्च अध्ययन के लिए सभा एक सौ एकड़ भूमि में एक संस्थान बना रही है। इसके लिए केन्द्रीय सरकार ने 5 लाख रुपए का अनुदान देना स्वीकार किया है।

अखिल भारतीय हिन्दी संस्था संघ के अनुसार आंध्रप्रदेश में 4000, तमिलनाडु में 4200, कर्नाटक में 2500 तथा केरल में 2000 प्रचारक हिन्दी प्रचार का कार्य कर रहे हैं। दक्षिण भारत की हिन्दी संस्थाओं द्वारा की जाने वाली हिन्दी परीक्षाओं को मैट्रिक तथा बी.ए. के समकक्ष मान्यता प्राप्त है।

दक्षिणी राज्यों में हिन्दी की कई पत्र–पत्रिकाएं प्रकाशित होती हैं। कुछ पत्रिकाएं केन्द्रीय सरकारी संस्थानों द्वारा भी प्रकाशित की जाती हैं। प्रेस रजिस्ट्रार की रिपोर्ट के अनुसार आंध्र से 15, केरल से 8, कर्नाटक से 7 तथा तमिलनाडु से 6 पत्रिकाएं हिन्दी में प्रकाशित होती हैं। सिनेमा ने भी हिन्दी के प्रचार–प्रसार को अतिरिक्त शक्ति प्रदान की है।

केन्द्र सरकार ने अहिन्दी भाषी राज्यों में हिन्दी प्रसार की योजना के अन्तर्गत दक्षिणी राज्यों में स्थित केन्द्रीय सरकार के कार्यालयों में हिन्दी में काम करने के लिए एक कार्यक्रम तैयार किया है। इस कार्यक्रम पर अमल के लिए कई कदम उठाए गए हैं।

सरकार ने यह भी निश्चय किया है कि इन राज्यों में स्थित केन्द्रीय सरकार के कार्यालयों में जहां एक टाइपराइटर देवनागरी का है, वहां इस वर्ष खरीदे जाने वाले टाइपराइटरों में से 10 प्रतिशत देवनागरी के खरीदे जाएं तथा जहां एक भी टाइपराइटर हिन्दी का नहीं है, वहां एक टाइपराइटर देवनागरी का उपलब्ध कराया जाए।

सभी प्रकार के करारों, संविदाओं, टेंडरों तथा फार्मों को, जो केवल अंग्रेजी में हैं, हिन्दी अनुवाद भी छापे जाने का निर्णय हुआ है। इन कार्यालयों से यह भी कहा गया है कि अपने मंत्रालय और विभागों से पत्र व्यवहार में कम से कम दस प्रतिशत पत्र हिन्दी में हों। जिन कार्यालयों में सौ से अधिक कर्मचारी हैं, वहां आवश्यकतानुसार हिन्दी अधिकारी तथा हिन्दी अनुवादक की नियुक्ति की जाए।

दक्षिणी राज्यों में अब तक 25 हजार से अधिक हिन्दी शिक्षक नियुक्त किए जा चुके हैं। इन शिक्षकों का व्यय भार केन्द्र सरकार ही वहन करती है।

नाथद्वारा की संगीत पद्धति और परम्परा

—ब्रजेन्द्र रेही

नाथद्वारा वल्लभ सम्प्रदाय का मुख्य और प्रधान तीर्थ स्थान है। इतना ही नहीं, यहां पुष्टिमार्गीय वैष्णव सम्प्रदाय का प्रधान पीठ भी है। पुष्टि सम्प्रदाय के आराध्य देव भगवान श्रीनाथ का यहां प्रख्यात वैभवशाली मंदिर है। श्रीनाथजी की प्रतिमा जिसे पुष्टिसम्प्रदाय में 'स्वरूप' के नाम से पुकारा जाता है, श्रीमद् वल्लभाचार्य को गोवर्धन पर्वत से प्राप्त हुई। श्रीनाथजी, श्रीकृष्ण का ही एक स्वरूप है। वैष्णव आचार्य ने श्रीकृष्ण को ही अपनी भक्ति और श्रद्धा का केन्द्र बनाया। उनके गुणगान में संगीत और कला के माध्यम से चित्त की एकाग्रता और भगवान के श्रीचरणों में समर्पण की भावना सन्दीप्त हुई। संगीत को पुष्टिमार्गीय वैष्णव संप्रदाय में जितना प्रश्रय मिला है उतना अन्यत्र दुर्लभ है। श्री वल्लभाचार्य ने अपने चार शिष्यों सूरदास, कुंभनदास, परमानंददास और कृष्णदास को श्रीनाथजी के मंदिर में कीर्तन के लिये नियुक्त किया। आज संगीत संसार इन कवियों का ऋणी है। आगे चलकर श्रीमद् वल्लभाचार्य के बड़े पुत्र श्री गुसांईजी श्री विट्ठलनाथजी ने अपने अन्य चार शिष्यों छीतस्वामी, गोविंदस्वामी, नंददास और चतुर्भुजदास सहित 'अष्टछाप' की स्थापना की। यह परम्परा श्रीनाथजी के मंदिर में अब तक चली आ रही है।

श्री विट्ठलनाथजी ने पुष्टिमार्गीय सेवा पद्धति को व्यवस्थित किया और संगीत पक्ष को प्रमुखता प्रदान की। हृदय वीणा के तारों को झंकृत करने वाली गीत की स्वर लहरियों पर झूमता हुआ व्यक्ति प्रभु गुणगान करता हुआ उसमें लीन हो जाता है। यह शक्ति संगीत में अद्भुत है और यही कारण है कि आचार्यचरणों ने इसे अपनाया।

अष्टछाप पद्धति के कीर्तन भाव प्रधान ही हैं। इसमें ध्रुपद धमार के आधार पर गायकी होती है। गायक पद रचना के साहित्यिक पक्ष के साथ भी पूरा न्याय करता है।

विशेषताएं

श्रीनाथजी के मंदिर में परम्परागत ढंग से चली आ रही ध्रुपद धमार की कीर्तन शैली से ही गायक लोग कीर्तन करते हैं। ताल, राग ध्रुपद के अंग हैं। ध्रुपद ताल, धमार, आड़ा, सौला चरचरी, झमक इत्यादि तालों में 'अष्टछाप' के कवियों ने पद रचना की है। इन पदों में लावणी का बन्धन नहीं है इसलिए इन्हें पूर्ण ध्रुपद का अंग माना गया है।

ये पद खासकर पखावज और तानपूरे के साथ ही गाये जाते हैं। श्रीनाथजी या पुष्टिमार्गीय वैष्णव संप्रदायों के मंदिरों में तबले का प्रयोग नहीं होता है।

अष्टछाप के कवियों के अतिरिक्त भी कई भक्तजनों ने "लीला पदों" की रचना की है जिनकी संख्या हजारों है। कीर्तनकारों के अनुसार इसी पद्धति में पद रचना करने वालों की संख्या 125 से अधिक है।

श्रीनाथजी के मंदिरों में कीर्तन करने वालों की एक विशेषता यह भी है कि यहां गाये जानेवाले पद निर्धारित कार्यक्रम और ऋतु के अनुसार ही गाये जाते हैं। जैसे गर्मी में ठंडी प्रकृति के राग (सारंग, कल्याण, हमीर, कल्याण, बिलावल, बिभास) सर्दी में उष्ण प्रकृति के (भैरवी, असावरी धनाश्री) आदि।

कीर्तनिये

यहां सभी 9 मंदिरों में कीर्तन करने वालों की संख्या 30 के लगभग है और ये लोग 'कीर्तनिया' के नाम से जाने जाते हैं। कहीं-कहीं स्थिति तो यह भी देखने को मिलती है कि बिना प्रशिक्षण और शिक्षा के अभाव में इनके गायन में शुद्धता विद्यमान नहीं रहती है फिर भी कतिपय ऐसे गायक अवश्य हैं जो आज भी परम्परागत शैली में कीर्तन करते हैं जो आज से 400-450 वर्ष पूर्व 'अष्टछाप' के कीर्तनियों द्वारा किया जाता था।

इन कीर्तनकारों में से अधिकांश श्रीनाथजी के साथ ही ब्रज से आये और यहीं बस गये। दुर्भाग्य से नाथद्वारा मंदिर की कीर्तन शैली प्रोत्साहन और प्रशिक्षण के अभाव में घुट रही है और इसके गायकों में भारी असंतोष है। दुर्भाग्य तो यह भी है कि इन स्थितियों को देखकर नये कलाकार भी सामने नहीं आ रहे हैं। वस्तुतः यह कहा जा सकता है कि वर्तमान में कीर्तन करने वाले लोगों की यह अंतिम पीढ़ी है जो परंपरागत ढंग से कीर्तन कर सकती है।

प्रमुख कीर्तनकार श्री गोविंदराम

नाथद्वारा मन्दिर के प्रमुख कीर्तनकारों में मुखिया श्री गोविन्दराम हैं। ये श्रीनाथजी के प्रधान कीर्तनकार हैं जो गत 35 वर्षों से सेवा कार्य कर रहे हैं। ध्रुपद की गायकी में इनके समान शुद्ध गायक मिलना दुश्वार है। ये उसी विशिष्ट शैली में कीर्तन करते हैं जो "अष्टछाप" के कवि करते थे। इनकी उम्र 60 वर्ष के लगभग है। फिर भी इनकी संगीत साधना देखते बनती है। ये पहले अन्य विषयों में भी गाया करते थे लेकिन अब गत तीन वर्षों से भगवान श्रीनाथजी के श्री चरणों में ही कीर्तन करते हैं। इनके पूर्वज श्रीनाथजी के साथ ही ब्रज से नाथद्वारा आये। ये बिना पुस्तक देखे ही गाते हैं और इन्हें लगभग 400 विभिन्न पद याद हैं। वाद्ययंत्रों की दृष्टि से इन्हें बीन, सितार, तबला तथा हारमोनियम का काफी अच्छा अभ्यास है। सही मायने में ध्रुपद और अष्टसखाओं की वाणी में गायन करने वालों में ये विशिष्ट कीर्तनकार हैं।

श्री रामदासजी

61 वर्षीय श्री रामदास जी गत लगभग 40 वर्षों से श्रीनाथजी के कीर्तनकारों की मंडली में हैं और ध्रुपद के विशिष्ट गायकों में एक हैं। इन्हें 500-600 पद याद हैं। इनकी मण्डली में भी कई कलाकार हैं।

श्री धूलचन्दजी

ये वस्तुतः मृदंगाचार्य हैं और गत 45 वर्षों से पुष्टि संगीतकी परंपरा में हैं। इनका इस संप्रदाय से पीढ़ियों का रिश्ता है।

श्री मन्नालालजी

ये भी मुख्यरूप से पखावज बजाते हैं। इनकी भी पीढ़ियां पुष्टि सेवा में रही हैं। ध्रुपद-धमार के आप गायक तो हैं लेकिन बीन भी बजाते हैं।

इनके अलावा भी श्री वल्लभदास, पुरुषोत्तम, पन्नालाल, अमृतलाल श्यामलाल कुमावत, राधाकृष्ण कुमावत, बालकृष्ण 'सूरदार' आदि 30-32 कीर्तनिये हैं। इन सभी की परंपरागत शैली है।

हवेली संगीत के अन्तर्गत श्रीनाथजी मंदिर एवं नाथद्वारा की संगीत पद्धति अपना विशिष्ट स्थान रखती है। इसके कलाकारों के संरक्षण के अलावा उनके पदों के टेप रेकार्डिंग, उन पर संगीत की दृष्टि से शोध, अन्वेषण विकास की संभावनायें आदि की अत्यन्त आवश्यकता है। इसके अभाव में इन कलाओं और खासकर ध्रुपद शैली का एक अंतिम अध्याय समाप्त हो रहा है।

यही नहीं नाथद्वारा से 11 मील दूर वल्लभ संप्रदाय का तृतीय पीठ कांकरोली में भी उत्कृष्ट कोटि के कीर्तनकार हैं जो इसी परंपरा के हैं।

इन सभी को मिलाकर योजनाबद्ध ढंग से कार्य किया जाना चाहिये। तभी यहां की विशिष्ट शैली और पद्धति की सुरक्षा हो सकेगी।

नाथद्वारा की संगीत पद्धति और परम्परा

(24 अगस्त 1970)

21

नाथद्वारा वल्लभ सम्प्रदाय का मुख्य और प्रधान तीर्थ स्थान है। इतना ही नहीं, यह पुष्टिमार्गीय वैष्णव सम्प्रदाय का प्रधान पीठ भी है। पुष्टि सम्प्रदाय के आराध्य देव भगवान श्रीनाथ का यहां प्रख्यात वैभवशाली मंदिर है। श्रीनाथजी की प्रतिमा जिसे पुष्टि सम्प्रदाय में 'स्वरूप' के नाम से पुकारा जाता है, श्रीमद् वल्लभाचार्य को गोवर्धन पर्वत से प्राप्त हुई। श्रीनाथजी, श्रीकृष्ण का ही एक स्वरूप है।

वैष्णव आचार्य ने श्रीकृष्ण को ही अपनी भक्ति और श्रद्धा का केन्द्र बनाया। उनके गुणगान में संगीत और कला के माध्यम से चित्त की एकाग्रता और भगवान के श्रीचरणों में समर्पण की भावना उद्दीप्त हुई। संगीत को पुष्टिमार्गीय वैष्णव सम्प्रदाय में जितना प्रश्रय मिला है उतना अन्यत्र दुर्लभ है।

श्री वल्लभाचार्य ने अपने चार शिष्यों सूरदास, कुंभनदास, परमानंददास और कृष्णदास को श्रीनाथजी के मंदिर में कीर्तन के लिए नियुक्त किया। आज

संगीत संसार इन कवियों का ऋणी है। आगे चलकर श्रीमद् वल्लभाचार्य के बड़े पुत्र श्री गुसाईजी श्री विट्ठलनाथजी ने अपने अन्य चार शिष्यों छीतस्वामी, गोविन्दस्वामी, नंददास और चतुर्भुजदास सहित 'अष्टछाप' की स्थापना की। यह परम्परा श्रीनाथजी के मंदिर में अब तक चली आ रही है।

श्री विट्ठलनाथजी ने पुष्टिमार्गीय सेवा पद्धति को व्यवस्थित किया और संगीत पक्ष को प्रमुखता प्रदान की। जब भी कोई इस संगीत को सुनता है, हृदय वीणा के तारों को झंकृत करने वाली गीत की स्वर लहरियों पर झूमता हुआ उनमें लीन हो जाता है। यह शक्ति संगीत में अद्‌भुत है और यही कारण है कि आचार्यों ने इसे अपनाया।

अष्टछाप पद्धति के सभी कीर्तन भात प्रधान हैं। इसमें ध्रुपद धमार के आधार पर गायकी होती है। गायक पक्ष रचना के साहित्यिक पक्ष के साथ भी पूरा न्याय करता है।

विशेषताएं

श्रीनाथजी के मंदिर में परम्परागत ढंग से चली आ रही ध्रुपद धमार की कीर्तन शैली में ही गायक लोग कीर्तन करते हैं। ताल, राग ध्रुपद के अंग हैं। ध्रुपद ताल, धमार, आडा, सौला, चरचरी, धमक इत्यादि तालों में 'अष्टछाप' के कवियों ने पद रचना की है। इन पदों में लावणी का चलन नहीं है इसलिए इसे पूर्ण ध्रुपद का अंग माना गया है।

ये पद खासकर पखावज और तानपूरे के साथ ही गाए जाते हैं। श्रीनाथजी या पुष्टिमार्गीय वैष्णव सम्प्रदाय के मंदिरों में तबले का प्रयोग नहीं होता है।

अष्टछाप के कवियों के अतिरिक्त भी कई भक्तजनों ने पदों की रचना की है जिनकी संख्या हजारों है। कीर्तनकारों के अनुसार इसी पद्धति में पद रचना करने वालों की संख्या 125 से अधिक है।

श्रीनाथजी के मंदिर में कीर्तन करने वालों की एक विशेषता यह भी है कि यहां गाए जाने वाले पद निर्धारित कार्यक्रम और ऋतु के अनुसार ही गाए जाते हैं। जैसे गर्मी में ठंडी प्रवृत्ति के राग (सारंग कल्याण, हमीर कल्याण, बिलावल, विभास) सर्दी में उष्ण प्रवृत्ति के (असावरी व घनाश्री) आदि।

कीर्तनिये

यहां सभी 9 मंदिरों में कीर्तन करने वालों की संख्या 30 के लगभग है और ये लोग 'कीर्तनियां' के नाम से जाने जाते हैं। कहीं–कहीं स्थिति तो यह भी देखने को मिलती है कि बिना प्रशिक्षण और शिक्षा के अभाव में इनके गायन में शुद्धता विद्यमान नहीं रहती है फिर भी कतिपय ऐसे गायक अवश्य हैं जो आज भी परम्परागत शैली में कीर्तन करते हैं जो आज से 400–450 वर्ष पूर्व 'अष्टछाप' के कीर्तनियों द्वारा किया जाता था।

इन कीर्तनकारों में से अधिकांश श्रीनाथजी के साथ ही ब्रज से आए और यहीं बस गए। दुर्भाग्य से नाथद्वारा मंदिर की कीर्तन–शैली प्रोत्साहन और प्रशिक्षण के अभाव में घुट रही है और इसके गायकों में भारी असंतोष है। दुर्भाग्य तो यह भी है कि इन स्थितियों को देखकर नये कलाकार भी सामने नहीं आ रहे हैं। वस्तुतः यह कहा जा सकता है कि वर्तमान में कीर्तन करने वाले लोगों की वह अंतिम पीढ़ी है जो परम्परागत ढंग से कीर्तन कर सकती है।

प्रमुख कीर्तनकार श्री गोविन्दराम

नाथद्वारा मन्दिर के प्रमुख कीर्तनकारों में मुखिया श्री गोविन्दराम हैं। ये श्रीनाथजी के प्रधान कीर्तनकार हैं जो गत 35 वर्षों से सेवा कार्य कर रहे हैं। ध्रुपद की गायकी में इनके समान शुद्ध गायक मिलना दुश्वार है। ये उसी विशिष्ट शैली में कीर्तन करते हैं जो "अष्टछाप" के कवि करते थे। इनकी उम्र 80 वर्ष के लगभग है। फिर भी इनकी संगीत साधना देखते बनती है। ये पहले अन्य विषयों में भी गाया करते थे लेकिन अब गत तीन वर्षों से भगवान श्रीनाथजी के श्री चरणों में ही कीर्तन करते हैं।

इनके पूर्वज श्रीनाथजी के साथ ही ब्रज से नाथद्वारा आए। ये बिना पुस्तक देखे ही गाते हैं और इन्हें लगभग 400 विभिन्न पद याद हैं। वाद्ययंत्रों की दृष्टि से इन्हें बीन, सितार, तबला तथा हारमोनियम का काफी अच्छा अभ्यास है। सही मायने में ध्रुपद और अष्ट सखाओं की वाणी में गायन करने वालों में ये विशिष्ट कीर्तनकार हैं।

> राजस्थान संगीत नाटक अकादमी के तत्कालीन अध्यक्ष पद्मश्री देवीलाल सामर के मार्गदर्शन में नाथद्वारा के हवेली संगीत के कीर्तनकारों की रिकार्डिंग का कार्य 1967 में किया गया था। मैं उस कार्यक्रम का संयोजक था। उम्मीद है आज भी वह रिकार्डिंग अकादमी के पास मौजूद होगी। – रेही

श्री रामदासजी

61 वर्षीय श्री रामदास जी गत लगभग 40 वर्षों से श्रीनाथजी के कीर्तनकारों की मंडली में हैं और ध्रुपद के विशिष्ट गायकों में एक हैं। इन्हें 500–600 पद याद हैं। इनकी मण्डली में भी कई कलाकार हैं।

श्री धूलचन्दजी

ये वस्तुतः मृदंगाचार्य हैं और गत 45 वर्षों से पुष्टि संगीत की परम्परा में हैं। इनका इस संप्रदाय से पीढ़ियों का रिश्ता है।

श्री मन्नालालजी

ये भी मुख्यरूप से पखावज बजाते हैं। इनकी भी पीढ़ियां पुष्टि सेवा में रही हैं। ध्रुपद–धमार के आप गायक तो हैं ही लेकिन बीन भी बजाते हैं।

इसके अलावा श्री वल्लभदास, पुरुषोत्तमदास पखावजी, अमृतलाल श्यामलाल कुमावत, राधाकृष्ण कुमावत, बालकृष्ण 'सूरदास' आदि 30–32 कीर्तनिये हैं। इन सभी की परम्परागत शैली है।

हवेली संगीत के अन्तर्गत श्रीनाथजी मंदिर एवं नाथद्वारा की संगीत पद्धति अपना विशिष्ट स्थान रखती है। इसके कलाकारों के संरक्षण के अलावा उनके पदों के टेप रिकार्डिंग, उन पर संगीत की दृष्टि से खोज, अन्वेषण विकास की संभावनाएं आदि की अत्यन्त आवश्यकता है। इसके अभाव में इन कलाओं और खासकर ध्रुपद शैली का एक अंतिम अध्याय समाप्त हो रहा है।

यही नहीं नाथद्वारा से 11 मील दूर वल्लभ सम्प्रदाय का तृतीय पीठ कांकरोली में भी उत्कृष्ट कोटि के कीर्तनकार हैं जो इसी परम्परा के हैं।

इन सभी को मिलाकर योजनाबद्ध ढंग से कार्य किया जाना चाहिए। तभी यहां की विशिष्ट शैली और पद्धति की सुरक्षा हो सकेगी।

नाथद्वारा का अन्नकूट उत्सव

पके चावलों के 'पहाड़ की लूट'

नाथद्वारा का अन्नकूट उत्सव

पके चावलों के 'पहाड़ की लूट'

(17 अक्टूबर, 1971)

22

नाथद्वारा वल्लभ संप्रदाय की प्रधान पीठ है। यहां की विशिष्ट संस्कृति अपना महत्वपूर्ण स्थान रखती है। श्रीनाथ भगवान का मंदिर देश के वैभवशाली मंदिरों में माना जाता है। मंदिर मे नियमानुसार एवं निर्धारित रीति से भगवान श्री कृष्ण के बाल स्वरूप की सेवा की जाती है। वल्लभ संप्रदाय में मूर्ति को 'स्वरूप' एवं पूजा आदि को 'सेवा' के नाम से पुकारा जाता है।

वैसे तो श्रीनाथ जी के मंदिर में प्रतिदिन की सेवा–विधि क्रमानुसार निर्धारित है, लेकिन उत्सवों में विधि–विधान की कई विशेषताएं हैं। सेवा–पद्धति की रचना इस प्रकार की गई है कि व्यक्ति का संबंध जीवन के किसी भी दार्शनिक और सांस्कृतिक पक्ष से विलग न हो। यहां मनाए जाने वाले त्यौहारों में जन्माष्टमी, फूल–डोल, दीवाली, अन्नकूट, छप्पनभोग और श्रावण मास में कलात्मक हिंडोले (झूले) के दर्शन विशेष रूप से महत्व के हैं।

नाथद्वारा का अन्नकूटोत्सव सभी उत्सवों में विशिष्ट है। यह उत्सव परंपरागत ढंग से मनाया जाता है, जिसमें आदिवासी और मेवाड़ के लोक–जीवन

का समन्वय एक विशिष्ट आनंद की अनुभूति देता है। अन्नकूट के उत्सव के पीछे जो परंपरागत जीवन–दृष्टि है उसके अनुसार श्रीमद्भागवत के दशम स्कंध में एक कथा है कि कार्तिक मास की अमावस्या का दिन था। बृज में सभी नर–नारी उस दिन आनंदित हो कर पकवान आदि बना रहे थे। बालक कृष्ण ने यह सब देख कर अपने पिता से पूछाः आज आप लोग किस की आराधना कर रहे हैं।

तब श्री नंद राय ने भोले एवं चतुर बालक कृष्ण को बताया कि यदि पृथ्वी पर वर्षा की एक बूंद भी नहीं गिरे तो घास का तिनका भी पैदा नहीं हो सकता। हानि, लाभ, सुख–दुःख सभी कुछ इंद्र के हाथ में है जो वर्षा का देवता है, इसलिए प्रतिवर्ष उन को प्रसन्न करने के लिए सभी ब्रज–जन यज्ञ करते हैं, तभी वर्षा होती है। आज हम उन्हीं का पूजन कर रहे हैं।

पिता के यह वचन सुन कर श्रीकृष्ण ने कहा कि सारा संसार कर्म के अधीन है। बिना कर्म के देवता भी फल नहीं देते हैं। हमारे देवता गिरिराज हैं, जो अनेक प्रकार के सुख देते हैं। जहां हमारी गायें चरती हैं और जहां के कलकल करते हुए अमृत समान जल से प्राणी प्यास बुझाते हैं, उस पर्वत श्रेष्ठ गिरिराज से अधिक पूज्य कौन हो सकता है। इसीलिए सभी जन इन की पूजा करें। सभी गोप, ग्वाले और ब्रज के निवासियों ने इंद्र की पूजा का विचार त्याग कर गिरिराज की पूजा का निश्चय किया। विधिपूर्वक सभी ने गिरिराज का पूजन किया।

इधर इंद्र ने जब यह समाचार सुना तो वह क्रोधाग्नि से भभक उठा और बदला लेने की ठान ली। भयानक काल रात्रि में उसने मूसलाधार वर्षा की झड़ी लगा दी। ब्रज में चारों ओर हाहाकार मच गया। सारा दृश्य प्रलय के समान दिखाई देने लगा। सभी ब्रजवासी भय से व्याकुल हो श्रीकृष्ण के पास गए। बाल कृष्ण ने नर–नारियों के दुख को पहचानकर सभी को गिरिराज की तरफ चलने को कहा। श्रीकृष्ण स्वयं वहां पहुंचे और अपनी कनिष्ठिका अंगुली पर गिरिराज को उठा लिया। संपूर्ण ब्रज के वासी पर्वत के नीचे पहुंच गए। सात दिन तक घनघोर वर्षा होती रही, लेकिन ब्रजजनों का बाल भी बांका नहीं हुआ। इंद्र लज्जित होकर श्रीकृष्ण की शरण में आए और क्षमा याचना की, तभी से गोवर्धन पूजा का विधान चला आ रहा है।

विन्यास

इसी दिन नाथद्वारा के श्रीनाथजी मंदिर में गोबर का विशाल गोवर्धन पर्वत बनाया जाता है और सायंकाल सैकड़ों गायों की पूजा की जाती है। इस तथा इससे एक दिन पूर्व दीपावली के दिन भी गायों को खिलाया जाता है तथा उनका श्रृंगार किया जाता है। 'गौ' क्रीड़ा का भारतीय ग्राम्य–जीवन में विशेष महत्व है, जो हमारी संस्कृति की एक अमूल्य विरासत है।

इसके पश्चात श्रीनाथजी के स्वरूप के सामने स्थित विशाल 'डोल–तिवारी' नामक मंडप में एक सौ पच्चीस मन पके हुए चावलों का ढेर लगाया जाता है, साथ ही कई प्रकार के पकवान भी बनाए जाते हैं। इनके बनाने का काम भी सैकड़ों लोग सात–आठ दिन पूर्व से ही प्रारंभ कर देते हैं। दर्शनार्थी रात्रि 12 से 1 बजे तक इनके दर्शन करते हैं। तत्पश्चात आदिवासी भीलों द्वारा इन पके हुए चावलों के पहाड़ की 'लूट' प्रारंभ होती है।

अन्नकूट के दिन प्रातःकाल से ही दूर–दूर से भील स्त्री–पुरुष, युवक–युवतियां, बालक–वृद्धों का नाथद्वारा में आना प्रारंभ हो जाता है और सायंकाल तक तो यह भीड़ बढ़ते–बढ़ते हजारों तक पहुंच जाती है।

'लूट' का समय जैसे–जैसे नजदीक आता है, वैसे–वैसे भीड़ बढ़ती जाती है तथा भील महिलाएं अपने–अपने संबंधियों द्वारा निर्धारित स्थानों पर बैठ जाती हैं। महिलाओं के हाथ में बांस के बड़े–बड़े टोकरे और टिन के पीपे होते हैं। पुरुष शरीर से वस्त्रों को उतार देते हैं और लंगोटा बांध लेते हैं। मंदिर के गोवर्धन पूजा चौक से लेकर एक फर्लांग दूर तक भील महिलाएं और स्वजन कतारें बना कर बैठ जाते हैं। गोवर्धन पूजा के चौक के सामने का बड़ा दरवाजा खोल दिया जाता है। सामने की सीढ़ियां चढ़ने के बाद 'डोल–तिवारी' दिखाई दे रही है, जिसमें पके चावलों की एक पहाड़ी बनी हुई है। चारों ओर की छतों और दीवारों पर लूट देखने वाले दर्शनार्थियों की भीड़ डटी हुई है। 'हो–हो'–'हा–हा' की ऊंची–ऊंची आवाजें करते, कूदते–फांदते हुए नंगे बदन भील लोग चावलों के ढेर पर जा कूदते हैं और लूट–लूट कर अपने गले में लटके बड़े–बड़े कपड़ों के झोलों में भर रहे हैं। यह क्रम लगभग डेढ़–दो बजे तक चलता है। लूट समाप्ति के पश्चात भील लोग रात्रि को ही अपने–अपने घरों को लौटने लग जाते हैं। लूट के चावल को भील लोग 'प्रभु का प्रसाद' के रूप में ग्रहण करते हैं और दूर–दूर तक अपने संबंधियों को भिजवाते हैं।

पहियों पर राजमहल

(आकाशवाणी पर वार्ता)

23

33वें गणतंत्र दिवस पर भारत ने पर्यटन के क्षेत्र में एक नए अध्याय की शुरूआत की हुई है। यह शुरूआत की है कि रेलवे और राजस्थान पर्यटन विकास निगम ने ''पैलेस ऑन व्हील'' यानी ''पहियों पर राज महल'' नाम की एक नई पर्यटक रेलगाड़ी चलाकर। इस नई रेल गाड़ी को दिल्ली मुख्य स्टेशन से 26 जनवरी की रात को रेलमंत्री श्री प्रकाश चन्द्र सेठी ने हरी झंडी दिखाकर विदा किया।

अब न राजा महाराजा रहे और न उनके राज महल। लेकिन उनसे जुड़ी स्मृतियां उस जमाने की कला और संस्कृति, भव्य इमारतें और राजघरानों के अन्य साज–सामान बहुत से लोगों के मन में पहले की तरह ही तरोताजा है। इन राजघरानों की बहुत सी चीजें तो हमारे इतिहास की अमूल्य थाती बन गई हैं। ''पहियों पर राजमहल'' हमारी उसी अमूल्य थाती का महज एक छोटा सा हिस्सा भर है।

विन्यास

समय–चक्र भी पहियों की तरह घूमता रहता है। उस जमाने का वैभव जो राजघरानों की सुख–सुविधा तक ही सीमित था, वह आज आजाद भारत के नागरिकों की मूल्यवान सम्पत्ति बन चुका है। ''पहियों पर राजमहल'' रेलगाड़ी उसी का प्रतीक है।

फिलहाल क्रीम कलर की इस रेलगाड़ी को प्रयोग के तौर पर चलाया जा रहा है। इसका मुख्य उद्देश्य देश–विदेश के अधिक से अधिक पर्यटकों को भारत के ऐतिहासिक और प्राकृतिक स्थलों की ओर आकृष्ट करना है।

आरंभ में इस रेलगाड़ी को आगरा के अलावा राजस्थान के पर्यटन और ऐतिहासिक महत्व के स्थानों–जयपुर, उदयपुर, जैसलमेर, जोधपुर तथा भरतपुर के प्राकृतिक स्थलों के लिए चलाया जा रहा है। इस शाही रेल को व्यवसायिक स्तर पर इस वर्ष अगस्त से चलाने की योजना है। रेल विभाग के सूत्रों के अनुसार अगर इस रेलगाड़ी की योजना सफल रही तो अन्य महत्वपूर्ण सेलूनों की मदद से रेलवे के दक्षिणी तथा पूर्वी क्षेत्र में भी इस तरह की यात्राएं आयोजित की जा सकती हैं।

आप यह जरूर जानना चाहेंगे कि इस शाही रेलगाड़ी का नाम ''पहियों पर राजमहल'' क्यों रखा गया है? वास्तव में इस रेलगाड़ी में भूतपूर्व रियासतों के राजाओं महाराजाओं द्वारा उपयोग में लाये जाने वाले सैलूनों का इस्तेमाल किया गया है। इन सैलूनों को आधुनिक सुविधाओं से लैस करके यह शाही रेलगाड़ी तैयार की गई है। एक तरह से यह रेलगाड़ी पहियों पर घूमता हुआ राजमहल कही जा सकती है। अपने किस्म की देश में यह पहली अनूठी रेलगाड़ी है।

जिन भूतपूर्व रियासतों के सैलून इस गाड़ी में जोड़े गए हैं, वे रियासतें हैं–बीकानेर, नवानगर, भावनगर, जयपुर, उदयपुर, जोधपुर आदि। इस गाड़ी में वह सैलून भी है, जिसका इस्तेमाल ब्रिटिश गवर्नर जनरल किया करते थे। पहियों पर राजमहल रेलगाड़ी में कुल 124 यात्री सफर कर सकते हैं। प्रत्येक शाही सैलून में आठ पर्यटकों के यात्रा करने की सुविधा है। इस प्रकार शाही सैलूनों में कुल 96 पर्यटक सैर कर सकते हैं। इनके अतिरिक्त प्रथम श्रेणी के दो डिब्बों में 28 यात्री यात्रा कर सकते हैं।

विन्यास

सैलून लगाते समय इस बात का ध्यान रखा गया है कि पर्यटक उस घराने की संस्कृति से परिचित हों, जिसमें वे सफर कर रहे हैं। इसके लिए प्रत्येक सैलून के बाहर संबंधित रियासत का राज चिह्न अंकित है और भीतर उसी तरह का माहौल बनाया गया है, जो उस रियासत के राजमहल में अतीत में था। इसीलिए सम्बद्ध रियासत की प्राचीन कलाकृतियां सैलून के भीतर करीने से सजायी गयी हैं। इस बात की पूरी कोशिश की गई है कि यात्रा करने वाले व्यक्ति को सभी प्रकार का आराम सुलभ हो।

यह कहा जा सकता है कि इस शाही रेलगाड़ी में लगा प्रत्येक सैलून एक आरामदेह और आधुनिक सुविधाओं से युक्त महल है। इसमें दो–दो प्रसाधन गृह, लघु मदिरालय और एक छोटा लौंज भी है। सैलून के स्नानागार में गर्म और ठंडे पानी की व्यवस्था है। शाही रेल के भोजनयान में 24 पर्यटक एक साथ बैठकर भोजन कर सकते है। पर्यटकों के मनोरंजन की भी भरपूर व्यवस्था की गयी है। एक छोटा–सा पुस्तकालय बनाया गया है, जिसमें पर्यटकों की दिलचस्पी की अनेक पुस्तकें हैं।

रेलगाड़ी में इन्डोर गेम्स की भी व्यवस्था है। पर्यटक वीडियो के जरिये टेलीविजन पर फिल्म का भी आनन्द ले सकते हैं। रेलगाड़ी के भीतर ही हस्तशिल्प वस्तुओं की बिक्री का एक काउंटर भी खोला गया है, जहां पर्यटक अपनी पसंद की वस्तुएं खरीद सकते हैं। सिंगल चैनल साउंड के जरिए यात्री संगीत का भी लुत्फ उठा सकेंगे। विदेशी मुद्रा को भारतीय मुद्रा में बदलने तथा कीमती वस्तुओं को ''सेफ'' में डिपाजिट कराने की भी व्यवस्था है। यात्रियों के लिए डाक सेवा भी उपलब्ध कराई गई है। एक डिब्बे से दूसरे डिब्बे में बातचीत के लिए इंटर–काम की सुविधा है।

विदेशी महिला सैलानियों को भारतीय श्रृंगार के प्रति आकृष्ट करने और सजाने के लिए मेंहदी मांडने का भी प्रबंध किया गया है। इस रेलगाड़ी में यात्रा करने वाले पर्यटकों को निर्धारित पर्यटन स्थलों में घूमने–फिरने की व्यवस्था के अतिरिक्त जयपुर के आमेर में हाथियों की सवारी, जैसलमेर में ऊंट की सवारी तथा उदयपुर और भरतपुर में नौका–विहार का भी प्रबंध किया गया है।

विन्यास

शाही रेल में यात्रा करने वाले पर्यटक झीलों की नगरी उदयपुर से 130 किलोमीटर दूर रणकपुर के कलात्मक जैन मंदिर, आगरा में फतेहपुर सीकरी तथा ताजमहल के अलावा जैसलमेर में रेतीले टीलों पर सूर्यास्त का स्वर्णिम दृश्य भी देख सकेंगे। इसके अलावा इन स्थानों पर राजस्थान की लोककलाओं का भी आनंद ले सकेंगे। शाही रेल के इन पर्यटकों को लोककलाएं दिखाने का विशेष प्रबंध किया गया है।

विदेशों से अधिक सैलानी इस शाही रेल का आनंद ले सकें और भारत के विदेशी मुद्रा के भंडार में वृद्धि हो सके, इसके लिए लंदन और जिनेवा में इस रेल की बुकिंग के लिए काउंटर की व्यवस्था की गई है। भारतीय पर्यटन निगम इस दिशा में भरपूर सहयोग दे रहा है।

भारतीय रेलवे ने रेलगाड़ी को बनाने और सैलूनों को सजाने–संवारने पर लगभग 65 लाख रुपए व्यय किए हैं। रेलवे को उम्मीद है कि अगर पहियों पर राजमहल पर्यटन रेलगाड़ी की योजना सफल रही तो उसे हर माह 32 लाख 54 हजार रुपए की आमदनी होगी। इस रेल के यात्री सात दिन और सात रातों में यात्रा पूरी करेंगे।

26 जनवरी को शुरू की गई इस शाही रेल की यात्रा के लिए पहला टिकट अमरीकी दम्पत्ति श्री और श्रीमती विलियम वेरेन्स ने खरीदा। वेरेन्स दम्पत्ति सैर के शौकीन हैं और नए–नए स्थानों को देखने और नई चीजों को जानने के उत्सुक रहते हैं। ''पहियों पर राजमहल'' रेलगाड़ी में लगाया गया सबसे पुराना सैलून बीकानेर रियासत का है। यह सैलून 1898 में बनाया गया था। इसमें लगे सबसे नए किस्म का लगा सैलून 1935 का बना है। तीन महीने पहले इन डिब्बों को अजमेर के वर्कशाप में आधुनिक सुविधाओं से लैस किया गया।

''पहियों पर राजमहल'' पर्यटन रेलगाड़ी की शुरुआत की जा चुकी है। आशा है, इस रेलगाड़ी में देश और विदेश के पर्यटकों की दिलचस्पी बढ़ेगी। इससे न सिर्फ पर्यटक एक नए प्रकार की यात्रा का अनुभव कर सकेंगे, बल्कि इससे भारत की विदेशी मुद्रा के भंडार में भी वृद्धि होगी।

प्रकाशन उद्योग : क्षितिज कहां है ?

— ब्रजेन्द्र रेही —

कागज और पुस्तक-निर्माण में प्रयोजित दूसरी जरूरी वस्तुओं के मूल्यों में हुई बढ़ोतरी ने प्रकाशन-व्यवस्था को संकट के चौराहे पर लाकर खड़ा कर दिया है। यह विडम्बना ही है कि आजादी के ३६ साल बाद भी हम पुस्तकों के संबंध में कोई राष्ट्रीय पुस्तक नीति नहीं बना पाए। परिणामस्वरूप आम लोगों की पुस्तक खरीद में वैसी रुचि नहीं बढ़ी, जितनी अपेक्षित थी। पुस्तकें समाज के स्वास्थ्य की दिशा-सूचक होती हैं। लेकिन पिछले कुछ वर्षों में घटिया, सस्ती और विकृति पैदा करने वाली देशी-विदेशी पुस्तकों की बाढ़ ने आम आदमी के दिमाग को खोखला करना शुरू कर दिया है।

आज हालत यह है कि सुरुचिपूर्ण पुस्तकों के पाठक नहीं मिलते तो दूसरी ओर ऐसी पुस्तकों में रुचि रखने वालों के पास पुस्तकें नहीं पहुंचती। ऊहापोह की इस स्थिति के कारण एक ओर कुछ दूसरी किस्म के प्रकाशक मालामाल हो रहे हैं तो दूसरी ओर लेखकों का शोषण हो रहा है। अच्छी और सुरुचिपूर्ण पुस्तकें छापने वाले प्रकाशकों के सामने थोक बिक्री, कमीशन, रायल्टी, वितरण की व्यवस्था का अभाव, कागज की कमी जैसी समस्याएं हैं।

हमारे देश का पुस्तक प्रकाशन उद्योग लगभग ४२५ वर्ष पुराना है। सन् १५५७ में भारत की पहली पुस्तक पुर्तगाली भाषा में प्रकाशित हुई थी। इसका नाम था 'डाक्ट्रिना क्रिस्त' और इसका प्रकाशक एक विदेशी था। फिर इस व्यवसाय के प्रति लोग आकर्षित हुए और १६७४ में बम्बई में एक प्रिंटिंग प्रेस की स्थापना हुई। इसी प्रकार मद्रास में १७१२ तथा बंगाल में १७७८ में छापाखाने लगे। आजादी से पहले अधिकतर प्रकाशक धार्मिक पुस्तकों का ही प्रकाशन करते थे। आजादी के पश्चात इस क्षेत्र में रौनक बढ़ी और प्रकाशन उद्योग धीरे-धीरे गति पकड़ने लगा।

१९६४ से १९७३ तक कागज के मूल्य बढ़े जरूर लेकिन १९७३ के बाद तो कागज के दाम आसमान छूने लगे। परिणाम यह हुआ कि पुस्तकों के दाम तेजी से बढ़े वहीं राजनीतिक दबाव और प्रशासकीय भ्रष्टाचार के कारण 'कुकुरमुत्ते' प्रकाशकों का जन्म हुआ। इन प्रकाशकों ने जहां 'अण्डर टेबल' खेल को बढ़ाया, वहीं बाजार में अच्छी किताबों के प्रति ग्राहकों ने उपेक्षा का भाव दिखाना शुरू कर दिया। परिणाम यह हुआ कि पुस्तकों की बिक्री अपेक्षित ढंग से नहीं बढ़ी और वे महंगी होती गईं। दूसरी ओर पाठ्यपुस्तकों का राष्ट्रीयकरण कर दिया गया तथा राज्य सरकारों की ग्रंथ अकादमियों आदि ने भी प्रकाशन के क्षेत्र में प्रवेश पा लिया। कुल मिलाकर प्रकाशन व्यवसाय पाठक तक पहुंचने के लिए हाथ-पैर चलाता रहा लेकिन उसकी गति सम्भावनाओं के क्षितिज को तलाशने जैसी ही रही।

इस समय देश में अधिकृत प्रकाशकों की संख्या ३ हजार के आसपास है, वहीं 'फेडरेशन आफ इण्डियन पब्लिशर्स' के अनुसार यह संख्या ११ हजार से कुछ ज्यादा ही है।

अब सवाल उठता है कि हम कितनी पुस्तकें प्रतिवर्ष छाप लेते हैं? यदि इसे कसौटी पर देखें तो अक्स धुंधला ही दिखाई देगा। यह ध्यान में रखने की बात है कि भारत की आबादी, दुनिया की आबादी का १५ प्रतिशत है। लेकिन दुनिया के प्रकाशन-व्यवसाय में हमारे यहां छपी पुस्तकों की मात्रा मात्र ३ प्रतिशत ही है। हमारे यहां पुस्तकों का औसत मुद्रण एक हजार से दो हजार के बीच है जबकि संसार में अन्य स्थानों का औसत १६ हजार के आसपास है।

और तो और हमारे यहां प्रति व्यक्ति पृष्ठों की खपत मात्र ३२ है जबकि विकसित देशों में यह औसत २ हजार पृष्ठ तक है। हमारे यहां प्रति दस लाख आबादी पर मात्र

विषयवार प्रकाशन—१९८०

वर्गीकरण	शीर्षक संख्या
(१) साहित्य	४,२७८
(२) समाज शास्त्र, राजनीति शास्त्र, अर्थशास्त्र और सांख्यिकी	१,६६९
(३) कानून, शिक्षा, बीमा, समाज कल्याण उद्यम, यातायात, संचार	१,३१८
(४) दर्शन, मनोविज्ञान, धर्म, आध्यात्म	१,२००
(५) इंजीनियरिंग, टेक्नोलॉजी, उद्योग	१,१८१
(६) प्राकृतिक विज्ञान, गणित और चिकित्सा	९४०
(७) इतिहास, भूगोल, जीवन-वृत्त	८५४
(८) संगीत, प्रदर्शनकारी कलाएं, सिनेमा, खेल और खिलाड़ी	२६७
(९) भाषा, मानवशास्त्र, मानव जाति शास्त्र, संस्कृति	२४३
(१०) कृषि, वन, पशुपालन, मत्स्य पालन	१८३
(११) प्रबंध, प्रशासन	१०७
(१२) अन्य	२३५
	कुल १३,०८८

नेशनल लाइब्रेरी कलकत्ता के अनुसार।

भारत में पुस्तक-प्रकाशन

वर्ष	पुस्तक संख्या
१९७१ - ७२	१७,५५७
१९७२ - ७३	१७,०३०
१९७३ - ७४	१७,६००
१९७४ - ७५	१६,११२
१९७५ - ७६	११,९५७
१९७६ - ७७	११,९११
१९७७ - ७८	१९,६५१
१९७८ - ७९	१८,७८४
१९७९ - ८०	१६,४६६
१९८० - ८१	१७,१६८

प्रकाशन उद्योग : क्षितिज कहां है?

(25 जनवरी, 1985)

24

कागज और पुस्तक–निर्माण से संबंधित दूसरी जरूरी वस्तुओं के मूल्यों में हुई बढ़ोत्तरी ने प्रकाशन–व्यवसाय को संकट के चौराहे पर लाकर खड़ा कर दिया है। यह विडम्बना ही है कि आजादी के 36 साल बाद भी हम पुस्तकों के संबंध में कोई राष्ट्रीय पुस्तक नीति नहीं बना पाए। परिणामस्वरूप आम लोगों की पुस्तक खरीदने में वैसी रुचि नहीं बढ़ी, जितनी अपेक्षित थी। पुस्तकें समाज के स्वास्थ्य की दिशा–सूचक होती हैं। लेकिन पिछले कुछ वर्षों में घटिया, जाली और विकृति पैदा करने वाली देशी–विदेशी पुस्तकों की बाढ़ ने आम आदमी के दिमाग को खोखला करना शुरू कर दिया है।

आज हालत यह है कि एक ओर सुरुचिपूर्ण पुस्तकों के पाठक नहीं मिलते तो दूसरी ओर ऐसी पुस्तकों में रुचि रखने वालों के पास पुस्तकें नहीं पहुंचतीं। ऊहापोह की इस स्थिति के कारण दूसरी किस्म के प्रकाशक मालामाल हो रहे हैं तो दूसरी ओर लेखकों का शोषण हो रहा है। अच्छी और सुरुचिपूर्ण पुस्तकें छापने वाले प्रकाशकों के सामने थोक बिक्री, कमीशन, रॉयल्टी, वितरण की व्यवस्था का अभाव, कागज की कमी जैसी समस्याएं हैं।

विन्यास

हमारे देश का पुस्तक प्रकाशन उद्योग लगभग 425 वर्ष पुराना है। सन् 1557 में भारत की पहली पुस्तक पुर्तगाली भाषा में प्रकाशित हुई थी। इसका नाम था 'डाक्ट्रिना क्रिस्ट' और इसका प्रकाशक एक विदेशी था। फिर इस व्यवसाय के प्रति लोग आकर्षित हुए और 1674 में बम्बई मे एक प्रिंटिंग प्रेस की स्थापना हुई। इसी प्रकार मद्रास में 1712 तथा बंगाल में 1778 में छापाखाने लगे। आजादी से पहले अधिकतर प्रकाशक धार्मिक पुस्तकों का ही प्रकाशन करते थे। आजादी के पश्चात इस क्षेत्र में रुचि बढ़ी और प्रकाशन उद्योग धीरे–धीरे गति पकड़ने लगा।

1964 से 1973 तक कागज के मूल्य बढ़े जरूर लेकिन 1973 के बाद से तो कागज के दाम आसमान छूने लगे। परिणाम यह हुआ कि पुस्तकों के दाम तेजी से बढ़े वहीं राजनीतिक और प्रशासकीय भ्रष्टाचार के कारण 'कुकरमुत्ते' प्रकाशकों का जन्म हुआ। इन प्रकाशकों ने जहां 'अण्डर टेबल' खेल को बढ़ाया, वहीं बाजार में अच्छी किताबों के प्रति ग्राहकों ने उपेक्षा का भाव दिखाना शुरू कर दिया। परिणाम यह हुआ कि पुस्तकों की बिक्री अपेक्षित ढंग से नहीं बढ़ी और वे महंगी होती गईं। दूसरी ओर पाठ्य–पुस्तकों का राष्ट्रीयकरण कर दिया गया तथा राज्य सरकारों की ग्रंथ अकादमियों आदि ने भी प्रकाशन के क्षेत्र में प्रवेश पा लिया। कुल मिलाकर प्रकाशन व्यवसाय पाठक तक पहुंचने के लिए हाथ–पैर चलाता रहा लेकिन उसकी गति संभावनाओं के क्षितिज को तलाशने जैसी ही रही।

इस समय देश में अधिकृत प्रकाशकों की संख्या 3 हजार के आसपास है, वहीं 'द फेडरेशन ऑफ इण्डियन पब्लिशर्स' के अनुसार यह संख्या 12 हजार से कुछ ज्यादा ही है।

अब सवाल उठता है कि हम कितनी पुस्तकें प्रतिवर्ष छाप लेते हैं? यदि इसे कसौटी पर देखें तो अक्स धुंधला ही दिखाई देगा। यह ध्यान में रखने की बात है कि भारत की आबादी, दुनिया की आबादी का 15 प्रतिशत है। लेकिन दुनिया के प्रकाशन–व्यवसाय में हमारे यहां छपी पुस्तकों की मात्रा मात्र 3 प्रतिशत ही है। हमारे यहां पुस्तकों का औसत मुद्रण एक हजार से दो हजार के बीच है जबकि संसार में अन्य स्थानों का औसत 16 हजार के आसपास है।

और तो और हमारे यहां प्रति व्यक्ति पृष्ठों की खपत मात्र 32 है जबकि विकसित देशों में यह खपत 2 हजार पृष्ठ तक है। हमारे यहां प्रति दस लाख आबादी पर मात्र 30 हजार पुस्तकें ही छपती हैं जबकि यूरोपीय देशों में पुस्तकों के टाइटल की संख्या साढ़े पांच सौ से ज्यादा है। हां, यह बात अलग है कि दुनिया में अमरीका और ब्रिटेन के बाद अंग्रेजी पुस्तकें बेचने वाले देशों में भारत का स्थान तीसरा है। यह स्थिति भारतीय प्रकाशकों के लिए बेहतर है। निम्नलिखित आंकड़े इस तथ्य को और प्रमाणिक कर देते हैं:

पुस्तक निर्यात
(सन् 1979–80)

देश	मूल्य रुपयों में
ब्रिटेन	61,75,000
अमेरिका	48,50,000
ऑस्ट्रेलिया, कनाडा, न्यूजीलैंड	26,61,000
संयुक्त अरब अमीरात	16,52,000
सऊदी अरब	14,27,000
यमन	14,63,000
पश्चिम एशिया	32,83,000
बांग्लादेश	64,75,000
सिंगापुर	26,16,000
मलेशिया	21,23,000
नेपाल	21,97,000
श्रीलंका	15,07,000
अन्य एशियाई देश	30,22,000
जर्मनी	13,88,000
नीदरलैंड	7,43,000
अन्य यूरोपीय देश	7,59,000
केन्या	11,38,000
तंजानिया	4,74,000
अन्य अफ्रीकी देश	8,96,000
अन्य देश	5,22,000
कुल	4,53,74,000

विन्यास

भारत के बाहर पुस्तकों की बिक्री निस्संदेह गौरव की बात है और संभावना यह है कि आगामी वर्षों में भारत 12 करोड़ रुपए से ज्यादा की विदेशी मुद्रा पुस्तकों की बिक्री से अर्जित करे।

देश के चोटी के 20 प्रकाशकों में एक–दो को छोड़कर सभी अंग्रेजी में पुस्तकें छापते हैं। उनका मार्केट अलग प्रकार का है। वे लोग अपना मुनाफा किसी न किसी तरह पटा ही लेते हैं। मुसीबत उन प्रकाशकों की है, जो हिन्दी में ही पुस्तकें छापते हैं।

इसमें दो राय नहीं कि 1971 के बाद प्रकाशन के क्षेत्र में वृद्धि हुई है। सबसे ज्यादा पुस्तकें 1975–76 में 21 हजार 957 छपीं। लेकिन यह वृद्धि संतोषजनक नहीं है।

बीस सूत्री कार्यक्रम के तहत सरकार साक्षरता तो बढ़ाना चाहती है, लेकिन पाठक तक पुस्तकें पहुंचाने वाला कोई तंत्र उसके पास नहीं है। इसीलिए पुस्तक प्रकाशकों को रियायती दर पर कागज देने, बैंकों से ऋण दिलवाने और राज्य स्तर पर 'पुस्तक वित्त निगम' गठित करके कर्ज की सुविधा देनी होगी। इससे अच्छी किस्म की पुस्तकें छापने के लिए प्रकाशक तैयार हो जाएंगे। इसके बाद इन पुस्तकों की खपत और वितरण का सवाल खड़ा होगा।

▼ ▼ ▼

विन्यास

नागरीदास की सखी

बणीठणी

25

चारों ओर रंग की बहार है। यों लगता है, जैसे आसमान से रंगों की वर्षा हो रही है। गली, बाजार, चौराहे–सभी ओर नाचते–गाते और रंग में भीगे लोग। किशनगढ़ गुलाल के बादलों में ढंका हुआ सा लगता है।

राजमहल की रंगीनी का तो कहना ही क्या? एक पहाड़ी पर बना यह महल साहित्य संगीत और कला का दुर्लभ खजाना है। लेकिन आज रंग–बिरंगी बादलों के बीच आकाश में उग आए उपवन का आभास दे रहा है। यह जान पाना मुश्किल है कि कौन दरबारी है और कौन सामान्य नागरिक। जैसे सभी कुछ रंगमय, सुगंधमय है––पहचान भी और परिचय भी।

रनिवास की ओर से रंग–बिरंगे झरने बह रहे हैं और सुनाई दे रही है मदमस्त संगीत की लहरें। महल में होली के त्यौहार की छटा अनूठी है। ऐसे लगता है जैसे समय के पांव भी कुछ क्षणों के लिए यहां आकर ठिठक गए हैं। रंग में भीगी, इतराती, शरमाती रूपसियों को देखकर आंखों में खुमारी के इन्द्रधनुष चित्रित हो जाते हैं।

उणींदा छै जी रात रा
वैण सिथन अरू नैण झुक्या ही आवैं, लगि बैठा परभात रा
पलका पीक, अधर फीके रग, रस अलसाया रात रा
'रसिकबिहारी' प्यारी पूरण करी, मदन देव री जातरा।

बणीठणी को गाते हुए देखकर महाराज कुमार सावंत सिंह ठगे से रह जाते हैं। बनीठनी सावंत सिंह की मां के पास चाकरी करती है। लेकिन कवि और चित्रकार और गायक होने के कारण राजमहल में उसका सम्मान राजकुमारियों की तरह से है। सावंत सिंह गाना समाप्त होने के बाद उसके पास आते हैं और बधाई देते हैं। लेकिन यह क्या, महल की दासियों और चाकरियों ने दोनों को गुलाल में सराबोर कर दिया। दोनों पोर पोर रंग में भीग गए और दासियां होली के रंग में मस्त महल के दूसरी ओर भाग गईं। महल के उस हिस्से में संगीत की महफिल सजी हुई है। मदमस्त करने वाले स्वरों से झंकृत वातावरण में भ्रमर और फूल–दो देह एक प्राण हो जाते हैं।

समय की शिला पर लिखे हुए हस्ताक्षरों को कौन बांच सकता है? चाहे कोई राजा हो या प्रजा। किन्तु समर्पण के आंगन में जब सृजन का श्रृंगार होता है तो ऐसी कला जन्म लेती है जो शताब्दियों तक जनमानस को अपने में डुबोये रखती है। सृजन की तपस्या में लीन व्यक्ति समय के प्रहारों की परवाह नहीं करता है।

सावंत सिंह यानी नागरीदास और बणीठणी भी ऐसे ही सर्जकों में हैं। राजपरिवार के सदस्यों के विरोध के बावजूद ये लोग काव्य, चित्र और संगीत के सृजन से विमुख नहीं हुए। धीरे–धीरे प्रेम सरोवर में इतने डूब गए कि अपने को राधा और कृष्ण की उपमा से अलंकृत कर लिया।

अब तो किशनगढ़ ही उनके लिए गोकुल–वृन्दावन हो गया था जहां के बाग बगीचे, कुंज गलियां हो गयीं थीं उनमें क्रीड़ा करते, रास रचाते, गाते बजाते और इस तरह जीवन के दूसरे सुख दुख गोण हो गए थे। लोक लाज उनके लिए कपटपूर्ण थी। राधा और कृष्ण के रस में डूबे रहते थे।

पीय प्रीत करी हमें बोरी
सुनत नाद मुरली स्रवननि में, तजि तजि लाजहि आवत दोरी
जो घर मांझ रहे तो इकटक, ठाड़ी जीवन पोरी
'नागरिया' छिनं कल न परत है, डारी कहा ठगौरी।

विन्यास

एक ओर साहित्य कला और संगीत का मनोरथ और दूसरी ओर राजनीति की उथल–पुथल। सावंत सिंह यानी नागरीदास 1747 में पिता राज सिंह के देहांत के बाद रूप नगर की गद्दी पर बैठे। रूप नगर और किशनगढ़ दोनों ही पास–पास हैं। कुछ काल तक इस राजघराने की राजधानी किशनगढ़ रही और कुछ काल तक रूप नगर। नागरी दास के छोटे भाई बहादुर सिंह को यह बात अच्छी नहीं लगी कि उन्हें गद्दी पर नहीं बिठाया गया। वे बराबर षड्यंत्र रचते रहे। अचानक कुछ महीनों में ही नागरीदास को दिल्ली दरबार में जाना पड़ा। पीछे से बहादुर सिंह ने रूप नगर की गद्दी पर अधिकार कर लिया।

जब नागरीदास को यह पता लगा तो वे बहादुर सिंह को गद्दी से उतारने के प्रयत्नों में लग गए। उन्होंने मराठों से सम्पर्क साधने और सहायता लेने का प्रयत्न किया। इस बीच वे जयपुर, गोवर्धन राधाकुण्ड, मथुरा, वृन्दावन आदि अनेक स्थानों की यात्रा पर गए। राजनीति में व्यस्त रहने के बाद भी वे संतों–साधकों से मिले बिना नहीं रहते। वृन्दावन यात्रा के दौरान बिहारी जी के मन्दिर में उन्होंने अपनी सखी बणीठणी द्वारा रचित एक पद गाया।

मराठों ने नागरीदास को सहायता दी और 8 वर्ष बाद 1757 में वे आधे रूपनगर पर कब्जा करने में सफल हो गए। लेकिन उन्हें मराठों की ओर से कुमाऊं की लड़ाई में शामिल होना पड़ा। लौटे तो युद्धों से उनका मन ऊबा हुआ था। 1858 को विजयादशमी के दिन अपने पुत्र सरदार सिंह को किशनगढ़ की बागडोर थमा कर वे वृन्दावन चले गए। उनकी सखी बणीठणी भी उनके साथ ही वृन्दावन चली गईं। संतों का समागम, वृन्दावन की कुंज गलियां और राधाकृष्ण का नाम यही उनके जीवन का आधार था। प्रतिदिन सैकड़ों भक्तजन आते और कृष्ण की आराधना में डूबे प्रेमी युगल को देखकर भाव विभोर हो जाते।

1765 में नागरीदास इस संसार से विदा हो गए। वृन्दावन में आज भी नागरीदास की समाधि बना हुई है।

▼ ▼ ▼

फतह सागर झील में निर्मित जल सौर वेधशाला

भारत की पहली जल सौर वेधशाला

(18 फरवरी, 1981)

सूर्य से निकलती गैस पिण्ड ज्वालाएं—उदयपुर वेधशाला से खींचा गया चित्र

भारत की पहली जल सौर वेधशाला

सूर्य का सम्बन्ध पृथ्वी के कण-कण से है। सूर्य प्रकाश है, जीवन है और ऊर्जा का अनन्त भंडार। असीमित सूर्यमण्डल में होने वाले अकल्पनीय प्राकृतिक परिवर्तनों का प्रभाव पृथ्वी पर होता है लेकिन अभी हमारा ज्ञान इतना विकसित नहीं हुआ कि हम उन सभी परिवर्तनों को समझ सकें। सूर्य में होने वाले असंख्य परिवर्तनों तथा उसकी गतिविधियों का अध्ययन करने के उद्देश्य से 'सौर वेधशाला' की स्थापना उदयपुर की विख्यात फतह सागर झील में एक छोटे से टापू पर की गई। २० सितम्बर १९७५ को इस 'जल-सौर वेधशाला' का उद्घाटन किया गया। यह वेधशाला विश्व की दूसरी तथा भारत की पहली 'जल सौर वेधशाला' है।

वेधशाला के निर्माण के लिए उदयपुर की फतह सागर झील का चुनाव ही क्यों किया गया, यह विचार उठना स्वाभाविक है। खगोलविदों तथा विशेषज्ञों की मान्यता है कि जिस स्थान से सूर्य पूरे वर्ष भर साफ दिखाई दे तथा जहां से सूर्य का अधिकतम समय तक स्पष्ट अध्ययन किया जा सके, वही स्थान जल सौर वेधशाला के लिए अधिक उपयोगी होगा। इसी उद्देश्य से वेधशाला समिति, अहमदाबाद के वैज्ञानिकों ने फतहसागर झील तथा जयसमंद झील का चुनाव किया। बाद में यातायात और अन्य सुविधाओं की दृष्टि से फतहसागर को अधिक उपयुक्त पाया गया। [illegible] का मानना है कि फतहसागर झील के पानी की सतह से सूर्य की प्रतिबिम्बित तरंगें नहीं एवं अधिक स्पष्ट आ सकती हैं तथा इस स्थान से, जहां पर कि आज वेधशाला स्थापित की गई है, सूर्य एवं सौर मण्डल अधिक समय तक स्वच्छ दिखाई देता है।

इस वेधशाला की परियोजना पर कुल ४८ लाख रुपए खर्च होंगे। वेधशाला में स्थापित किया गया विशाल टेलिस्कोप आस्ट्रेलिया के प्रख्यात खगोलविद प्रोफेसर जीवाशंकरी ने भेंट किया है। लगभग डेढ़ लाख रु. मूल्य का यह एक शक्तिशाली टेलिस्कोप है, जिससे सूर्य की किरणों तथा ऊर्जा का अध्ययन कर मानव कल्याण के लिए उसका उपयोग किया जाएगा।

इस वेधशाला में खगोलविद तथा

बृजेन्द्र रेही

वैज्ञानिक सूर्य की किरणों का पृथ्वी के वायुमण्डल पर पड़ने वाले प्रभाव, सौर-शक्ति का मानवहित में उपयोग, सूर्य में होने वाले भौतिक तथा रासायनिक परिवर्तनों का भूमण्डल पर प्रभाव, राकेटों, गुब्बारों, पृथ्वी से अंतरिक्ष में भेजे गए उपग्रहों आदि का अध्ययन कर रहे हैं। कौंसिल आफ साइन्टिफिक इंडस्ट्रियल रिसर्च आर्गेनाइजेशन आस्ट्रेलिया के प्रधान प्रोफेसर जीवाशंकरी का कहना है कि सूर्य की चुम्बकीय शक्ति, ऊर्जा की ज्वालाओं के विकिरण और मानव हित में उसके उपयोग के लिए यह 'जल सौर वेधशाला' महत्वपूर्ण साबित होगी।

ब्रिटेन के डाक्टर फिन का कहना है कि भारतीय उप-महाद्वीप की आर्थिक स्थिति मौसम पर निर्भर करती है। इसलिए मौसम सम्बन्धी अध्ययन के लिए उदयपुर सौर वेधशाला में अधिक से अधिक अध्ययन किया जाना चाहिए।

वेधशाला को स्थापित हुए पांच वर्ष हुए हैं, किन्तु यहां के वैज्ञानिक, अनुसंधान कार्यों में विश्व के अन्य वैज्ञानिकों से पीछे नहीं हैं। वेधशाला में पांच वैज्ञानिक तथा चार तकनीशियन कार्यरत हैं। वेधशाला के निदेशक डा. अरविन्द भटनागर ने बताया—'अमरीका की वैज्ञानिक संस्था 'नासा' ने वेधशाला को मान्यता प्रदान कर दी है। अगस्त १९७९ से फरवरी १९८० के बीच 'अन्तर्राष्ट्रीय सौर वर्ष' मनाया गया। प्रत्येक ११ वर्ष के बाद ६ माह का एक ऐसा 'चक्र' आता है, जिसके दौरान सूर्य में तीव्र गतिविधियां होती हैं। इस समय 'सूर्य कलंक' साफ-साफ दिखाई देने लगते हैं।'

'जब सूर्य में धब्बों की संख्या अधिक हो तथा सूर्य में गतिविधियां तीव्र होती हैं, उस समय पृथ्वी और उसके आसपास का वातावरण प्रभावित हुए बिना नहीं रहता। अध्ययन बताते हैं, भू-चुम्बकीय और मौसम विशेष रूप से प्रभावित होते हैं। सूर्य कलंकों की अधिकता मानसून को प्रभावित करती है। वर्षा कम होती है या कुछ इलाकों में इतना कि बाढ़ की कल्पना भी नहीं की जा सकती, पानी अधिक बरसता है।'

उदयपुर सौर वेधशाला के वैज्ञानिक सूर्य की प्रत्येक गतिविधि पर कड़ी निगरानी रखे हुए हैं। १ फरवरी १९७९ तथा ९ अप्रैल १९७९ को इसी वेधशाला से सूर्य के दो चित्र खींचे गये। एक फरवरी को जो चित्र खींचा गया उससे पता चला कि उस दिन सूर्य से अत्यन्त गर्म गैस पिंड ज्वालाओं के रूप में एक लाख ८० हजार किलोमीटर दूर तक उभरते हुए देखे गये। इसी प्रकार ९ अप्रैल १९७९ को खींचे गये चित्र में सूर्य के धरातल से एक लाख किलोमीटर ऊपर उठती हुई धधकती ज्वालाएं देखी गईं।

फतह सागर झील में निर्मित जल सौर वेधशाला

26

सूर्य का सम्बन्ध पृथ्वी के कण–कण से है। बिना सूर्य के पृथ्वी की कल्पना नहीं की जा सकती। सूर्य प्रकाश से ही जीवन है और है मानव कल्याण का अखूट भंडार। असीमित ब्रह्माण्ड में होने वाली अनगिनत प्राकृतिक परिवर्तनों का प्रभाव पृथ्वी पर होता है लेकिन अभी हमारा ज्ञान इतना विकसित नहीं हुआ कि उन सभी परिवर्तनों को जान सकें, समझ सकें।

सूर्य में होने वाले असंख्य परिवर्तनों तथा उसकी गतिविधियों का अध्ययन कर मानव कल्याण के लिए जानकारी हासिल करने के उद्देश्य से वेधशाला, अहमदाबाद के अधीनस्थ ''सौर वेधशाला'' की स्थापना उदयपुर की विख्यात फतह सागर झील में एक छोटे से टापू पर की गई। 20 सितम्बर 1975 को इस 'जल सौर वेधशाला' का उद्‌घाटन किया गया। यह वैधशाला विश्व की दूसरी तथा भारत की पहली 'जल सौर वेधशाला' है।

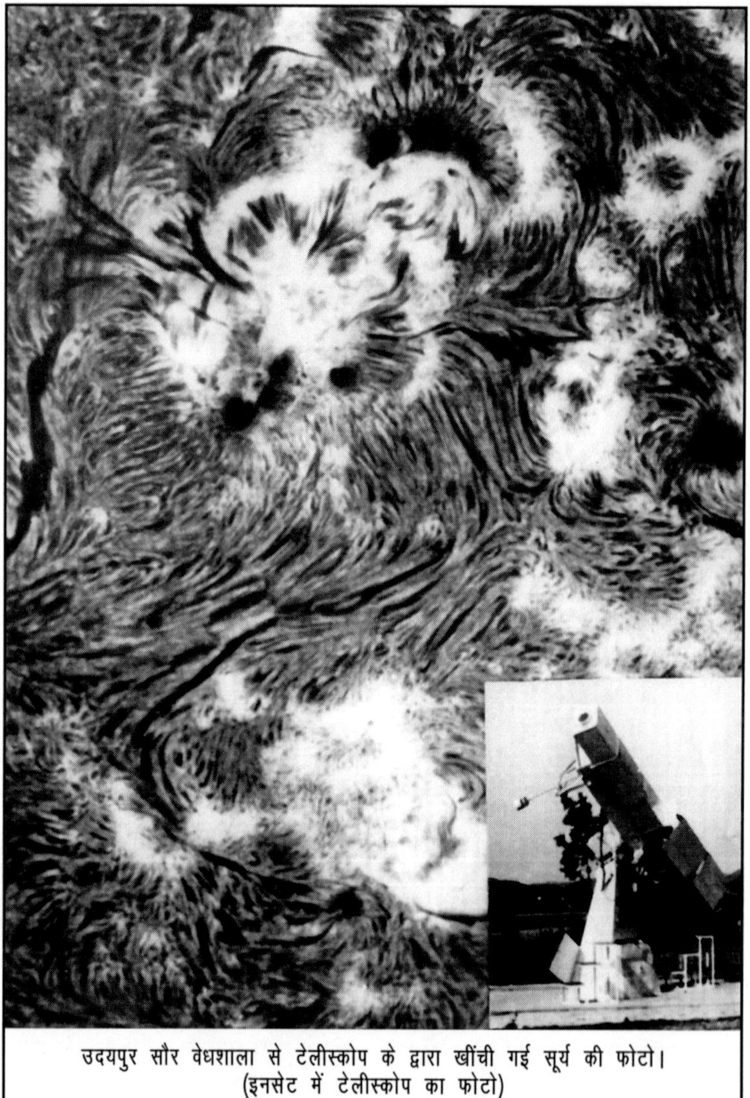

उदयपुर सौर वेधशाला से टेलीस्कोप के द्वारा खींची गई सूर्य की फोटो।
(इनसेट में टेलीस्कोप का फोटो)

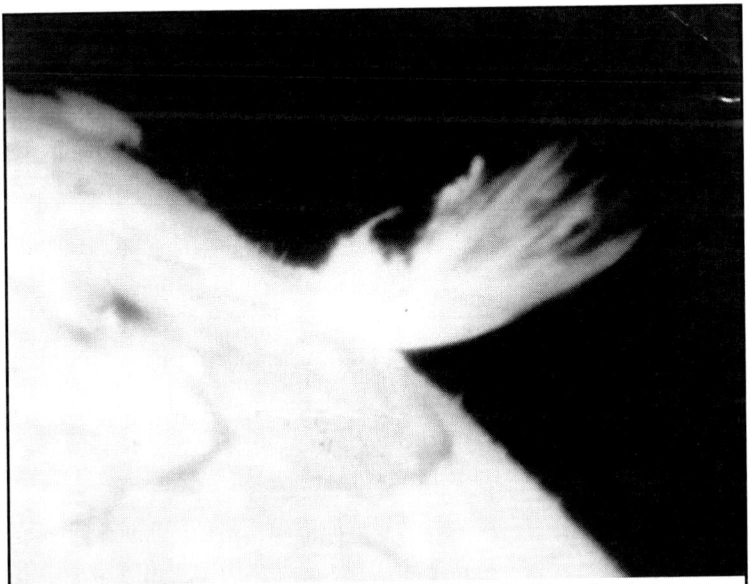

उदयपुर सौर वेधशाला से 9 फरवरी 1979 को खींचे गए चित्र में सूर्य के धरातल से एक लाख किलोमीटर ऊपर उठती हुई धधकती सूर्य ज्वालाएं देखी गईं।

उदयपुर क्यों?

वेधशाला के निर्माण के लिए उदयपुर की फतहसागर झील का चुनाव ही क्यों किया गया, यह विचार उठना स्वाभाविक है। खगोलविदों तथा विशेषज्ञों का मानना है कि जिस स्थान से सूर्य पूरे वर्ष भर साफ दिखाई दे तथा जहां से सूर्य का अधिकतम समय तक स्पष्ट अध्ययन किया जा सके, वही स्थान जल सौर वेधशाला के लिए अधिक उपयोगी होता है। इसी उद्देश्य से वेधशाला समिति, अहमदाबाद के प्रबन्धकों, खगोलविदों और वैज्ञानिकों ने फतहसागर झील तथा जयसमंद झील का चुनाव किया। बाद में यातायात और अन्य सुविधाओं की दृष्टि से फतहसागर को अधिक उपयुक्त पाया गया।

विशेषज्ञों का मानना है कि फतहसागर झील के पानी की सतह से सूर्य की प्रतिबिम्बित तस्वीरें सही एवं अधिक स्वच्छ आ सकती हैं तथा उस स्थान से, जहां पर कि आज वेधशाला स्थापित की गई है, सूर्य एवं सौर मण्डल अधिक समय तक स्वच्छ दिखाई देता है।

इस वेधशाला की परियोजना पर कुल 78 लाख रुपए खर्च होंगे। वेधशाला में स्थापित किया गया विशाल टेलीस्कोप, आस्ट्रेलिया के प्रख्यात खगोलविद प्रोफेसर जीवोवेनेली ने भेंट किया है। लगभग दस लाख रुपए मूल्य का यह एक शक्तिशाली टेलीस्कोप है, जिससे सूर्य की किरणों तथा ऊर्जा का अध्ययन कर मानव कल्याण के लिए उसका उपयोग किया जाएगा।

सौर अध्ययन

विश्व के वैज्ञानिकों की धारणा है कि मानव कल्याण के लिए सूर्य का सतत् अध्ययन अत्यंत आवश्यक है। सूर्य की गतिविधियों का मौसम पर सीधा प्रभाव पड़ता है। पृथ्वी पर उपलब्ध ऊर्जा–स्रोतों में हो रही कमी ने वैज्ञानिकों का ध्यान सौर–ऊर्जा की ओर आकर्षित किया है और आज विभिन्न स्तरों पर सौर ऊर्जा का उपयोग किया जा रहा है।

इस वेधशाला में खगोलविद तथा वैज्ञानिक सूर्य की किरणों का पृथ्वी के वायुमण्डल पर पड़ने वाले प्रभाव, सौर–शक्ति का मानवहित में उपयोग, सूर्य में होने वाले भौतिक तथा रासायनिक परिवर्तनों का ब्रह्माण्ड पर प्रभाव, रॉकेटों, बैलूनों, पृथ्वी से अंतरिक्ष में भेजे गए उपग्रहों आदि का अध्ययन कर रहे हैं। कौंसिल आफ साइन्टिफिक इंडस्ट्रियल रिसर्च आर्गेनाइजेशन, आस्ट्रेलिया के प्रधान प्रोफेसर जीवोवेनेली का कहना है कि सूर्य की चुम्बकीय शक्ति, ऊर्जा की ज्वालाओं के विकिरण और मानव हित में उसके उपयोग के लिए यह 'जल सौर वेधशाला' महत्वपूर्ण साबित होगी।

ब्रिटेन के डाक्टर किंग का मानना है कि भारतीय उप–महाद्वीप की आर्थिक स्थिति मौसम पर निर्भर करती है। इसलिए मौसम सम्बन्धी अध्ययन के लिए उदयपुर सौर वैधशाला में अधिक से अधिक अध्ययन किया जाना चाहिए।

सूर्य कलंक और मौसम

उस दिन सौर वेधशाला (उदयपुर) के निदेशक डॉ. अरविन्द भटनागर से मुलाकात हुई। वेधशाला को स्थापित हुए पांच वर्ष हुए हैं, किन्तु यहां के वैज्ञानिक, अनुसंधान कार्यों में विश्व के सौर वैज्ञानिकों से पीछे नहीं हैं। वेधशाला में पांच वैज्ञानिक तथा चार तकनीशियन कार्यरत हैं।

डॉ. भटनागर ने बताया– 'अमरीका की वैज्ञानिक संस्था 'नासा' ने `वेधशाला को मान्यता प्रदान कर दी है। अगस्त 1979 से फरवरी 1980 के बीच अधिकतम 'अंतर्राष्ट्रीय सौर वर्ष' मनाया गया। प्रत्येक 11 वर्षों के बाद 6 माह का एक ऐसा 'चक्र' आता है, जिसके दौरान सूर्य में तीव्र गतिविधियां होती हैं। इस समय 'सूर्य कलंक' साफ दिखाई देने लगते हैं।'

'जब सूर्य कलंकों की संख्या अधिक हो तथा सूर्य में गतिविधियां तीव्र होती हों, उस समय पृथ्वी और उसके आसपास का वातावरण प्रभावित हुए बिना नहीं रहता। अयन मण्डल, भू–चुम्बकीय और मौसम विशेष रूप से प्रभावित होते हैं।'

'सूर्य कलंकों की अधिकता मानसून को प्रभावित करती है। वर्षा कम होती है या कुछ इलाकों में जहां कि बाढ़ की कल्पना भी नहीं की जा सकती, पानी अधिक बरसता है।'

'उदयपुर सौर वेधशाला के वैज्ञानिक सूर्य की प्रत्येक गतिविधि पर कड़ी निगरानी रखे हुए हैं। एक फरवरी 1979 तथा 9 अप्रैल 1979 को इसी वैधशाला से सूर्य के दो चित्र खींचे गए। एक फरवरी को जो चित्र खींचा गया उससे पता चला कि उस दिन सूर्य से अत्यंत गर्म गैस पिंड ज्वालाओं के रूप में एक लाख 80 हजार किलोमीटर दूर तक उभरते हुए देखे गए। इसी प्रकार 9 अप्रैल 1979 को खींचे गए चित्र में सूर्य के धरातल से एक लाख किलोमीटर ऊपर उठती हुई धधकती ज्वालाएं देखी गईं।'

डॉ. भटनागर के अनुसार–'सूर्य से निसृत होती हुई ऊर्जा के अध्ययन की अमरीकी वैज्ञानिकों ने भी प्रशंसा की है। इंटरनेशन एस्ट्रोलोजीकल यूनियन की कनाडा में अगस्त 1979 में हुई बैठक में 'अनुसंधान–पत्र' पढ़ा गया। उसमें बताया गया कि फरवरी 1979 में खींचे गए चित्रों से यह तथ्य भी प्रकाश में आया कि उस दिन सूर्य से 200 से 300 किलोमीटर प्रति सेकंड की गति से सौर ज्वालाएं (गैसीय पदार्थ) निकल रही थीं।'

भारतीय तथा अमरीकी वैज्ञानिकों की एक 'सौर तथा भू–मंडलीय भौतिकी' से सम्बन्धित संगोष्ठी 12 से 16 जून 1979 तक उदयपुर में हुई थी। उसमें एक समन्वित कार्यक्रम बनाया गया तथा दोनों देशों की सरकारों से

अपेक्षा की गई कि वे सौर अध्ययन के काम में भरपूर सहयोग दें। इसके अलावा दोनों देशों के युवा वैज्ञानिकों की अधिक से अधिक यात्राएं कराई जाएं।'

▼ ▼ ▼

भारतीय महासारंग

(1979)

27

ग्रेट इंडियन बस्टर्ड का नाम पिछले वर्ष समाचार पत्रों में प्रमुखता से छपा। यह सारंग वर्ग का पक्षी है जिसे भारतीय महासारंग या सोहन चिड़िया कहा जाता है। राजस्थान में इस पक्षी को गोडावण कहते हैं।

भारतीय महासारंग एक दुर्लभ पक्षी है। पक्षी विशेषज्ञों के अनुसार इसके अन्य नाम हैं– सोहन चिड़िया, तूगदार, मालघोंक, धूप चिड़िया आदि। सारंग वर्ग के छः पक्षी हैं : भारतीय महासारंग (ग्रेट इंडियन बस्टर्ड), तिलोर (ग्रेट बस्टर्ड), छोटा तिलोर (लिटिल बस्टर्ड), होबार (हूबार), चरत (बेंगाल फ्लोरिकल) तथा खरमोर (लेसर फ्लोरिकल)।

इनमें भारतीय महासारंग बड़े आकार का और आकर्षक पोशाक वाला पक्षी है। यह कद में 6–7 फुट लम्बा तथा 3–4 फुट तक चौड़ा होता है। चोंच की लम्बाई 3–4 इंच तक तथा टांगों की लम्बाई आठ–दस इंच लम्बी होती है। सिर ऊपर से काला, गर्दन सफेद, आंखें पीली, टांगे सफेद और मटमैली तथा चोंच हल्की भूरी और सिलेटी रंग मिश्रित होती है। इसके सीने पर काले रंग की पतली–पतली धारियां होती हैं। पंख सफेद भूरे और हल्के काले होते

गोडावण (ग्रेट इंडियन बस्टर्ड)

हैं। पीठ का रंग भूरा होता है। मादा पक्षी, नर के मुकाबले आकार में छोटी होती है। मादा की एक मात्र यही पहचान है।

यह स्वभाव से शर्मीला पक्षी है। घने जंगल पसंद नहीं करता। झाड़ियों और खड़ी फसलों के बीच घूमने में इसे आनन्द आता है। दिन में यह नहीं निकलता है और घास या तालाबों के किनारों की झाड़ियों में दुबक कर आराम करता है। चौपायों की तरह इसे दिन भर चराई का शौक नहीं है किन्तु सवेरे शाम भोजन की तलाश में जरूर निकलता है। छोटे बड़े सांप, छिपकलियां, टिड्डियां, कीड़े, मकौड़े स्वाद से चट कर जाता है। घनी खड़ी फसलों के बीच तेजी से अपने शिकार को खोज लेता है।

यह पक्षी आदमी की गंध को दूर से ही सूंघ लेता है और तुरन्त दुबक जाता है। उड़ते समय यह गिद्ध की तरह दिखाई देता है। इसके डेने पानी में चलती नाव के चप्पुओं की तरह लगते हैं। यह कई किलोमीटर तक उड़ सकता है। अधिक ऊंचाई तक उड़ना इसके वश की बात नहीं। जमीन पर यह 30 किलोमीटर प्रति घंटे की रफ्तार से दौड़ सकता है।

विन्यास

मादा भारतीय महासारंग अगस्त से अक्टूबर के बीच अंडा देती है। अंडे की लम्बाई पौने तीन इंच और चौड़ाई साढ़े तीन इंच तक होती है। यह पक्षी एक बार में केवल एक ही अंडा देता है। पश्चिमी राजस्थान, विध्यांचल पर्वत के मैदानी भाग तथा गुजरात के काठियावाड़ इलाके में भारतीय महासारंग देखे जा रहे हैं। इस विशाल पक्षी का मांस सफेद, रूखा एवं बहुत ही स्वादिष्ट होता है। कहा जाता है कि इसका मांस आदमी के लिए शक्ति बढ़ाने वाला है। स्वादिष्ट मांस के कारण ही सालों से इसका शिकार किया जाता रहा। परिणामतः यह पक्षी अत्यन्त दुलर्भ हो गया है। राजस्थान सरकार ने गत कई वर्षों से इस पक्षी के शिकार पर प्रतिबंध लगा रखा है।

यह एक उल्लेखनीय बात है कि भारतीय महासारंग पक्षी देश में केवल राजस्थान के जोधपुर और बीकानेर चिड़ियाघरों में उपलब्ध है। जब से समाचार पत्रों में इस पक्षी की चर्चा शुरू हुई है, दोनों चिड़ियाघरों में देखने वालों का तांता लगा रहता है। जोधपुर चिड़ियाघर के पर्यवेक्षक श्री वाई.डी. सिंह भारतीय महासारंग प्रेमी हैं। इन्होंने सबसे पहले सन् 1948 में इस पक्षी को देखा था। वैसे तो गत एक दशाब्दी से महासारंग नागौर, बीकानेर, जैसलमेर और बाडमेर जिलों में कुछ स्थानों पर देखा गया है।

श्री सिंह दिसम्बर 1974 में मादा पक्षी को जैसलमेर से कोई 30 किलोमीटर दूर से पकड़कर लाये थे। तब मादा महासारंग केवल तीन या चार माह की थी। मादा पक्षी कुछ वर्ष एकाकी जीवन बिताती रही। बाद में दिसम्बर 1976 में एक नर महासारंग पकड़ने में उन्हें सफलता मिली। उस समय सारंग केवल तीन माह का बच्चा था। लेकिन अब आप देखें तो पायेंगे कि नर उम्र में छोटा होते हुए भी आकार में बड़ा हो गया है। श्री सिंह इन पक्षियों को बच्चों की तरह प्यार करते हैं। जब वे प्यार से इन पक्षियों को उठाते हैं तो वे बच्चों की तरह फुदकते हुए दौड़े चले आते हैं।

जोधपुर और बीकानेर चिड़ियाघरों में रह रहे महासारंग गेहूं और बाजरे की रोटी बड़े चाव से खाते हैं। राजस्थान का आदमी अपनी आन, बान और शान के लिए मर मिटता है लेकिन कभी गर्दन नहीं झुकाता। भारतीय महासारंग भी ठीक वैसा ही है। जब यह चलता है, इसकी गर्दन उठी हुई रहती है।

भीलों का मेला : 'बेणेश्वर'

(26 जनवरी, 1980)

भीलों का मेला : वेणेश्वर

दक्षिणी राजस्थान भीलों की आदिम संस्कृति का प्रमुख केन्द्र है. राज्य के बांसवाड़ा, उदयपुर तथा डूंगरपुर जिले आदिवासी बहुल जिले हैं. यहां बसने वाले भील, स्वभाव से शर्मीले, भोले किन्तु साहसी हैं. किसी जमाने में भील शासकों के नाम की दुन्दुभी बजा करती थी किन्तु कालान्तर में राजनीति के उथल - पुथल ने उन्हें सत्ता विहीन कर दिया.

मेवाड़ के राजपूत शासकों ने भीलों को अपने समकक्ष सम्मान दिया. पुराने मेवाड़ राज्य के राज चिह्न में एक राजपूत के साथ भील भी अंकित है. स्वातन्त्र्य युद्ध के महान बलिदानी महाराणा प्रताप को भीलों ने जीवन्त सहयोग दिया.

कर्ज में डूबे और अंध विश्वासों से घिरे होने के बाद भी हंसने, गाने, नाचने और मुक्त विचरने के स्वभाव के कारण ही इस क्षेत्र में ऐसे-ऐसे मेले जुड़ते हैं कि आधुनिकता में लिप्त आदमी भी अनायास ही उस दृश्य को देखने के लिए लालायित हो उठता है.

फाल्गुन मास में होली से भीलों के जीवन में ऐसी रंग-बिरंगी छटा बिखर जाती है कि वे वन-वन, डूंगर-डूंगर, नाले-नाले और ग्राम्य-चौपालों पर नाचते, गाते और थिरकते दिखाई देते हैं. उमंग में रंगी भील युवतियां भड़क-भड़क चटक लाल रंग की घेरदार घाघरी, चुनड़ी वाली कांचली (कंचुकी) और लूगड़ी (ओढ़नी) पहने हिरनियों की तरह किसी सुगन्ध की तलाश में बावरी बनी घूमती रहती हैं.

ऐसी ही भील-संस्कृति की छटा देखी जा सकती है वेणेश्वर के मेले में. डूंगरपुर शहर से लगभग ६० किलोमीटर दूर माघ पूर्णिमा की चांदी बिखेरती चांदनी में माही तथा सोम नदी के संगम पर 'वेणेश्वर' में यह मेला जुड़ता है. वस्तुत: यह मेला नहीं, भीलों का कुम्भ-पर्व है.

वेणेश्वर का यह धाम उदयपुर-बांसवाड़ा मार्ग पर साबला ग्राम से छह किलोमीटर दूर है. सरिताओं की सर्पाकार धाराओं से घिरा, वन-वृक्षों से आच्छादित, प्रकृति के इस सुरम्य स्थल पर महादेव का एक प्राचीन मन्दिर है. मन्दिर का शिवलिंग पांच जगह से खंडित है. एक जनश्रुति के अनुसार गाय के खुरों से शिवलिंग

—ब्रजेन्द्र रेही—

खंडित हो गया. वह गाय प्रतिदिन मन्दिर में चली आती और शिवलिंग पर आकर खड़ी हो जाती. उसके थनों से दूध की धाराएं फूटतीं और वह शिव का दुग्ध-अभिषेक कर लौट जाती. ग्वाला चिन्तित रहता कि गाय का दूध कौन पी जाता है. एक दिन छिपकर उसने यह चमत्कारिक दृश्य देखा. वह अचानक ही गाय के सामने आया तो गाय भागने लगी. बस वहीं उसके खुरों की चोट से शिवलिंग खंडित हो गया.

कहा जाता है कि इस मन्दिर का निर्माण आज से लगभग ४२५ वर्ष पूर्व डूंगरपुर के महारावल आसकरण ने किया. बाद के सामन्तों ने इसका जीर्णोद्धार भी कराया. यहां पर ब्रह्मा और विष्णु के मन्दिर भी हैं. विष्णु मन्दिर का निर्माण आदिवासियों के सुप्रसिद्ध सन्त 'मावजी' की पुत्रवधू जनक कुंवरी ने लगभग दो सौ वर्ष पूर्व कराया. यहां कल्कि की मूर्ति है. मन्दिर विभिन्न धर्म-संस्कृतियों की एकता का प्रतीक लगता है. मावजी की धार्मिक गद्दी साबला गांव में है. भील लोग मावजी को अत्यन्त श्रद्धा से देखते हैं.

मेले की छटा देखते बनती है. अरावली की उपत्यकाओं और घीहड़ों में रहने वाले भील तीन-तीन, चार-चार दिन पहले से ही मेला स्थल के लिए रवाना हो जाते हैं. गाते-बजाते फागुनी बयारों में झूमते मेला स्थल पर पहुंचते हैं. इस मेले में भील महिलाएं अनेक आकर्षक घूमरा, घूमर, गैर, वालर आदि नृत्य करती हैं.

गोदना गुदवाती भील रमणियां और पुरुष, वर-वधुओं की खोज में घूमते युवक - युवतियों की उन्मुक्त छीटाकशी देखते ही बनती है. अब तो मेले में सरकारी प्रदर्शनियां और दूसरे सैर-सपाटे करने वाले भी आने लग गये हैं. फिर भी लोकरंग में रंगी आदिम संस्कृति की झलक मेले के दौरान अब भी देखी जा सकती है.

28

दक्षिणी राजस्थान भीलों की आदिम संस्कृति का प्रमुख केन्द्र है। राज्य के बांसवाड़ा, उदयपुर तथा डूंगरपुर जिले आदिवासी बहुल जिले हैं। यहां बसने वाले भील, स्वभाव से शर्मीले, भोले किन्तु साहसी हैं। किसी जमाने में भील शासकों के नाम की दुन्दुभी बजा करती थी किन्तु कालान्तर में राजनीति की उथल–पुथल ने उन्हें सत्ता विहीन कर दिया।

मेवाड़ के राजपूत शासकों ने भीलों को अपने समकक्ष सम्मान दिया। पुराने मेवाड़ राज्य के राज चिह्न में एक राजपूत के साथ भील भी अंकित है। स्वातन्त्र्य युद्ध के महान् बलिदानी महाराणा प्रताप को भीलों ने जीवन भर सहयोग दिया।

कर्ज में डूबे और अंधविश्वासों से घिरे होने के बाद भी हंसने, गाने, नाचने और मुक्त विचरने के स्वभाव के कारण ही इस क्षेत्र में ऐसे–ऐसे मेले जुड़ते हैं कि आधुनिकता में लिप्त आदमी भी अनायास ही उस दृश्य को देखने के लिए लालायित हो उठता है।

फाल्गुन मास में होली से भीलों के जीवन में ऐसी रंग–बिरंगी छटा बिखर जाती है कि वे वन–वन, डूंगर–डूंगर, नाले–नाले और ग्राम्य–चौपालों पर नाचते, गाते और थिरकते दिखाई देते हैं। उमंग में रंगी भील युवतियां झुंड–झुंड चटक लाल रंग की घेरदार घाघरी, चुनड़ी वाली कांचली (कंचुकी) और लूंगड़ी (ओढ़नी) पहने हिरनियों की तरह किसी सुगन्ध की तलाश में बावरी बनी घूमती रहती हैं।

ऐसी ही भील–संस्कृति की छटा देखी जा सकती है बेणेश्वर के मेले में डूंगरपुर शहर से लगभग 60 किलोमीटर दूर माघ पूर्णिमा की चांदी बिखेरती चांदनी में माही तथा सोम नदी के संगम पर 'बेणेश्वर' में यह मेला जुड़ता है। वस्तुतः यह मेला नहीं, भीलों का कुम्भ–पर्व है।

बेणेश्वर का यह धाम उदयपुर–बांसवाड़ा मार्ग पर साबला ग्राम से छह किलोमीटर दूर है। सरिताओं की सर्पाकार धाराओं से घिरा, वेण–वृक्षों से अच्छादित, प्रकृति के इस सुरम्य स्थल पर महादेव का एक प्राचीन मन्दिर है। मन्दिर का शिवलिंग पांच जगह से खंडित है। एक जनश्रुति के अनुसार गाय के खुरों से शिवलिंग खंडित हो गया। यह गाय प्रतिदिन मन्दिर में चली आती थी और शिवलिंग पर आकर खड़ी हो जाती। उसके थनों से दूध की धाराएं फूटतीं और वह शिव का दुग्ध–अभिषेक कर लौट जाती। ग्वाला चिन्तित रहता कि गाय का दूध कौन पी जाता है। एक दिन छिपकर उसने यह चमत्कारिक दृश्य देखा। वह अचानक ही गाय के सामने आया तो गाय भागने लगी। बस वहीं उसके खुरों की चोट से शिवलिंग खंडित हो गया।

कहा जाता है कि इस मन्दिर का निर्माण आज से लगभग 425 वर्ष पूर्व डूंगरपुर के महारावल आसकरण ने किया। बाद में सामन्तों ने इसका जीर्णोद्धार भी कराया। यहां पर ब्रह्मा और विष्णु के मन्दिर भी हैं। विष्णु मन्दिर का निर्माण आदिवासियों के सुप्रसिद्ध सन्त 'मावजी' की पुत्रवधु जनक कुंवरी ने लगभग दौ सौ वर्ष पूर्व कराया। यहां कल्कि की मूर्ति है। मन्दिर विभिन्न धर्म–संस्कृतियों की एकता का प्रतीक लगता है। मावजी की धार्मिक गद्दी साबला गांव में है। भील लोग मावजी को अत्यन्त श्रद्धा से देखते हैं।

मेले की छटा देखते बनती है। अरावली की उपत्यकाओं और बीहड़ों में रहने वाले भील तीन–तीन, चार–चार दिन पहले से ही मेला स्थल के लिए

रवाना हो जाते हैं। गाते–बजाते फागुनी बयारों में झूमते मेला स्थल पर पहुंचते हैं। इस मेले में भील महिलाएं अनेक आकर्षक घूमरा, घूमर, गैर, वालर आदि लोक–नृत्य करती हैं।

गोदना गुदवाती भील रमणियां और पुरुष, वर–वधुओं की खोज में घूमते युवक–युवतियों की उन्मुक्त छींटाकशी देखते ही बनती है। अब तो मेले में सरकारी प्रदर्शनियाँ और दूसरे सैर–सपाटे करने वाले भी आने लग गए हैं। फिर भी लोकरंग में रंगी आदिम संस्कृति की झलक मेले के दौरान अब भी देखी जा सकती है।

'मैं जान आफ आर्क बनूंगी !'

यह १९३३-३४ की बात है । 'पीपुल्स ओन स्कूल' के छात्र-छात्राओं में हड़कम्प मचा हुआ था । छात्र-संसद के चुनाव होने वाले थे । इक्के-दुक्के विद्यार्थी को छोड़कर अधिकांश का मत था कि उस दुबली-पतली लड़की को प्रधानमंत्री चुना जाए, जो न केवल खेलों और सांस्कृतिक कार्यक्रमों बढ़चढ़ कर भाग लेती है बल्कि तेज तर्रार तकरीरें भी कर सकती है तथा स्वभाव से मिलनसार भी है ।

. . . और छुटपुट विरोध के बावजूद वह लड़की छात्र-संसद की प्रधानमंत्री चुन ली गई । उसका चुनाव सर्वानुमति से हुआ । शिक्षिका श्रीमती कुंवर बाई ने अपनी शिष्या की सफलता पर टिप्पणी करते हुए कहा कि यह लड़की एक दिन देश का नाम रोशन करेगी ।

सचमुच वही हुआ । वह लड़की प्रियदर्शिनी इंदिरा गांधी ही थीं । जिस प्रकार के वातावरण में इन्दिरा जी का जन्म हुआ, वह भारतीय इतिहास का संक्रमण काल था । पिता पं. जवाहर लाल नेहरू राजनीति में प्रवेश कर चुके थे और दादा मोतीलाल प्रतिष्ठित नेता के रूप में जाने जाते थे । जिस घर में वे पैदा हुईं, वह घर 'आनंद भवन', स्वाधीनता प्रेमी भारतीयों के दिलों में अपनी जगह बनाता जा रहा था ।

बाल्यकाल में उन्हें पिता का स्नेह तो खूब मिला, किन्तु अधिक संपर्क नहीं मिल पाया । बचपन में ही अत्याचार के विरुद्ध उनका मन घृणा से भर आया था । जब वे मात्र चार वर्ष की थीं उन्होंने अंग्रेजों का विरोध करके उस चिनगारी को झलक दी, जो उनके मन में दबी हुई थी । जुर्माना वसूल करने के लिए कुछ ब्रिटिश सैनिक आनंद भवन में आए और घरेलू सामान ले जाने लगे । चार वर्ष की इन्दु ने कहा—'आप यह सामान नहीं ले जा सकते । यह हमारे दादू, पापू और मम्मू का सामान है ।'

पिता को जब भी समय मिलता, वे बेटी को पत्रों द्वारा मार्गदर्शन करते और साथ ले जाते । इसका परिणाम यह हुआ कि इन्दिरा का स्वभावगत संकोच टूटता गया । और देश के प्रति प्रेम और जिम्मेदारी का भाव जड़ जमाता गया ।

एक बार की बात है, इन्दु से उसकी शिक्षिका ने पूछा—तुम बड़ी होकर क्या बनोगी ? इन्दु ने जान आफ आर्क बनूंगी । शिक्षिका को यह उम्मीद थी कि शायद यह लड़की कहेगी कि मैं डाक्टर, नर्स, वकील या शिक्षक बनूंगी । हतप्रभ रह गई । वस्तुतः संस्कारों का जो बीज इंदिरा के विचारों में बोया गया था, उसकी तस्वीर ही कुछ ऐसी थी ।

यह इन्दिरा जी का सौभाग्य ही था कि उन्हें मात्र सात वर्ष की आयु में ही राष्ट्रपिता बापू का आशीर्वाद मिला । उनके संपर्क और

उनकी दीक्षा ने इंदिरा गांधी को कभी अपने संकल्प से विचलित नहीं होने दिया ।

जब १२ वर्ष की इन्दु को कांग्रेस का सदस्य नहीं बनाया गया तो उसके आक्रोश ने एक करवट बदली । परिणाम 'वानर सेना' के गठन के रूप में सामने आया । यह एक ऐसी घटना थी जिसने पिता और दादा को ही नहीं, उस युग के नेताओं को यह सोचने के लिए विवश कर दिया कि इस लड़की में अद्भुत चमक और शक्ति है । अपने सामर्थ्य का परिचय उसने उस जुलूस के रूप में दिया जिसमें हजारों किशोरों ने भाग लिया था । यह बालिका इन्दु की शक्ति का ऐसा परिचय था, जिसे इतिहास के पन्ने गौरव के रूप में अपने में समेटे हुए हैं ।

इन्दिरा गांधी की शिक्षा इलाहाबाद, पूना, बम्बई, जेनेवा, शांतिनिकेतन और लंदन में हुई । किशोरावस्था में ही उन्हें विदेश यात्राओं का अवसर मिला । इस प्रकार वे अनुभवों से जुड़ती गईं और आगे बढ़ती रहीं पं. नेहरू इस काल में जेल और विदेश यात्राओं के चक्रव्यूह में उलझे रहे, किन्तु इस दौर में उन्होंने अपनी बेटी को जो पत्र लिखे वे विश्व इतिहास के अविस्मरणीय दस्तावेज बन गए ।

यही सही बात है कि राजनीति के प्रभाव ने परिवार को कभी तपने नहीं दिया । दूसरी ओर मां कमला नेहरू की बीमारी भी इन्दिरा जी की शिक्षा में बाधक बनी । उन्हें रवीन्द्रनाथ टैगोर जैसा युगपुरुष गुरु मिला, किन्तु जब मात्र १९ वर्ष की थीं, मां का देहांत हो गया था । इस प्रकार की परिस्थितियों ने इन्दिरा जी को विपत्तियां सहने और उनसे जूझने का आदी बना दिया । इस उम्र में सामान्यतः लड़कियां रंगीन सपनों में खोयी रहती हैं, किन्तु इन्दिरा गांधी के मन में देश के भविष्य का सपना अपनी जगह ले चुका था । इसी सपने का परिणाम था कि भारत को वे कठिन परिस्थितियों और संकटों से उबार पायीं ।

यह स्वाभाविक ही था कि अन्य विषयों के साथ-साथ राजनीतिक विषय इन्दिरा गांधी को बाल्यकाल में भी प्रिय थे । उनकी शिक्षिका कुंवर बाई का कहना था कि इन्दु को राजनीति से संबंधित निबंध लिखने में अधिक आनंद आता था । दिसंबर १९३१ में उन्हें एक ऐतिहासिक जिम्मेदारी सौंपी गई । महात्मा गांधी दूसरे गोलमेज सम्मेलन में भाग लेकर स्वदेश लौटे । बेटी इन्दु, बापू का स्वागत करने के लिए अपने पिता की प्रतिनिधि बनकर गईं । तब उनकी उम्र थी मात्र १४ वर्ष ।

यों शांति निकेतन में उन्होंने ७ जुलाई १९३४ को प्रवेश लिया था । उन्हें छात्रावास में जो कमरा रहने के लिए दिया गया उसमें तीन और छात्राएं थीं । लेकिन इन्दिरा जी ने कोई आपत्ति नहीं की । वे वहां के वातावरण में रम गई थीं । गुरुदेव भी पुत्री इन्दिरा से खुश थे । उन्होंने उनकी सुन्दरता और देह का गठन देखकर नृत्य सीखने का परामर्श दिया । इन्दिरा जी ने मणिपुरी नृत्य सीखा । वे इतनी कुशलता से नृत्य करने लगीं कि गुरुदेव ने शांति निकेतन की 'नृत्य-मंडली' का सदस्य बना लिया । यदि अप्रैल १९३५ में वे अपनी मां की बीमारी के कारण शांति निकेतन नहीं छोड़तीं, तो नृत्य मंडली के साथ उन्हें देश भ्रमण का अवसर मिलता और तब वे एक कुशल नृत्यांगना के रूप में भी पहचानी जातीं । कला के इसी संस्कार ने उन्हें सृजनशील, धैर्यवान और सलीके वाली नारी बनाया ।

इन्दिरा जी के बारे में उनकी बुआ स्व. कृष्णा हठी सिंह का यह कथन सटीक है : एक लड़की के रूप में उसके बारे में जो सोचा और आशाएं की थीं, मुझे तो वह ठीक वैसी ही लगती है । भारत की जनता ने हमारे परिवार को प्यार दिया और वह इन्दिरा को भी खूब प्यार करती है ।

—व्रजेन्द्र

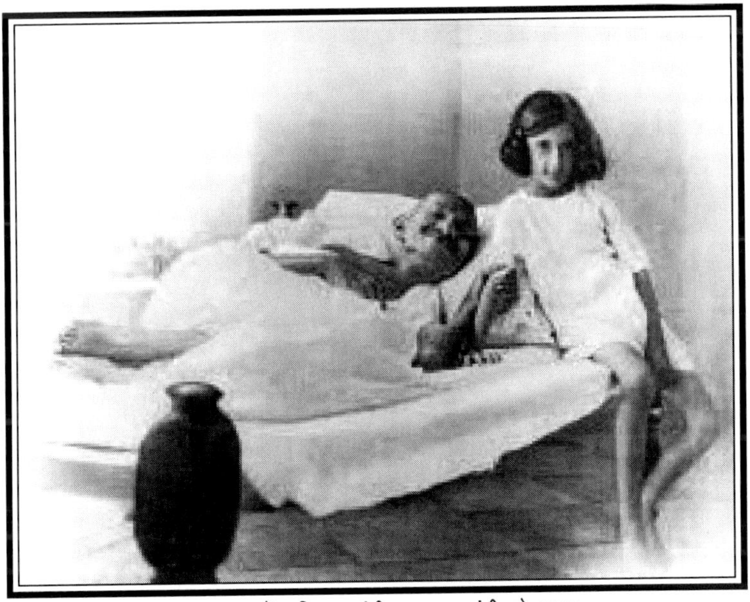

बाल्यकाल में इन्दिरा गांधी महात्मा गांधी के साथ

'मैं जान आफ आर्क बनूंगी!'

(19 नवम्बर, 1984)

29

यह 1933–34 की बात है। 'प्यूपिल्स ऑन स्कूल' के छात्र–छात्राओं में हड़कम्प मचा हुआ था। छात्र–संसद के चुनाव होने वाले थे। इक्के–दुक्के विद्यार्थियों को छोड़कर अधिकांश का मत था कि उस दुबली–पतली लड़की को प्रधानमंत्री चुना जाए, जो न केवल खेलों और सांस्कृतिक कार्यक्रमों में बढ़–चढ़ कर भाग लेती है बल्कि तेजतर्रार तकरीरें कर सकती है तथा स्वभाव से निडर भी है।

....और छिटपुट विरोध के बावजूद वह लड़की छात्र–संसद की प्रधानमंत्री चुन ली गई। उसका चुनाव सर्वसम्मति से हुआ। शिक्षिका श्रीमती कुंवर बाई ने अपनी शिष्या की सफलता पर टिप्पणी करते हुए कहा कि यह लड़की एक दिन देश का नाम रोशन करेगी।

सचमुच वही हुआ। वह लड़की प्रियदर्शिनी इंदिरा गांधी ही थीं। जिस प्रकार के वातावरण में इन्दिरा जी का जन्म हुआ, वह भारतीय इतिहास का संक्रमण काल था। पिता पं. जवाहरलाल नेहरू राजनीति में प्रवेश कर चुके थे और दादा मोतीलाल नेहरू प्रतिष्ठित नेता के रूप में जाने जाते थे। जिस

स्वराज भवन, इलाहाबाद का वह कक्ष जहाँ इन्दिरा गांधी का जन्म हुआ था।

घर वे पैदा हुईं, वह घर 'आनंद भवन', स्वाधीनता प्रेमी भारतीयों के दिलों में अपनी जगह बनाता जा रहा था।

बाल्यकाल में उन्हें पिता का स्नेह तो खूब मिला, किन्तु अधिक संपर्क नहीं मिल पाया। बचपन में ही अत्याचार के विरुद्ध उनका मन घृणा से भर आया था। जब वे मात्र चार वर्ष की थीं, उन्होंने अंग्रेजों का विरोध करके उस चिनगारी की झलक दी, जो उनके मन में दबी हुई थी। जुर्माना वसूल करने के लिए कुछ ब्रिटिश सैनिक आनंद भवन में आए और घरेलू सामान ले जाने लगे। चार वर्ष की इन्दु ने कहा– 'आप यह सामान नहीं ले जा सकते। यह हमारे दादू, पापू और मम्मू का सामान है।'

पिता को जब भी समय मिलता, वे बेटी को पत्रों द्वारा मार्गदर्शन करते और साथ ले जाते। इसका परिणाम यह हुआ कि इन्दिरा का स्वभावगत संकोच टूटता गया और देश के प्रति प्रेम और जिम्मेदारी का भाव जड़ जमाता गया।

एक बार की बात है, इन्दु से उसकी शिक्षिका ने पूछा– तुम बड़ी होकर क्या बनोगी? इन्दु ने कहा 'जॉन आफ आर्क' बनूंगी। शिक्षिका को यह उम्मीद थी कि शायद यह लड़की कहेगी कि मैं डॉक्टर, नर्स, वकील या शिक्षिका बनूंगी। वह हतप्रभ रह गईं। वस्तुतः संस्कारों का जो बीज इन्दिरा के विचारों में बोया गया था, उसकी तस्वीर ही कुछ ऐसी थी।

यह इन्दिरा जी का सौभाग्य ही था कि उन्हें मात्र सात वर्ष की आयु में ही राष्ट्रपिता बापू का आशीर्वाद मिला। उनके संपर्क और उनकी दीक्षा ने इंदिरा गांधी को कभी अपने संकल्प से विचलित नहीं होने दिया।

जब 12 वर्ष की इन्दु को कांग्रेस का सदस्य नहीं बनाया गया तो उसमें आक्रोश ने एक करवट बदली। परिणाम 'वानर सेना' के गठन के रूप में सामने आया। यह एक ऐसी घटना थी जिसने पिता और दादा को ही नहीं, उस युग के नेताओं को यह सोचने के लिए विवश कर दिया कि इस लड़की में अद्भुत चमक और शक्ति है।

अपने सामर्थ्य का परिचय उसने उस जुलूस के रूप में दिया जिसमें हजारों किशोरों ने भाग लिया था। यह बालिका इन्दु की शक्ति का ऐसा परिचय था, जिसे इतिहास के पन्ने गौरव के रूप में अपने में समेटे हुए हैं।

विन्यास

इन्दिरा गांधी की शिक्षा इलाहाबाद, पूना, बम्बई, जिनेवा, शांति निकेतन और लंदन में हुई। किशोरावस्था में ही उन्हें विदेश यात्राओं का अवसर मिला। इस प्रकार वे अनुभवों से जुड़ती गईं और आगे बढ़ती रहीं। पं. नेहरू इस काल में जेल और विदेश यात्राओं के चक्रव्यूह में उलझे रहे, किन्तु इस दौर में उन्होंने अपनी बेटी को जो पत्र लिखे वे विश्व इतिहास के अविस्मरणीय दस्तावेज बन गए।

यह सही बात है कि राजनीति के प्रभाव ने परिवार को कभी जमने नहीं दिया। दूसरी ओर मां कमला नेहरू की बीमारी भी इन्दिरा जी की शिक्षा में बाधक बनी। उन्हें रवीन्द्रनाथ टैगोर जैसा युगपुरुष गुरू मिला, किन्तु वे मात्र दो वर्ष ही शांति निकेतन में रह पाईं। 1936 में जब इन्दिरा जी मात्र 19 वर्ष की थीं, मां का देहांत हो गया था। इस प्रकार की परिस्थितियों ने इन्दिरा जी को विपत्तियां सहने और उनसे जूझने का आदी बना दिया। इस उम्र में सामान्यतः लड़कियां रंगबिरंगे सपनों में खोई रहती हैं, किन्तु इन्दिरा गांधी के मन में देश के भविष्य का सपना अपनी जगह ले चुका था। उसी सपने का परिणाम था कि भारत को वे कठिन परिस्थितियों और संकटों से उबार पाईं।

यह स्वाभाविक ही था कि अन्य विषयों के साथ–साथ राजनीतिक विषय इंदिरा गांधी को बाल्यकाल में भी प्रिय थे। उनकी शिक्षिका कुंवर बाई का कहना था कि इन्दु को राजनीति से संबंधित निबंध लिखने में अधिक आनंद आता था।

दिसंबर 1931 में उन्हें एक ऐतिहासिक जिम्मेदारी सौंपी गई। महात्मा गांधी दूसरे गोलमेज सम्मेलन में भाग लेकर स्वदेश लौटे। बेटी इन्दु, बापू का स्वागत करने के लिए अपने पिता की प्रतिनिधि बनकर गईं। तब उनकी उम्र थी मात्र 14 वर्ष।

यूं शांति निकेतन में उन्हें 7 जुलाई 1934 को प्रवेश मिला था। उन्हें छात्रावास में जो कमरा रहने के लिए लिए दिया गया उसमें तीन छात्राएं थीं। लेकिन इन्दिरा जी ने कोई आपत्ति नहीं की। वे वहां के वातावरण में रम गई थीं। गुरूदेव भी युवती इन्दिरा से खुश थे। उन्होंने उनकी सुन्दरता और देह का गठन देखकर नृत्य सीखने का परामर्श दिया। इन्दिरा जी ने मणिपुरी नृत्य सीखा। वे इतनी कुशलता से नृत्य करने लगीं कि गुरूदेव ने शांति निकेतन की 'नृत्य मंडली' का सदस्य बना लिया। यदि अप्रैल 1935 में वे अपनी मां

की बीमारी को कारण शांति निकेतन नहीं छोड़ती, तो नृत्य मंडली के साथ उन्हें देश भ्रमण का अवसर मिलता और तब वे एक कुशल नृत्यांगना के रूप में भी पहचानी जातीं। कला के इसी संस्कार ने उन्हें सृजनशील, धैर्यवान और सलीके वाली नारी बनाया।

इन्दिरा जी के बारे में उनकी बुआ स्व. कृष्णा हठी सिंह का यह कथन सटीक है: एक लड़की के रूप में उसके बारे में जो सोचा और आशाएं की थीं, मुझे तो वह ठीक वैसी ही लगती है। भारत की जनता ने हमारे परिवार को प्यार किया और इन्दिरा को भी खूब प्यार करती है।

▼ ▼ ▼

'मैं फिर कहता हूं चिड़िया'

(1 दिसम्बर, 1982)

'मैं फिर कहता हूं चिड़िया'

भरतपुर के पास ७ नवम्बर को केवलादेव घना पक्षी अभयारण्य में हुए गोलीकांड ने यह महत्वपूर्ण प्रश्न उकेर दिया है कि क्या राष्ट्रीय निर्णय लेते समय हम उसकी प्रतिक्रिया की ओर से आंखें मूंद लेते हैं ? क्या सरकार खुद अपना कानून तोड़ सकती है ?

राज्य सरकार ने २६ अगस्त १९८१ को इस अभयारण्य को राष्ट्रीय उद्यान घोषित किया। यह कदम 'वन्य जीवन (परिरक्षण) अधिनियम - (१९७२)' के अन्तर्गत उठाया गया। जनप्रतिनिधियों से विचार विमर्श और राज्य विधानसभा में चर्चा के बाद ही यह घोषणा हुई। राष्ट्रीय उद्यान बनाने से पहले इस इलाके में नियमानुसार पर्चे बंटवा कर और सार्वजनिक सूचनाएं दे कर लोगों से आपत्तियां आमंत्रित की गयी। दो मास तक किसी ने कोई आपत्ति नहीं की। वन्य जीवन (परिरक्षण) अधिनियम में कहा गया है कि राज्य सरकार इस अभयारण्य का विकास और संरक्षण करेगी तथा पर्यावरण को बनाये रखेगी। इसकी सीमा निर्धारित की जायगी तथा अभयारण्य को किसी प्रकार नुकसान नहीं पहुंचाया जा सकेगा।

अधिनियम में स्पष्ट लिखा है कि अभयारण्य में बाहर के पशुओं की चराई निषिद्ध है। यहां वे पशु ही चर सकते हैं, जो काम में लिए जाते हैं। इनके अलावा पशुओं का प्रवेश भी वर्जित है।

अधिनियम के अन्तर्गत जब घना को राष्ट्रीय उद्यान घोषित किया जाना तय किया गया तब पशुओं की चराई के बारे में भी कोई निर्णय किया होगा। लेकिन हालात बताते हैं कि ऐसा कोई निर्णय नहीं किया गया। यह सरकार और जनप्रतिनिधियों की अदूरदर्शिता और सतही समझ से अधिक कुछ नहीं। यह भी साफ है कि राष्ट्रीय उद्यान बनने के साथ ही पशु चराईयहां कानूनी तौर पर स्वतः ही बन्द हो जानी चाहिए।

कानून कब टूटा ?

राष्ट्रीय उद्यान घोषित होने के बाद से ही इस इलाके के १७ गांवों के पशुओं के सामने चराई का संकट पैदा हो गया। इस क्षेत्र में भैंसों की संख्या अधिक है और कई पशु पालकों ने बैंकों आदि से ऋण ले कर पशु खरीदे हैं तथा उन्हें कर्जे चुकाने हैं। राज्य सरकार के पशु चराई पर प्रतिबंध कोई ...

(राज्यमंत्री) गोविन्द सिंह गुर्जर ने इस वर्ष ६ मार्च को विधानसभा में भी स्वीकार किया। गुर्जर, भरतपुर जिले के ही मूल निवासी हैं। इस इलाके में गुर्जरों और जाटों की आबादी कुछ अधिक है तथा अधिसंख्य मतदाता मंत्रीजी के प्रभाव क्षेत्र में आते हैं।

विधानसभा में श्री गुर्जर ने कहा था, 'राष्ट्रीय उद्यान घोषित होने के पश्चात पशु चराई पर प्रतिबंध लगाने के प्रयास किये गये थे, परन्तु शान्ति एवं व्यवस्था की स्थिति गम्भीर हो जाने से अस्थायी तौर पर यथास्थिति बनाये रखने (यानी चराई जारी रखने) के आदेश दे दिये गये'। इसका तात्पर्य यह हुआ कि सरकार ने कानून पर अमल नहीं किया। एक ओर सरकारी मशीनरी कानून पालन कराने के लिए इक्का-दुक्का प्रयास करती रही तथा दूसरी ओर ऊपर के आदेश से चराई जारी रहने के कारण तनाव का वातावरण बना ही रहा।

पक्षी विहार में क्या है

२९ वर्ग किलोमीटर क्षेत्रफल वाला और २९०० हेक्टेयर में फैला

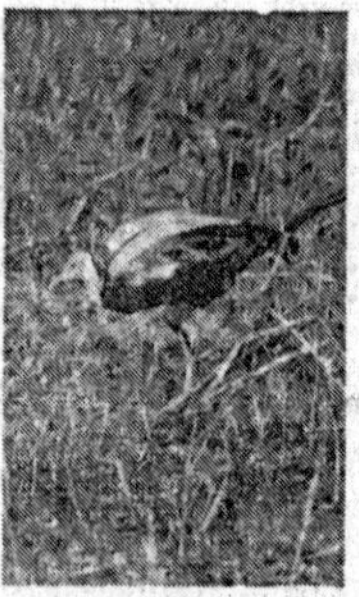

यह अभयारण्य विश्व के श्रेष्ठतम पक्षी-अभयारण्यों में एक है। इसमें १४ वर्ग किलोमीटर क्षेत्र में पानी भरा रहता है। यहां का पर्यावरण और वनस्पति पक्षियों के अनुकूल है। यहां आने वाले पक्षियों में से अब तक ३५२ पक्षी-जातियों की पहचान कर ली गयी है। इनमें १२० स्थानीय पक्षी हैं और २३२ विदेशी। विदेशी पक्षी, प्रति वर्ष अतिथि के रूप में आते और लौट जाते हैं। अभयारण्य में ५०० नील गाय, ८०० चीतल, एक सौ सांभर, ९० काले हिरन हैं।

अभयारण्य के चारों ओर केन्द्र सरकार की आर्थिक सहायता से २९ किलोमीटर की पक्की दीवार बनायी जा रही है। मात्र साढ़े तीन किलोमीटर दीवार बनाना बाकी है। अभयारण्य में प्रवेश के पांच द्वार हैं—अघापुर, सदर, टीनवाला, मलाह और जाटोली। ये द्वार प्रातः ६ बजे खोले जाते हैं ...

पक्षी पश्चिमी साइबेरिया और पूर्वी यूरोपिय देशों से आते हैं। इनमें शीतकाल में आने वाले अतिथि पक्षियों में साइबेरियाई सारस प्रमुख है। यह एक दुर्लभ पक्षी है जिसकी संख्या दुनिया में तीन सौ से अधिक नहीं है। यह पक्षी नवम्बर में आता है और मार्च के प्रथम सप्ताह में तक लौट जाता है। इसी प्रकार कोई एक हजार सारस भी यहां आते हैं और अंडे देते हैं।

ये पक्षी यहां पहुंच कर जमीन, पानी और वृक्षों पर अंडे देते हैं। मादा सारस पानी के बीच घास का एक छोटा-सा टापू बना कर उसमें अंडा देती है। यहां पक्षियों की कारीगरी के दुर्लभ नमूने देख कर कोई भी चकित और स्तम्भित रह सकता है। जैसे सफेद, हल्के पीले और भूरे रंग का रंगबिरंगा 'जकाना' पक्षी झील या गड्ढों के पानी में तैरते हुए पत्ते पर ही अंडा देता है। मादा अंडा देकर चली जाती है और नर उसे सेता है। पानी के घटने-बढ़ने के साथ पत्ता ऊपर-नीचे होता है किन्तु अंडा लुढ़क कर गिरता नहीं है। कारण, उसका ताना-बाना, बुनावट ही कुछ ऐसी है। कत्थई रंग का बांस चिड़ कोई चार सौ की संख्या में आता है और यहां आकर अंडे देता है। कई पक्षियों का आहार छोटी-बड़ी मछलियां होती हैं। कई पक्षी कुमुदिनी के डंठल और जल वनस्पति ही खाते हैं।

चराई से हानि

पशुओं की चराई के कारण विगत एक वर्ष के दौरान अभयारण्य को कुछ गम्भीर क्षति भी उठानी पड़ी है। सबसे पहला नुकसान तो उन पक्षियों को होता है जो पेड़ों पर अंडे देते हैं। चराई के बाद जब भैंसें पेड़ों से अपना बदन रगड़ती हैं तब अंडे और घोंसले जमीन पर आ जाते हैं। फिर भैंस के झुण्ड के झुण्ड वनस्पतियों को रौंदते हुए यत्र-तत्र घूमते रहते हैं। कई बार वे हरी घास के साथ अंडे भी चट कर जाती हैं। इससे उन पक्षियों को खतरा होता है जो जमीन पर या हरी घास की ढेरी बना कर अंडे देते हैं।

इस वर्ष चराई से सबसे बड़ा नुकसान सारस के प्रजनन को पहुंचा है। ये बहुत कम संख्या में ही अंडे दे पाये क्योंकि या तो भैंसों ने उन्हें रौंद दिया या घास का ढेर वे चर गयीं। इसी प्रकार 'जसाना' पक्षी के अंडों को भी नुकसान पहुंचा।

गर्मियों में पानी सूखने या कम हो जाने के बाद भैंसें उसमें तैरने-बैठने लगती हैं। परिणामस्वरूप मछलियां कीचड़ में मर जाती हैं। भैंसों के पानी में तैरने के कारण चमचा, बगुला आदि भी बेचैन हो जाते हैं। साइबेरियाई और अन्य सारसों को कुमुदिनी के डंठल बहुत प्रिय हैं। लेकिन उन्हें भी भैंसों ने कई जगह बुरी तरह रौंद दिया। चराई से नये वृक्षों के नष्ट ...

30

भरतपुर के पास 7 नवम्बर को केवलादेव घना पक्षी अभयारण्य में हुए गोलीकांड ने यह महत्वपूर्ण प्रश्न उकेर दिया है क्या राष्ट्रीय निर्णय लेते समय हम उसकी प्रतिक्रिया की ओर से आंखें मूंद लेते हैं? क्या सरकार खुद अपना कानून तोड़ सकती है?

राज्य सरकार ने 26 अगस्त 1981 को इस अभयारण्य को राष्ट्रीय उद्यान घोषित किया। यह कदम 'वन्य जीवन (परिरक्षण) अधिनियम (1972) के अन्तर्गत उठाया गया। जनप्रतिनिधियों से विचार विमर्श और राज्य विधानसभा में चर्चा के बाद ही यह घोषणा हुई। राष्ट्रीय उद्यान बनाने से पहले इस इलाके में नियमानुसार पर्चे बंटवा कर और सार्वजनिक सूचनाएं दे कर लोगों से आपत्तियां आमंत्रित की गई। दो मास तक किसी ने कोई आपत्ति नहीं की। वन्य जीवन (परिरक्षण) अधिनियम में कहा गया है कि राज्य सरकार इस अभयारण्य का विकास और संरक्षण करेगी तथा पर्यावरण को बनाए रखेगी। इसकी सीमा निर्धारित की जाएगी तथा अभयारण्य को किसी प्रकार नुकसान नहीं पहुंचाया जा सकेगा।

अधिनियम में स्पष्ट लिखा है कि अभयारण में बाहर के पशुओं की चराई निषिद्ध है। यहां वे पशु ही चर सकते हैं, जो काम में लिए जाते हैं। इनके अलावा पशुओं का प्रवेश भी वर्जित है।

अधिनियम के अन्तर्गत जब घना को राष्ट्रीय उद्यान घोषित किया जाना तय किया गया तब पशुओं की चराई के बारे में भी कोई निर्णय किया होगा। लेकिन हालात बताते हैं कि ऐसा कोई निर्णय नहीं किया गया। यह सरकार और जनप्रतिनिधियों की अदूरदर्शिता और सतही समझ से अधिक कुछ नहीं है। यह भी साफ है कि राष्ट्रीय उद्यान बनने के साथ ही पशु चराई यहां कानूनी तौर पर स्वतः ही बन्द हो जानी चाहिए।

कानून कब टूटा?

राष्ट्रीय उद्यान घोषित होने के बाद से ही इस इलाके के 17 गांवों के पशुओं के सामने चराई का संकट पैदा हो गया। इस क्षेत्र में भैंसों की संख्या अधिक है और कई पशु पालकों ने बैंकों आदि से ऋण लेकर पशु खरीदे हैं तथा उन्हें कर्जे चुकाने हैं। राज्य सरकार ने पशु चराई पर यहां कोई रोक नहीं लगाई। इसलिए कि उसने चारागाह की कोई वैकल्पिक व्यवस्था नहीं की। इस बात को तत्कालीन वन राज्यमंत्री (अब गृह राज्यमंत्री) गोविन्द सिंह गूर्जर ने इस वर्ष 6 मार्च को विधानसभा में भी स्वीकार किया। गूर्जर, भरतपुर जिले के ही मूल निवासी हैं। इस इलाके में गूजरों और जाटों की आबादी कुछ अधिक है तथा अधिसंख्य मतदाता मंत्रीजी के प्रभाव क्षेत्र में आते हैं।

विधानसभा में श्री गूर्जर ने कहा था, 'राष्ट्रीय उद्यान घोषित होने के पश्चात् पशु चराई पर प्रतिबंध लगाने के प्रयास किये गए थे, परन्तु शान्ति एवं व्यवस्था की स्थिति गम्भीर हो जाने से अस्थायी तौर पर यथास्थिति बनाये रखने (यानी चराई जारी रखने) के आदेश दे दिए गए।' इसका तात्पर्य यह हुआ कि सरकान ने कानून पर अमल नहीं किया। एक ओर सरकारी मशीनरी कानून पालन कराने के लिए इक्का–दुक्का प्रयास करती रही तथा दूसरी ओर ऊपर के आदेश से चराई जारी रहने के कारण तनाव का वातावरण बना ही रहा है।

पक्षी विहार में क्या है?

29 वर्ग किलोमीटर क्षेत्रफल वाला और 2900 हैक्टेयर में फैला यह अभयारण्य विश्व के श्रेष्ठतम पक्षी–अभयारण्यों में एक है। इसमें 14 वर्ग

किलोमीटर क्षेत्र में पानी भरा रहता है। यहां का पर्यावरण और वनस्पति पक्षियों के अनुकूल है। यहां आने वाले पक्षियों में से अब तक 352 पक्षी–जातियों की पहचान कर ली गई हैं इनमें 120 स्थानीय पक्षी है और 232 विदेशी। विदेशी पक्षी, प्रति वर्ष अतिथि के रूप में आते और लौट जाते हैं। अभयारण्य में 500 नील गाय, 800 चीतल, एक सौ सांभर, 90 काले हिरन हैं।

अभयारण के चारों ओर केन्द्र सरकार की आर्थिक सहायता से 29 किलोमीटर की पक्की दीवार बनायी जा रही है। मात्र साढ़े तीन किलोमीटर दीवार बनाना बाकी है। अभयारण्य में प्रवेश के पांच द्वार हैं–अघापुर, सदर, टीनवाला, मलाह और जाटोली। ये द्वार प्रातः 6 बजे खोले जाते हैं।

इस अभयारण्य में विहार के लिए आने वाले अधिसंख्य अतिथि पक्षी पश्चिमी साइबेरिया और पूर्वी यूरोपीय देशों से आते हैं। इनमें शीतकाल में आने वाले अतिथि पक्षियों में साइबेरियाई सारस प्रमुख है। यह एक दुलर्भ पक्षी है जिसकी संख्या दुनिया में तीन सौ से अधिक नहीं है। यह पक्षी नवम्बर में आता है और मार्च के प्रथम सप्ताह तक लौट जाता है। इसी प्रकार कोई एक हजार सारस भी यहां आते हैं और अंडे देते हैं।

ये पक्षी यहां पहुंच कर जमीन, पानी और वृक्षों पर अंडे देते हैं। मादा सारस पानी के बीच घास का एक छोटा–सा टापू बना कर उसमें अंडा देती है। यहां पक्षियों की कारीगरी के दुर्लभ नमूने देखकर कोई भी चकित और स्तंभित रह सकता है। जैसे सफेद, हल्के पीले और भूरे रंगा रंगबिरंगा 'जकाना' पक्षी झील या गड्‌ढों के पानी में तैरेते हुए पत्ते पर ही अंडा देता है। मादा अंडा देकर चली जाती है और नर उसे सेता है। पानी के घटने–बढ़ने के साथ पत्ता ऊपर–नीचे होता है किन्तु अंडा लुढ़क कर गिरता नहीं है। कारण, उसका ताना–बाना, बनावट ही कुछ ऐसी है। कत्थई रंग का बांस विंउ कोई चार सौ की संख्या में आता है और यहां आकर अंडे देता है। कई पक्षियों का आहार छोटी–बड़ी मछलियां होती हैं। कई पक्षी कुमुदिनी के डंठल और जल वनस्पति ही खाते हैं।

चराई से हानि

पशुओं की चराई के कारण विगत एक वर्ष के दौरान अभयारण्य को कुछ गम्भीर क्षति भी उठानी पड़ी है। सबसे पहला नुकसान तो उन पक्षियों को होता है जो पेड़ों पर अंडे देते हैं। चराई के बाद जब भैंसे पेड़ों से अपना बदन

रगड़ती हैं तब अंडे और घोंसले जमीन पर आ जाते हैं। फिर भैंस के झुण्ड के झुण्ड वनस्पतियों को रौंदते हुए यत्र–तत्र घूमते रहते हैं। कई बार वे हरी घास के साथ अंडे भी चट कर जाती हैं। इसमें उन पक्षियों को खतरा होता है जो जमीन पर या हरी घास की ढेरी बना कर अंडे देते हैं।

इस वर्ष चराई से सबसे बड़ा नुकसान सारस के प्रजनन को पहुंचा है। ये बहुत कम संख्या में ही अंडे दे पाए क्योंकि या तो भैंसों ने उन्हें रौंद दिया या घास का ढेर वे चर गयीं। इसी प्रकार 'जसाना' पक्षी के अंडों को भी नुकसान पहुंचा है।

गर्मियों में पानी सूखने या कम हो जाने के बाद भैंसें उसमें तैरने बैठने लगती हैं। परिणामस्वरूप मछलियां कीचड़ में मर जाती हैं। भैंसों के पानी में तैरने के कारण चमचा, बगुला आदि भी बेचैन हो जाते हैं। साइबेरियाई और अन्य सारसों को कुमुदिनी के डंठल बहुत प्रिय हैं। लेकिन उन्हें भी भैंसों ने कई जगह कुचल दिया। चराई से नये वृक्षों के नष्ट हो जाने का भी गम्भीर खतरा रहता है। जब वनस्पतियां कुचल दी जाएंगी तो नए पेड़ कैसे उगेंगे?

ये वनसुंदरियां

(दिसम्बर 1979)

31

सन् 1971

शरद् समारोह का अन्तिम दिन।

माउन्ट आबू का पोलो मैदान।

पांच हजार दर्शकों के लिए बनाए गए पांडाल में सात हजार से भी अधिक दर्शक।

रात की सितारों जड़ी चादर ने आबू पर्वत के वन सौन्दर्य को और अधिक आकर्षक बना दिया है।

दिल थामे बैठे हैं आबूवासी और पर्यटक।

मंच से पर्दा उठता है।

टकटकी बंध गई है दर्शकों की।

मंच के बाएं द्वार से हंसली, तिमगिया, मोगरी, पूंजी, बैगड़ी, बाजूबंद,

अरावली सुंदरी प्रतियोगिता में भाग लेने वाली एक प्रतिभागी

कणकती, कड़ला, टणका, नवरी, आंवला, गजरा जैसे आभूषणों से सजी–धजी ओढ़नी, धाघरी और पोलका पहने प्रवेश कर रही हैं वन सुंदरियां। एक–एक कर मंच पर आती हैं। दर्शकों का अभिवादन करती हैं और दूसरी ओर लौट जाती हैं।

पर्यटकों और अनेक आबू वासियों के लिए पहला मौका था, इस प्रकार सजी–धजी वन–सुंदरियों की झलक देखने का।

तालियों की गड़गड़ाहट के बीच राजस्थान के तत्कालीन राज्यपाल सरदार हुकमसिंह ने 18 वर्षीय कुमारी सीता के सिर पर मुकुट बांध कर सन् 1971 की 'अरावली सुन्दरी' का खिताब प्रदान किया।

दूसरा स्थान मिला 23 वर्षीय श्रीमती बीती को और तीसरी कुमारी रमा राठौड़ को। राज्यपाल ने सुन्दरियों को बधाई और उपहार दिए। यौवन के मद में मस्त कुमारी सीता की आंखें ही नहीं खुल रही थीं। पुरस्कार प्राप्त करते हुए वह भाव विभोर हो गई थी। ये दोनों आदिवासी युवतियां आबू पर्वत से लगभग 27 किलोमीटर दूर उपलागढ़ के जंगलों में रहने वाली थीं।

फिर आया सन् 1972।

29 अक्टूबर की मधुगंधी बयार वाली वह शाम। मंच से एक–एक कर गुजर गईं 16 वन कन्याएं। प्रकृति की गोद में रूप और यौवन से समृद्ध किन्तु गरीबी की बेड़ियों से जकड़ी हुईं इन सुन्दरियों ने कभी पत्थर की पाटी (स्लेट) पर बरतन (चॉक) नहीं चलाया। फार्म पर हस्ताक्षर करने के लिए जब किसी ने कलम पकड़ानी चाही तो अंगूठा लगा दिया।

'अरावली सुन्दरी' 1971 का खिताब जीतने वाली कुमारी सीता (बीच में) द्वितीय स्थान पर रहीं श्रीमती बीती (दाएं) तथा तीसरा पुरस्कार जीतने वाली कुमारी रमा राठौड़ (बाएं)

पांच फुट तीन इंच लम्बी, अक्षरों की दुनिया से अनभिज्ञ 19 वर्षीय कुमारी दीपी के सिर पर इस वर्ष का ताज पहनाये जाने की घोषणा हुई। तालियों की गड़गड़ाहट से पाण्डाल गूंज गया। अब से कुमारी दीपी सामान्य वन कन्या नहीं रह गई। उसके सिर पर दमक रहा था 'अरावली सुन्दरी' का रजत मुकुट। किसान कन्या दीपी सिरोही जिले के एक छोटे से गांव नीम तालेटी की निवासी। पता नहीं अब कहां, किन बीहड़ों, किन लताओं से अच्छादित वन बोथिकाओं के बीच विचरण कर रही होगी वह। इस वर्ष का दूसरा पुरस्कार मिला कुमारी लक्ष्मी को और तीसरा कुमारी मुलकी को।

इसके बाद ये प्रतियोगिताएं 73, 74, 75 में भारी वर्षा और सूखे के कारण आयोजित नहीं की जा सकीं। सन् 76 में पुनः 'मिस अरावली' प्रतियोगिता का आयोजन किया गया और उसमें कुमारी कंकू चापा गरासिया 'मिस अरावली' चुनी गईं। दूसरा स्थान रहा कुमारी सीता भील का। इस प्रतियोगिता में 24 वन सुन्दरियों ने भाग लिया।

राजस्थान उच्च न्यायालय के तत्कालीन मुख्य न्यायाधीश श्री जी.बी. कुदाल सुन्दरियों को खिताब प्रदान करते हुए।

कुमारी चापा आबूपर्वत से 6 किलोमीटर दूर निचलागढ़ गांव की वन सुन्दरी है जबकि कुमारी सीता 50 किलोमीटर दूर कोराकुंज गांव से सौन्दर्य प्रतियोगिता में भाग लेने आई थी। इन दोनों वनवासी सुन्दरियों ने प्रतियोगिता में पहली ही बार भाग लिया था। राजस्थान उच्च न्यायालय के तत्कालीन

मुख्य न्यायाधीश श्री जी.बी. कुदाल ने उस वर्ष सुन्दरियों को खिताब प्रदान किए।

राजस्थान सरकार की ओर से तत्कालीन जिलाधीश ने 'अरावली सुन्दरी' को 10 बीघा खेती योग्य भूमि और एक वर्ष तक 101 रूपए मासिक पुरस्कार देने की घोषणा की। इसी प्रकार द्वितीय स्थान प्राप्त कुमारी सीता को 51 रुपए प्रतिमाह देने की घोषणा की गई।

फिर सन् 1977 और फिर 1978 सौन्दर्य प्रतियोगिता का वही क्रम। अब तक लगभग एक सौ वन सुन्दरियों ने भाग लिया है इन प्रतियोगिताओं में।

नवम्बर 1978 में 'अरावली सुन्दरी' प्रतियोगिता में 14 वर्षीय गरासिया कुमारी बांसुरी को 1978 का अरावली सुन्दरी का रूपहला ताज पहनाया गया और प्रदान किया गया, नकद 501 रूपए का पुरस्कार। द्वितीय रही कुमारी सांबुरी। 17 वर्षीय सांबुरी आबू पर्वत के तलहटी गांव की वन कन्या है जबकि कुमारी बांसुरी आबू रोड तहसील के पावा गांव की रहने वाली है।

▼ ▼ ▼

रंगीला त्यौहार – 'गणगौर'

(16 मार्च, 1980)

(१०) हिन्दुस्तान, रविवार, ता० १६ मार्च, सन् १९८० ई०

रंगीला त्यौहार गणगौर

वजेन्द्र रेही

शक्ति और भक्ति की भूमि राजस्थान लोक त्योहारों की भी रंगीली भूमि है। शौर्य और श्रद्धा की उदात्त भावनाओं ने यहां के निवासियों को मस्ती और उमंग के रंग में सराबोर कर रखा है। ऐसे ही लोक जीवन का रंगीला त्योहार है—गणगौर।

गणगौर कुमारियों तथा सुहागिनों का त्योहार है। फिर भी राज्य में अनेक स्थानों पर लगने वाले मेलों में स्त्रियां ही नहीं, पुरुष भी उत्साहपूर्वक भाग लेते हैं। कोटा, जयपुर, उदयपुर, बीकानेर, नाथद्वारा तथा महाराणा प्रताप के राजतिलक स्थल गोगुंदा में गणगौर के विशेष मेले जुड़ते हैं। कवियों ने इन मेलों का मनोहारी वर्णन किया है।

गणगौर का त्योहार चैत्र शुक्ला तृतीया को मनाया जाता है। होलिका दहन के बाद १६ दिन तक सुन्दर और समृद्ध भावी पति की आशा में कुमारियां गौरी पूजन करती हैं। वस्तुतः यह शिव व पार्वती की पूजा ही है।

होली के बाद उसकी राख तथा गोबर की छोटी-छोटी पिण्डियां बनाकर कन्याएं उसकी पूजा करती हैं। सुहागिनें लकड़ी की बनी ईसरजी (शिव) तथा गौरी (पार्वती) की मूर्तियों का शृंगार करने के बाद सामूहिक रूप से चार दिन तक पूजन करती हैं। कुमारियां प्रातः सहेलियों के साथ बाग में जाती हैं। वहां से दूब, फूल तथा छोटे-छोटे लोटों में पानी भर कर लाती हैं। सुन्दर पति पाने की इच्छा संजोये ये बालिकाएं ऐसे सरस गीत गाती हैं कि सुनने वाला ठिठक कर रह जाता है।

चैत्र शुक्ला तृतीया से षष्ठी तक गणगौर का उद्यापन किया जाता है। पूजन के बाद काष्ठ की मूर्तियों की सवारी निकाली जाती है और रमणीय जलाशय के किनारे जाकर 'गणगौर' को पानी पिलाकर त्योहार का समापन किया जाता है। गोबर और राख की पिण्डियां जलाशयों या नदी में विसर्जित कर दी जाती हैं।

नाथद्वारा का मेला

वल्लभ संप्रदाय के प्रधान तीर्थ तथा कला नगरी नाथद्वारा में गणगौर का चार दिन तक मेला जुड़ता है। इस दौरान पहले दिन चूंदड़ी, दूसरे दिन हरी, तीसरे दिन गुलाबी और चौथे दिन केसरिया गणगौर होती है। इन दिनों जैसी गणगौर होती है, वैसे ही वस्त्राभूषण पहने जाते हैं। पुरुष उसी रंग की पगड़ी बांधते हैं। गुलाबी गणगौर की छटा देखकर कौन ऐसा होगा, जो आल्हादित हुए बगैर नहीं रहेगा।

पहले तीन दिन के मेले बनास नदी के तट पर गणगौर बाग में लगते हैं। अपराह्न से ही चहल-पहल शुरू हो जाती है। झुण्ड-झुण्ड युवतियां, महिलाएं और अन्य नगरवासी मेला स्थल आते हैं। सायंकाल श्रीनाथजी के मंदिर से ईसरजी और गौरी की पालकी में शोभायात्रा निकाली जाती है और उन्हें गणगौर बाग में लाया जाता है। वहां बनी हुई एक छोटी छत्री के बीच इन्हें प्रतिष्ठापित किया जाता है। स्त्रियां घूमर नृत्य करती हैं।

केसरिया गणगौर का मेला मोती महल में जुड़ता है। गणगौर की यह शोभा यात्रा बीच के वर्षों में बंद हो गई थी लेकिन विगत २०-२२ वर्ष से यह क्रम जारी है।

32

शक्ति और भक्ति की भूमि राजस्थान लोक–त्यौहारों की भी रंगीली भूमि है। शौर्य और श्रद्धा की उदात्त भावनाओं ने यहां के निवासियों को मस्ती और उमंग के रंग में सराबोर कर रखा है। ऐसे ही लोक जीवन की रंगीला त्यौहार है–गणगौर।

गणगौर कुमारियों तथा सुहागिनों का त्यौहार है। फिर भी राज्य में अनेक स्थानों पर लगने वाले मेलों में स्त्रियां ही नहीं, पुरुष भी उत्साहपूर्वक भाग लेते हैं। कोटा, जयपुर, उदयपुर, बीकानेर, नाथद्वारा तथा महाराणा प्रताप के राजतिलक स्थल गोगुंदा में गणगौर के विशेष मेले जुड़ते हैं। कवियों ने इन मेलों का मनोहारी वर्णन किया है।

गणगौर का त्यौहार चैत्र शुक्ला तृतीया में मनाया जाता है। होलिका दहन के बाद 16 दिन तक सुन्दर और समृद्ध भावी पति की आशा में कुमारियां गौरी पूजन करती हैं। वस्तुतः यह शिव व पार्वती की पूजी ही है।

होली के बाद उसकी राख तथा गोबर की छोटी–छोटी पिन्डियां बनाकर कन्याएं उसकी पूजा करती हैं। सुहागिनें लकड़ी की बनी ईसरजी (शिव) तथा गौरी (पार्वती) की मूर्तियों का श्रृंगार करने के बाद सामूहिक रूप से चार दिन तक पूजन करती हैं। कुमारियां प्रातः सहेलियों के साथ बाग में जाती हैं। वहां से दूध, फूल तथा छोटे–छोटे लोटों में पानी भर कर लाती हैं। सुन्दर पति पाने की इच्छा संजोये ये बालिकाएं ऐसे सरस गीत गाती हैं कि सुनने वाला ठिठक कर रह जाता है।

चैत्र शुक्ला तृतीया से षष्ठी तक गणगौर का उद्यापन किया जाता है। पूजन के बाद काष्ठ की मूर्तियों की सवारी निकाली जाती है और रमणीय जलाशय के किनारे जाकर 'गणगौर' को पानी पिलाकर त्यौहार का समापन किया जाता है। गोबर और राख की पिन्डियां जलाशय या नदी में विसर्जित कर दी जाती हैं।

नाथद्वारा का मेला

वल्लभ संप्रदाय के प्रधान तीर्थ तथा कला नगरी नाथद्वारा में गणगौर का चार दिन तक मेला जुड़ता है। इस दौरान पहले दिन चुंदड़ी, दूसरे दिन हरी, तीसरे दिन गुलाबी और चौथे दिन काजलिया गणगौर होती हैं इन दिनों जैसी गणगौर होती है, वैसे ही वस्त्राभूषण पहने जाते हैं। पुरुष उसी रंग की पगड़ी बांधते हैं। गुलाबी गणगौर की छटा देखकर कौन ऐसा होगा, जो आह्लादित हुए बगैर नहीं रहेगा।

पहले तीन दिन के मेले बनास नदी के तट पर गणगौर बाग में लगते हैं। अपरान्ह से ही चहल–पहल शुरू हो जाती है। झुण्ड–झुण्ड युवतियां, महिलाएं और अन्य नगरवासी मेला स्थल जाते हैं। सायंकाल श्रीनाथजी के मंदिर से ईसरजी और गौरी की पालकी में शोभायात्रा निकाली जाती है और उन्हें गणगौर बाग ले जाया जाता है। वहां बनी हुई एक छोटी छत्री के बीच इन्हें प्रतिष्ठापित किया जाता है। स्त्रियां घूमर नृत्य करती हैं।

काजलिया गणगौर का मेला मोती महल में जुड़ता है। गणगौर की यह शोभा यात्रा बीच के वर्षों में बंद हो गई थी लेकिन विगत 20–22 वर्ष से यह क्रम जारी है।

रावण हत्था

(उपग्रह दूरदर्शन–1980)

33

विशाल रेगिस्तान, ऊँचे–ऊँचे, बीहड़ वन––प्रकृति ने राजस्थान की लोक–संस्कृति की रक्षा अपने आंचल में समेट कर की है। यही कारण है कि राजस्थान में लोक कलाओं, लोक संगीत और लोक नाट्यों को न केवल फलने–फूलने का मौका मिला बल्कि वे अपने मौलिक रूप में आज भी दिखाई देते हैं।

जब आदमी प्रकृति के साये में बैठता और बतियाता है तो उसे मंथर गति से बहती हवा, कलकल करता पानी, पत्तों की थिरकन और लहलहाते खेत देखकर भीतर ही भीतर गुदगुदी होती है। वह झूम उठता है। उसके होठ थिरकने लगते हैं और लोकवाद्यों पर स्वरों की छेड़–छाड़ शुरू हो जाती है।

मनोभावों की अभिव्यक्ति के प्रयास का माध्यम हैं लोक वाद्य और गीत। इसलिए अपनी सुविधा और कल्पना के बल पर आदमी ने अनेक लोक वाद्यों की रचना की। ये लोक वाद्य कई प्रकार के हैं–

यथा– फूंक वाद्य, ताल वाद्य, तार वाद्य आदि।

विन्यास

राजस्थान में लोक जीवन में अनेक प्रकार के तार वाद्य प्रचलित हैं। इनमें सारंगी, जंतर, खाज, तम्बूरा, रावणहत्था तथा इकतारा आदि हैं। आज हम इन तार वाद्यों में से केवल रावण हत्था की चर्चा कर रहे हैं।

रावणहत्था एक ऐसा लोक वाद्य है जो बड़े नारियल की कटोरी पर खाल मढ़कर तथा डेढ़ दो फुट लम्बा बांस जोड़ कर बनाया जाता है। इस बांस में ऊपर खूंटियां लगाई जाती हैं जिसमें सात–आठ तुरपें होती हैं। इसे घोड़े के बालों वाले धनुष जैसी गज पर घुंघरू बांध कर तथा अंगुलियों के बीच के हिस्से से बजाया जाता है। घुंघरू ताल का काम करते हैं। वादक इसे सीने से लगा लेता है और फिर गज फिराते हुए बजाता है।

यह लोक वाद्य मुख्य रूप से पाबूजी के भोपे और डूंगजी जुंवारजी के भोपे बजाते हैं। यों पाबूजी के भोपे इस वाद्य को अधिक सुरीला बजाते हैं।

पाबूजी और डूंगजी जुंवारजी राजस्थान के लोकदेवता हैं। लोक जीवन में वीरों और चमत्कारिक पुरुषों की गौरव गाथा को गाने की परम्परा रही है। पाबूजी भी राजस्थान में रेगिस्तान के आदर्श पुरुष हुए हैं। उनका जन्म सन् 1257 के आसपास मारवाड़ के कोलू नामक गांव में हुआ था। कहते हैं उन्होंने देवल नाम की चारणी से एक घोड़ी खरीदी। देवल घोड़ी बेचना नहीं चाहती थी लेकिन पाबूजी के इस वचन पर उसने घोड़ी बेच दी कि यदि कोई उसकी गाय चुराकर ले गया तो वे प्राण देकर भी गायों को वापस लाएंगे।

उधर पाबूजी का विवाह उमरकोट निवासी सूरजमल की पुत्री के साथ तय हो गया। वे उमरकोट के लिए बारात के साथ रवाना हो गए। बारात उमरकोट पहुंची। विवाह का कार्य शुरू हुआ। अभी तीन फेरे ही हुए थे कि पाबूजी को सूचना मिली कि जायल गांव के रहने वाले जिंदराज, देवल की गायों को चुराकर ले गया है। पाबूजी फेरे अधूरे छोड़कर वचन निभाने के लिए दौड़े। जिंदराज और पाबूजी के बीच घमासान लड़ाई हुई। अन्त में पाबूजी गायें छुड़ा लेने में सफल हो गए किन्तु घायल हो जाने के कारण रणभूमि में ही उनका देहान्त हो गया।

वचन निभाने के लिए प्राण गंवाने वाले इस आदर्श पुरुष को लोक जीवन में लोक देवता की मान्यता मिल गई।

विन्यास

भोपे, एक लम्बे कपड़े पर लोक शैली में पाबूजी की जीवन गाथा को चित्रित कर देते हैं। फिर गांव–गांव घूम कर इस वीर गाथा को सुनाते हैं। समान्यतः यह प्रदर्शन रात्रि में ही किया जाता है जिसे पड़ बांचना कहते हैं। जिस कपड़े पर कथा चित्रित की जाती है उसे पड़ कहते हैं। भोपे–भोपी जोड़े के साथ पड़ बांचते हैं। बांचने से पहले पड़ को परदे की तरह बांध दिया जाता है। भोपी हाथ में जलता हुआ दीपक रखती है ताकि पड़ पर अंकित चित्र दर्शक देख सकें। फिर वे ऊंचे स्वर में पाबूजी के पवाड़े गा कर सुनाते हैं। भोपी मीठे स्वर में गाती है और भोपा रावणहत्था बजाते हुए पैरों में घुंघरू बांध कर नाचता जाता है। यह प्रदर्शन रात–रात भर चलता है।

वस्तुतः रावणहत्था राजस्थान के लोकजीवन का लोकप्रिय लोकवाद्य है। ऐसा वाद्य, जो सुरीला भी है और आकर्षक भी। सचमुच में यह वाद्य लोकानुरंजन की धड़कन है।

▼ ▼ ▼

राजा महाराजाओं के ये खजाने

(10 दिसम्बर, 1977)

राजा महाराजाओं के ये खजाने

('विश्वमित्र' के लिए विशेष)

\# ब्रजेन्द्र रेही द्वारा

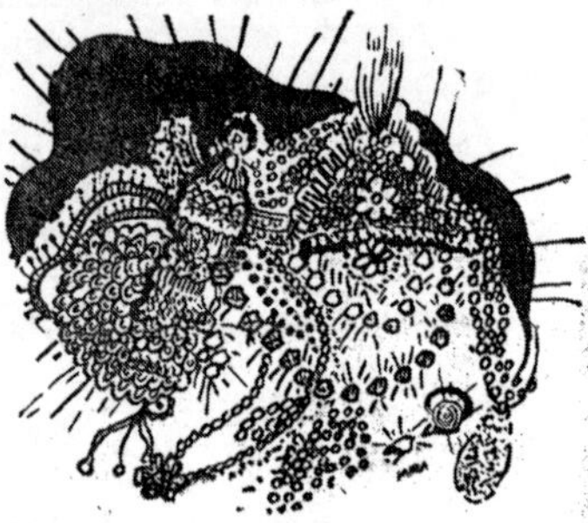

राजा-महाराजों, नवाबों और सामंतों के अत्याचारों की अनगिनत कहानियां प्रकाश में आयी हैं। इन्होंने जितनी अपार सम्पदा एकत्रित की, वह सब जनता के क्रूर शोषण का ही परिणाम थी। अंग्रेजों के जमाने में भारतीय जनता दुहरी गुलामी की चक्की में पिस रही थी। उसका एक पाट था अंग्रेजों की दासता का और दूसरा पाट था राजाशाही का। उस जमाने में राजाओं के खिलाफ बोलना बगावत समझा जाता था और ऐसा करने वालों को मृत्यु तुल्य यंत्रणाएं दी जाती थीं या फिर मौत के घाट उतार दिया जाता था। इस सबके बावजूद उस जमाने में ऐसे पत्रकार और जननेता थे, जिन्होंने दुहरी गुलामी के विरुद्ध संघर्ष का आह्वान किया था। इनमें अजमेर से निकलनेवाला साप्ताहिक पत्र रियासती और पटना का 'राष्ट्रवाणी' प्रमुख था। इन दोनों समाचारपत्रों ने जो भूमिका निभाई, वह अनेक क्रांतिकारियों के लिये प्रेरणा स्रोत बनी। इन समाचारपत्रों ने रियासतों से सीधा-सीधा मोर्चा ले लिया और उन्हें ऐसी ऐसी चेतावनियां दी, जिससे वे तिलमिला जाते।

अप्रैल, १९४२ में पटना से प्रकाशित होनेवाले पत्र 'राष्ट्रवाणी' ने 'जनता के शोषण का ज्वलन्त उदाहरण – लूट का लेखा' शीर्षक से नवाबों और रियासतों के खजानों का ऐसा ब्यौरा पेश किया कि खुद अंग्रेज सरकार भी चौंक गयी। इस काम के लिये 'राष्ट्रवाणी' के सम्वाददाता ने जिस प्रकार सामग्री संकलित की वह अपने आप में एक सनसनीखेज उदाहरण है। जिन रियासतों के बारे में सामग्री प्रकाशित की गयी उनमें हैदराबाद, काश्मीर, बीकानेर, पटियाला, मैसूर, बड़ौदा और ग्वालियर जैसी अत्यंत प्रभावशाली रियासतें थीं। संकलन कर्त्ता ने जो भी ब्यौरा इकट्ठा किया वह सुनी-सुनाई बात पर आधारित न होकर प्रत्यक्षतः देखी गयी स्थितियों का ब्यौरा था। इतना ही नहीं, संकलन-कर्त्ता ने प्रमाणित सामग्री प्रकाशित करने के लिये राजा-महाराजाओं से दोस्ती की और उनके खजानों को देखा।

उस लेख में बताया गया – एक बार हैदराबाद निजाम की सारी सम्पत्ति का जोड़ लगाने के लिये लन्दन में आठ हिसाबियों की एक समिति बनाई गयी। किन्तु उस समिति ने आठ दिनों के बाद निराश होकर काम छोड़ दिया और कहा कि निजाम की वार्षिक आय ५ करोड़ डालर से अधिक है, पर उस का संचित कोष तो अथाह है। गोलकुण्डा की हीरे वाली खान प्रति वर्ष असंख्य हीरे प्रसव करती है। यह धनराशि छः मील लम्बी सुरंग में बंद है। इस सुरंग की दीवारें लोहे की हैं और इसका दरवाजा विद्युत शक्ति द्वारा खुलता और बंद होता है।

उस खजाने में हीरों की अनेक सन्दूकड़ियां हैं तथा चांदी की सिल्लें तो इतनी हैं कि उनसे एक बहुत बड़ा महल बनवाया जा सकता है। इसके अलावा नीलम पुखराज और मोतियों के ढेर अलग लगे हुए हैं। माणिक आदि के प्रकाश में वह खजाना जगमगाता रहता है। इन सम्पत्तियों के बीच में ऐसा लगता है जैसे कोई परियों के स्वर्ग में घूम रहा हो। परन्तु यह सब सम्पत्ति नवाब ने ब्रिटेन को सुपुर्द कर दी है।

काश्मीर महाराजा के धन भंडारों में भी असंख्य रत्न हैं। निजाम अपने धन का प्रदर्शन पसंद नहीं करते पर काश्मीर ठीक इसके विपरीत है। काश्मीर महाराज अपनी अपनी सम्पत्ति का प्रदर्शन कर प्रसन्न होते हैं। दरबार में महाराज पौने दो करोड़ की कीमत का अंगरखा पहन कर बैठते हैं और इतनी ही कीमत की और पोशाकें भी होती हैं। उनकी सारी पोशाकें अमूल्य रत्नों से चमका करती हैं। उनके मुकुट की कीमत पचास लाख डालर के लगभग है सिर्फ दरबार की पोशाक का मूल्य सवा पांच करोड़ डालर बैठता है त्यौहार के दिनों में जब महाराज की सवारी घोड़े पर निकलती है तब वे राह में चांदी के सिक्के लुटाते चलते हैं। काश्मीर के खजाने में टेबलों पर अगणित हीरे-व जवाहरात रखे रहते हैं। जब महाराज को माला पसंद नहीं आती तब वे उसे तोड़ कर फेंक देते हैं, जो लाखों की होती है।

बीकानेर महाराज के खजाने में जब मैंने (लेखक ने) प्रवेश किया तब मुझे पता लगा कि मैं किसी ठण्डी और अंधकारपूर्ण कब्र में उतर रहा हूं परंतु महाराज के स्विच दबाते ही वहां सैंकड़ों बिजली की बत्तियां जल उठीं। हीरों की जगमगाहट देख कर मैं एक बार घबरा-सा गया। महाराज ने कहा – 'तुम इन्हें उठा कर देख सकते हो।' थोड़ी ही देर में मेरी उंगलियों पर करोड़ों की सम्पत्ति नाच रही थी। मैं सोचता हूं कि उनमें से मुझे एक भी रत्न मिल गया होता तो मेरा जीवन सुखपूर्वक व्यतीत हो सकता था। इसके बाद मैंने एक दूसरे खजाने में प्रवेश किया जिस में असंख्य मोतियों की मालाएं टंगी हुई थीं। बीकानेर नरेश ने बताया कि यह खजाना दो मील लम्बा है।

पटियाला-महाराजा के पास जो सम्पत्ति है वह भी गिनती में नहीं आ सकती। आप उनकी दौलत का इससे अनुमान लगा सकते हैं कि इस समय उनके पास ६०० तो मोटरें हैं, उनका महल २ फर्लांग लंबा है और उतना ही चौड़ा भी। यह महल एकदम संगमरमर का है। उनके खजाने में भी बहुमूल्य जवाहरात हैं। महाराज को मदिरा से बहुत प्रेम है अतः उनके पास बहुत उच्च कोटि की शराब रहती है। उनके कोट में बहुत बड़े बटन लगे हुए हैं। पोशाक-घर में करोड़ों की पोशाकें रखी हैं।

मैसूर – स्टेट में सोने की एक खान है जो प्रति वर्ष १५०००००० डालर का सोना उगलती है। कपूरथला महाराज के पास दो करोड़ की कीमत का एक हीरा है। संसार में सबसे सुन्दर और कीमती सुलतान नाम का हीरा उन्हीं के पास है। उनके खजाने में पांच करोड़ की कीमत का सोना है।

गायकवाड़-महाराज की दरबारी पोशाक में दो करोड़ के हीरे टंके हुए हैं। उनके मुकुट में तीस नीलम भी जड़े हुए हैं तथा छाती पर १२५ रत्ती का एक हीरा है, जो लगभग ४००००० डालर का है। राज्य की वार्षिक आय एक करोड़ डालर है। नये राजा के राज्याभिषेक पर उनकी सवारी सोने की गाड़ी में निकाली गयी थी।

सन १९२१ में जब प्रिंस आफ वेल्स भारत आये थे, तब भरतपुर-महाराज ने उन्हें एक सोने का पलंग दिया था।

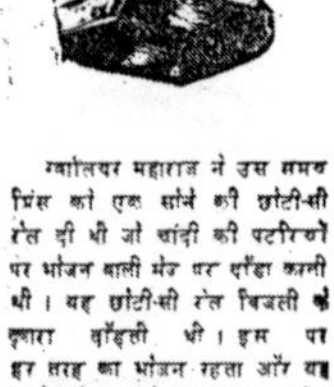

ग्वालियर महाराज ने उस समय प्रिंस को एक सोने की छोटी-सी रेल दी थी जो चांदी की पटरियों पर भोजन वाली मेज पर दौड़ा करती थी। यह छोटी-सी रेल बिजली के द्वारा दौड़ती थी। इस पर हर तरह का भोजन रहता और यह प्रत्येक मेहमान के पास आकर रुकती। जिसको जिस चीज की आवश्यकता होती, वह उसमें से ले लेता।

सर आगा खां का तुलादान मोती से हुआ था। बहावलपुर के नवाब इसी प्रकार एक बार हीरों से तौले गये थे। मैं ऐसे असंख्य उदाहरण दे सकता हूं। ऐसे थे वे पत्रकार, जिन्होंने सामंतों की अत्याचारों की तस्वीर खींचने में कोई कोर कसर बाकी नहीं रखी। *

34

राजा–महाराजों, नवाबों और सामंतों के अत्याचारों की अनगिनत कहानियां प्रकाश में आई हैं। इन्होंने जितनी अपार सम्पदा एकत्रित की, वह सब जनता के क्रूर शोषण का ही परिणाम थी। अंग्रेजों के जमाने में भारतीय जनता दुहरी गुलामी की चक्की में पिस रही थी। उसका एक पाट था अंग्रेजों की दासता का और दूसरा था राजशाही का।

उस जमाने में राजाओं के खिलाफ बोलना बग़ावत समझा जाता था और ऐसा करने वालों को मृत्यु तुल्य यंत्रणाएं दी जाती थीं या फिर मौत के घाट उतार दिया जाता था। इस सबके बावजूद उस जमाने में ऐसे पत्रकार और जननेता थे, जिन्होंने दुहरी गुलामी के विरुद्ध संघर्ष का आह्वान किया था। इनमें अजमेर से निकलने वाला साप्ताहिक पत्र 'रियायती' और पटना का 'राष्ट्रवाणी' प्रमुख थे।

इन दोनों समाचारपत्रों ने जो भूमिका निभाई, वह अनेक क्रांतिकारियों के लिए प्रेरणा स्रोत बनी। इन सामाचार पत्रों ने रियासतों से सीधा बैर मोल ले लिया और उन्हें ऐसी–ऐसी चेतावनियां दीं, जिससे वे तिलमिला जाते।

अप्रैल, 1941 में पटना से प्रकाशित होने वाले पत्र 'राष्ट्रवाणी' ने 'जनता के शोषण का ज्वलन्त उदाहरण–लूट का लेखा' शीर्षक से नवाबों और रियासतों के खजानों का ऐसा ब्यौरा पेश किया कि खुद अंग्रेज सरकार भी चौंक गई। इस काम के लिए 'राष्ट्रवाणी' के संवाददाता ने जिस प्रकार सामग्री संकलित की वह अपने आप में एक सनसनीखेज उदाहरण है।

जिन रियासतों के बारे में सामग्री प्रकाशित की गई उनमें हैदराबाद, कश्मीर, बीकानेर, पटियाला, मैसूर, बड़ौदा और ग्वालियर जैसी अत्यंत प्रभावशली रियासतें थीं। संकलनकर्ता ने जो भी ब्यौरा इकट्ठा किया वह सुनी–सुनाई बात पर आधारित न होकर प्रत्यक्षः देखी गई स्थितियों का ब्यौरा था। इतना ही नहीं, संकलनकर्ता ने प्रमाणित सामग्री प्रकाशित करने के लिए राजा–महाराजाओं से दोस्ती की और उनके खजाने को देखा।

उस लेख में बताया गया– "एक बार हैदराबाद निजाम की सारी सम्पत्ति का जोड़ लगाने के लिए लन्दन में आठ हिसाबियों की एक समिति बनाई गई। किन्तु उस समिति ने आठ दिनों के बाद निराश होकर काम छोड़ दिया और कहा कि निजाम की वार्षिक आए 5 करोड़ डॉलर से अधिक है, पर उस का संचित कोष तो अथाह है। गोलकुण्डा की हीरे वाली खान प्रति वर्ष असंख्य हीरे प्रसव करती है। यह धनराशि छह मील लम्बी सुरंग में बंद है। इस सुरंग की दीवारें लोहे की हैं और इसका दरवाजा विद्युत शक्ति द्वारा खुलता और बंद होता है।"

"उस खजाने में हीरों की अनेक सन्दूकचियां हैं तथा चांदी की सिलें तो इतनी हैं कि उनसे एक बहुत बड़ा महल बनाया जा सकता है। इसके अलावा नीलम, पुखराज और मोतियों के ढेर अलग लगे हुए हैं। माणिक जगमगाता रहता है। इन सम्पत्तियों के बीच में ऐसा लगता है जैसे कोई परियों के स्वर्ग में घूम रहा हो। परन्तु यह सब सम्पत्ति नवाब ने ब्रिटेन को सुपुर्द कर दी है।"

"कश्मीर महाराजा के धन भंडारों में भी असंख्य रत्न हैं। निजाम अपने धन का प्रदर्शन पसंद नहीं करते पर कश्मीर ठीक इसके विपरीत है। कश्मीर महाराज अपनी अपनी सम्पत्ति का प्रदर्शन कर प्रसन्न होते हैं। दरबार में महाराजा पौने दो करोड़ की कीमत का अंगरखा पहन कर बैठते हैं और इतनी ही कीमत की और पोशाकें भी होती हैं। उनकी सारी पोशाकें अमूल्य रत्नों से चमका करती हैं। उनके मुकुट की कीमत पचास लाख डॉलर के लगभग

है। सिर्फ दरबार की पोशाक का मूल्य सवा पांच करोड़ डॉलर बैठता है। त्यौहारों के दिनों में जब महाराज की सवारी घोड़े पर निकलती है तब वे राह में चांदी के सिक्के लुटाते चलते हैं। कश्मीर के खजाने में टेबुलों पर अगणित हीरे व जवाहरात रखे रहते हैं।''

''जब महाराज को माला पसंद नहीं आती तब वे उसे तोड़ कर फैंक देते हैं, जो लाखों की होती है। बीकानेर महाराजा के खजाने में जब मैंने (लेखक) प्रवेश किया तब मुझे पता लगा कि मैं किसी ठण्डी और अंधकारपूर्ण कब्र में उतर रहा हूं। परंतु महाराज के स्विच दबाते ही वहां सैकड़ों बिजली की बत्तियां जल उठीं। हीरों की जगमगाहट देखकर मैं एक बार घबरा सा गया। महाराज ने कहा – 'तुम इन्हें उठा कर देख सकते हो।' थोड़ी ही देर में मेरी उंगलियों पर करोड़ों की सम्पत्ति नाच रही थी। मैं सोचता हूं कि उनमें से मुझे एक भी रत्न मिल गया होता तो मेरा जीवन सुखपूर्वक व्यतीत हो सकता था।''

''इसके बाद मैंने एक दूसरे खजाने में प्रवेश किया जिसमें असंख्य मोतियों की मालाएं टंगी हुई थीं। बीकानेर नरेश ने बताया कि यह खजाना दो मील लम्बा है।''

''पटियाला–महाराजा के पास जो सम्पत्ति है वह भी गिनती में नहीं आ सकती। आप उनकी दौलत का इससे अनुमान लगा सकते हैं कि इस समय उनके पास 600 तो मोटरें हैं, उनका महल 2 फर्लांग लम्बा है और उतना ही चौड़ा भी। यह महल एकदम संगमरमर का है। उनके खजाने में भी बहुमूल्य जवाहरात हैं। महाराज को मदिरा से बहुत प्रेम है अतः उनके पास बहुत उच्च कोटि की शराब एकत्र है। उनके कोट में बहुत बड़े बटन लगे हुए हैं। पोशाक–घर में करोड़ों की पोशाकें रखी हैं।''

''मैसूर–स्टेट में सोने की एक खान है जो प्रतिवर्ष 25,000,000 करोड़ डॉलर का सोना उगलती है। कपूरथला महाराज के पास दो करोड़ की कीमत का एक हीरा है। संसार में सबसे सुन्दर और कीमती 'सुलतान' नाम का हीरा उन्हीं के पास है। उनके खजाने में पांच करोड़ की कीमत का सोना है।''

''गायकवाड़–महाराज की दरबारी पोशाक में दो करोड़ के हीरे टंके हुए हैं। उनके मुकुट में तीस नीलम भी जड़े हुए हैं तथा छाती पर 125 रत्ती का एक हीरा है, जो लगभग 4,00,000 डॉलर का है। राज्य की वार्षिक आय एक

करोड़ डॉलर है। नये राजा के राज्याभिषेक पर उनकी सवारी सोने की गाड़ी पर निकाली गयी थी।''

''सन् 1929 में जब प्रिंस ऑफ वेल्स भारत आए थे, तब भरतपुर के महाराजा ने उन्हें एक सोने का पलंग दिया था।''

''ग्वालियर के महाराजा ने उस समय प्रिंस को एक सोने की छोटी–सी रेल दी थी जो चांदी की पटरियों पर भोजन वाली मेज पर दौड़ा करती थी। यह छोटी–सी रेल बिजली के द्वारा दौड़ती थी। इस पर हर तरह का भोजन रहता और यह प्रत्येक मेहमान के पास आकर रुकती। जिसको जिस चीज की आवश्यकता होती, वह उसमें से ले लेता।''

''सर आगा खां का तुलादान सोने से हुआ था। बहावलपुर के नवाब इसी प्रकार एक बार हीरों से तौले गए थे। मैं ऐसे असंख्य उदाहरण दे सकता हूं।''

ऐसे थे वे पत्रकार, जिन्होंने सामंतों के अत्याचारों की तस्वीर खींचने में कोई कोर कसर बाकी नहीं रखी।

बच्चन - परिवार, जिससे इन्दिरा जी का घरोपा था

लोहे की औरत, मोम-सा दिल

लोहे की औरत, मोम—सा दिल

(नवंबर, 1984)

35

"इस बार इन्दु ने दिवाली खूब जोर–शोर से मनाई थी। मैं बीमार थी, इसलिए जा नहीं पाई। पिछले वर्ष जबसे अमिताभ का पटाखों से हाथ जला, तबसे मैं पटाखों से दूर ही रहती हूं। अलबत्ता मैंने इन्दु के लिए साड़ी का एक छोटा–सा उपहार जरूर भिजवाया था।

दिवाली के बाद सोनिया ने फोन करके बताया कि मम्मी ने दिवाली पर वह साड़ी पहनी थी जो आपने दी थी–कितना सम्मान था अपने मित्र के लिए उनके दिल में।"

उदास और सूनी आंखों से श्रीमती तेजी बच्चन ने यह संस्मरण सुनाया। वह इन्दिरा गांधी की मित्र रही हैं। चार दशकों से भी ज्यादा परिचय था उनका। श्रीमती गांधी के निकट होने बावजूद उन्होंने उनके बारे में कभी अपने होंठ नहीं खोले। पहली बार इतनी लम्बी बातचीत की उन्होंने।

तेजी बच्चन एक गौरवशाली महिला हैं। कवि डॉ. हरिवंश राय बच्चन की पत्नी, अभिनेता अमिताभ बच्चन की मां और इन्दिरा गांधी की मित्र होने का आखिर सौभाग्य जो उन्हें मिला है।

जवाहर लाल नेहरू के आग्रह पर बच्चन परिवार 1955 में दिल्ली आया। इसके बाद रिश्ता प्रगाढ़ होता गया। राजनीति के झंझावतों से दूर दोनों परिवार जीवन के सहज व्यवहारों में एक दूसरे के पूरक बने रहे।

मुझे लगता है तेजी जी बात करते–करते भीतर तक भीग गई हैं। कुछ क्षण संयत रहने के बाद वह बोलीं– सोनिया ने ब्रीच कैंडी अस्पताल में इस बार अमिताभ को राखी भेजी थी। वे अमित और अजिताभ की राखी बंध बहन हैं। जिस दिन प्रधानमंत्री को बम्बई जाना था उस दिन नर्स ने सफाई करते हुए अमिताभ से कहा कि राखी का धागा उतार दो। {अमित बोल नहीं सकता था। उसकी आवाज चली गई थी। तो उसने कागज़ के एक पुर्ज़े पर लिख कर नर्स को दिया– डोंट रिमूव दिस थ्रेड। इट इज़ वेरी सेक्रेड (यह धागा मत हटाओ। यह बहुत पवित्र है।)}

फिर इन्दिराजी आईं। अमिताभ के पलंग के एक ओर मैं, दूसरी तरफ इन्दिराजी। अमित, सोनिया का हाथ पकड़े रहा। हम लोग मास्क पहने हुए थे। मैं भी चुपचाप देख रही थी और इन्दु भी

हम लोग देख रहे थे। अमित ने लिखा–इन्दु आंटी। आई केन नाट स्पीक। आई वांट टू थैंक यू। (इंदु आंटी मैं बोल नहीं सकता। मैं आपको धन्यवाद देता हूँ।)

यह लिखा हुआ पढ़ कर इन्दु जी का चेहरा करुणा से भर गया। उन्होंने झट से अमित को प्यार किया और कहा–अमित, मैं कह सकती हूं बेटे। तुम जल्दी अच्छे हो जाओगे। फिर पहले जैसे ही तुम्हारी बुलन्द आवाज़ गूंजेगी। हम सब प्रार्थना कर रहे हैं कि तुम जल्द अपने पैरों पर खड़े हो जाओ।

बच्चनजी के मुंह से निकला– इन्दु! बहुत धन्यवाद, तुम आईं। तुम्हारे आने से साहस और बल मिला। तो इन्दिरा जी बोलीं–यह क्या कहते हैं बच्चन जी। आपने इस परिवार को कितनी शक्ति दे रखी है। सब खड़े हैं।

कुछ क्षण रुककर तेजीजी स्मृतियों के पृष्ठ पलटती हैं– जब से वे प्रधानमंत्री बनीं, दुनियाभर के अखबार वाले कहने लगे–इन्दिरा जी 'आयरन लेडी' हैं। भैया, इतने बड़े भारत के ऊपर रूल करती हैं तो आयरन बनना ही है। लेकिन सच्चाई यह है कि वह बहुत कोमल हृदय वाली स्त्री थी। यह कोमलता मैंने कई बार महसूस की।

उस दिन पं. नेहरू का देहांत हो गया था। मुझे फोन पर नहीं बताया गया। लेकिन यह कहा गया कि जैसी बैठी हो, चली आओ। मैं गई। पंडितजी का शव उनके बेडरूम में ही था। अभी उसपर चादर भी नहीं डाली गई थी। इन्दिरा और उनकी मौसी काटजू (कमला नेहरू की छोटी बहन) बैठी हुई थीं। मैं भी बैठ गई। थोड़ी देर बाद इन्दु कहती हैं– तेजी। पश्चिम बंगाल की गवर्नर पद्‌मजा नायडू आने वाली हैं। देखना, कोई डाक्टर उस वक्त तक रहे। शायद वह पापू (इन्दिराजी पिता को पापू कहती थीं) की मृत्यु बर्दाश्त न कर सकें और बेहोश न हो जाएं। मैं भीतर ही भीतर सोच रही थी कि धन्य है यह औरत! इस संकट के समय भी इसको दूसरों का ध्यान है।

जिस औरत का पति पहले ही मर चुका हो, जिसके दो छोटे–छोटे बच्चे हों, जिसके पिता की मृत्यु हो गई हो, जिस औरत के पैरों के नीचे की धरती पहले से ही निकल गई हो, उसका भविष्य क्या था? कुछ भी तो नहीं। बिल्कुल ही अंधकार। लेकिन इतने पर भी उसे दूसरों का ध्यान था। कितनी बड़ी बात थी यह।

कई संस्मरण हैं। तेजीजी संजय गांधी की मृत्यु का किस्सा बताती हैं–यकायक संजय दुर्घटना का शिकार हो गया था। एक मां के लिए यह वज्रपात था। कलेजा फट जाता है, रीढ़ की हड्‌डी टूट जाती है, जवान बेटे की मौत पर। मैं और अमिताभ श्रीनगर में थे। पहली फ्लाइट से दिल्ली आए। मैं इन्दु के पास पहुंची। मेरा हाथ पकड़कर कहने लगी– चलो तेजी। संजय से मिला दूं तुझको।

1, अकबर रोड में संजय का शव रखा था। इन्दुजी व्यवस्था में व्यस्त हो गईं। कहने लगीं–रात को शव के साथ जो भी इस बंगले में रहेंगे, उनके लिए अमुक चीजों की जरूरत होगी। तो किसी ने बीच में कहा कि मिसेज गांधी। आप रहने दीजिए, सब हो जाएगा। तो मैंने कहा–करने दो। यह दूसरों का ख्याल कर रही है।

इधर, संजय की शव यात्रा की तैयारी हो रही थी। सभी रिश्तेदार और पारिवारिक मित्रों के लिए एक बस का प्रबन्ध था। इस बीच इन्दुजी ने अमिताभ को बुलाया और कहा कि अमित, तुम बस में नहीं जाओगे। तुम्हारे और तुम्हारी मां के लिए एक एम्बेसडर गाड़ी तैयार है। भीड़ से तुम अपनी मम्मी को बचाना।

फिर मुझे लगता है तेजीजी यादों के साहिल पर खड़ी–खड़ी कहीं खो गयी हैं। कुछ क्षण के लिए उनका गला भर आता है। भीगे स्वर से वे बोलीं– उनके सामने छोटे से छोटा आदमी भी पहुंचता तो अपने स्तर पर लाकर बात करती थीं। इतने ऊंचे पद पर बैठे व्यक्ति के लिए यह बहुत बड़ी बात होती है। एक बार कुछ महिलाएं उनसे मिलने आईं। वे बहुत घबराई हुई थीं। आखिर प्रधानमंत्री के शब्द ही उनके लिए बहुत बड़ी बात थी तो इन्दुजी ने देखा और सहज होकर कहा कि अरे ! तुम्हारी साड़ी का रंग बहुत अच्छा है। इतनी सी बात से उन महिलाओं का कलेजा बढ़ गया। इस प्रकार इन्दिराजी लोगों में आत्मविश्वास पैदा करती थीं।

इन्दिराजी और तेजी का प्रथम परिचय इलाहाबाद में हुआ। बच्चनजी उन दिनों इलाहाबाद विश्वविद्यालय में अंग्रेजी के प्राध्यापक थे। बच्चन दंपत्ति आनन्द भवन के ड्राइंगरूम में पहुंचे। सारा नेहरू परिवार वहां था। उसी वर्ष बच्चनजी की शादी हुई थी। बच्चन दंपत्ति का परिचय कराते हुए भारत कोकिला सरोजिनी नायडू ने कहा– 'दिसिज द पोयट एण्ड दिस इज हिज़ पोयम। (यह कवि हैं और यह उनकी कविता) सभी ठहाके लगाकर हंस पड़े। तेजीजी नई बहू थीं इसलिए सभी ने मिठाई खिलाई।

उसी ड्राइंगरूम के एक कोने में इंदिराजी बैठी हुई थीं। तेजीजी बताती हैं : दुबली पतली, शर्मीली लड़की एक ओर बैठी हुई थी। उसकी आंखों से मुझे लगा कि वह किसी के प्रेम में, किसी के प्यार में मस्त बैठी हुई है। उन दिनों हमने भी सुना था कि इनका और फ़िरोज़ गांधी के बीच लगाव चल रहा है और शायद विवाह होने ही वाला है। मुझे लगा कि जैसे एक 'लव सिक मेडन' (प्यार में डूबी लड़की) होती है न वैसी बैठी हुई थी। उन्होंने मेरी तरफ देखा, मैंने उनकी तरफ देखा। उन्होंने भी सोचा होगा कि इसने भी जाति–पांति और प्रांत के बंधन को तोड़कर विवाह किया और मैं भी यही करने जा रही हूं। तो कोई संबंध जुड़ा। यह हमारा पहला परिचय था।

जब सोनिया पहली बार भारत आई तो हमारे यहां ठहरी थी। राजीव के साथ शादी हो जाने के बाद जब राखी का त्योहार आया तो इन्दिराजी ने फोन करके मुझ से कहा– सोनिया, अमित अजित को राखा बांधने आ रही है। मैंने उसे थाली सजाकर भेजा है। तुम देख लेना कि राखी बांधने की विधि में कोई कमी न हो जाए।

कला-वार्ता

शास्त्रीय कलाएं और सांस्कृतिक पहचान

उत्तर भारत के सामाजिक जीवन में नृत्य और संगीत को आज भी वह स्थान नहीं मिल पाया है जो दक्षिण भारत में है। अपवाद को छोड़ दें तो उत्तर भारतीयों की इस संकीर्ण मानसिकता ने उनके बहुसंख्यक समुदाय को उस सोच से दूर कर रखा है जिसमें सृजन और सौन्दर्य की अनंत संभावनाएं छिपी हुई हैं। कला के प्रति उनकी इस सोच ने उनकी सांस्कृतिक पहचान को गड्डमड्ड कर दिया है। इसी का दुष्परिणाम है कि सिनेमा और पश्चिमी संस्कृति का भौंडापन न चाहते हुए भी उत्तर भारत के लोक उत्सवों और संस्कार पर्वों में घुलने-मिलने लगा है। इसकी झलक जनजीवन में सहज ही देखी जा सकती है। ऐतिहासिक तथ्य यह है कि किसी युग में उत्तर भारत में ही शास्त्रीय कलाओं ने अपने रूप को समृद्ध किया था। सृजनात्मक परंपराओं और लोक पर्वों को जन्म दिया था। आज भी उन्हीं भूली-बिसरी परंपराओं को धूप के धब्बों की तरह देखा जा सकता है।

इस साल 28 जुलाई का दिन शास्त्रीय नृत्य और संगीत की दुनिया में लोक पर्व का दिन है। इस दिन गुरु पूर्णिमा है। भारतीय कलैण्डर के अनुसार हर साल आषाढ़ महीने में शुक्ल पक्ष की पूर्णिमा, व्यास पूजा का दिन है, जिसे गुरु पूर्णिमा कहते है। यह दिन गुरु-शिष्य परंपरा में आराधना और आशीर्वाद का दिन है। हमारे देश में ही नहीं, अमरीका, ब्रिटेन, कनाडा, आस्ट्रेलिया, मॉरीशस, जापान जैसे अनेक देशों में जहां भारतीय शास्त्रीय नृत्य और संगीत की शिक्षा दी जाती है, गुरु पूर्णिमा का पर्व मनाया जाता है।

इस दिन दिल्ली के रशियन कल्चरल सेंटर की कला दीर्घा में एक विशिष्ट आयोजन किया गया है। यह आयोजन वासुकि नाट्यशाला के तत्वावधान में सूफी संत परंपरा के प्रतिनिधि पीर हजरत शाह मोहम्मद हसनैन नियाजी के सान्निध्य में होगा, जिसमें ख्यातिलब्ध कलाकार अपनी हाजरी देंगे।

वासुकि नाट्यशाला की निदेशक और वरिष्ठ कथक नृत्यांगना नंदिनी सिंह के अनुसार परंपरागत बैठक शैली में आयोजित श्रद्धा उत्सव में केवल गुरु ही आसन पर बैठते हैं। आयोजन का शुभारंभ कव्वाली से होता है और बाद में कलाकार अपनी कला-साधना गुरु को अर्पित करते हैं। इस साल के आयोजन में जो कलाकार भाग ले रहे है उनमें प्रो. देबू चौधरी, एल. के. पंडित, प्रेरणा श्रीमाली, राममोहन, कृष्ण मोहन तथा शफात अहमद प्रमुख हैं। अपने प्रकार का यह आयोजन गत तीन सालों से किया जा रहा है। यह आयोजन हमारी मिली-जुली संस्कृति का प्रतीक है जो जनजीवन को धर्मों की संकीर्णता से मुक्त कर आध्यात्म के आत्मिक आनंद में डुबोता है। यह बात गौर करने काबिल है कि हमारी शास्त्रीय कलाएं, रसिक जन को आनंद का अनुभव देती हैं, केवल मनोरंजन का नहीं। मन का रंजन तो अनेक बातों से हो सकता है किंतु आनंद की अनुभूति पवित्र भाव से ही संभव है। यह भाव एकाग्रता और मन की शांति से ही जन्म लेता है। यही आज की भाषा में मेडीटेशन है।

संभवतः इसी विचार ने पश्चिम के लोगों को शास्त्रीय कलाओं की ओर आकर्षित किया हो। आज एशिया, यूरोप और अमरीका में नृत्य और संगीत की अनेक संस्थाएं काम कर रही हैं। इन देशों में शास्त्रीय नृत्य और संगीत के गुरु और कलाकार न केवल अपनी विशिष्ट पहचान बनाए हुए हैं बल्कि वहां के निवासियों को प्रशिक्षण भी दे रहे हैं। यह चौंका देने वाला तथ्य है कि संसार के विभिन्न देशों में भरतनाट्यम के 242, कथक के 26, कुचीपुड़ि के 26, कथकली के 16, ओड़िसी के 16, मोहिनी-अट्टम के 5, मणिपुरी के 3 तथा छाऊ नृत्य के दो कलाकार सृजनरत हैं। सबसे अधिक शास्त्रीय नर्तक और नृत्यांगनाएं अमरीका, ब्रिटेन, फ्रांस और मलयेशिया में हैं।

कला जगत में जिन संस्थाओं की अपनी पहचान है उनमें इंदिरा गांधी सेंटर फॉर इंडियन कल्चर-पोर्टलुईस (मॉरिशस), भारतीय विद्याभवन लंदन और कला संगम लीड्स, ब्रिटेन, प्रभात अकादमी फॉर म्युजिक एंड परफॉरमिंग आर्ट्स-सांताक्लारा, स्वाति तिरुनाल इंस्टीट्यूट ऑफ वीजुअल आर्ट्स एंड म्युजिक ह्वीटीयर/अमरीका/द मंडप सेंटर-पेरिस, एसोसिएट त्रिवेणी-सत्रोइस /फ्रांस/कलानिधि फाइन आर्ट्स ऑफ कनाडा-ओंटारियो, भारतीय संगीत संगम-क्यूबेक/ कनाडा/लिंगायत डांस कंपनी न्यू साउथ वेल्स, टेम्पल ऑफ फाइन आर्ट्स-पर्थ/आस्ट्रेलिया/और मलयेशिया में पेनांग, कुआलालंपुर तथा जोहोरे में टेम्पल ऑफ फाइन आर्ट्स नाम की संस्थाएं काम कर रही हैं।

यही नहीं शास्त्रीय कलाओं पर अनेक विश्वविद्यालयों में शोध कार्य भी चल रहा है।

निजी कला-प्रचारकों और सरकारी संस्थाओं द्वारा विदेशों में किये जाने वाले आयोजनों के माध्यम से जहां हमारी संस्कृति का परिचय विश्व समुदाय को हुआ वहीं इसके कुछ नुकसान भी कला जगत को उठाने पड़ रहे हैं। सबसे बड़ा नुकसान तो यह हो रहा है कि ये कलाएं इंस्टेंट न तो सीखी जा सकती हैं और न ही उनका प्रदर्शन किया जा सकता है। फिर प्रदर्शन के लिए उपयुक्त वातावरण और स्थान की आवश्यकता होती है।

लगभग एक दशक से देखने में यह भी आ रहा है कि पैसा कमाने की लालसा ने अधकचरे कलाकारों को आयोजनों में शामिल करके उस गौरव को खंडित करने का प्रयास किया है, जिसे हमारे पूर्वज और महान कलाकारों ने एक मुकाम पर पहुंचाया था। इसमें निजी ही नहीं कला-संस्कृति से जुड़े सरकारी अधिकारियों की भूमिका को संदेहास्पद बना दिया है। कला रसिकों और कला प्रेमियों को ऐसे तत्वों से जूझने की जरूरत है।

शास्त्रीय कलाओं की यह अंतरराष्ट्रीय विकास यात्रा उन महान कलाकारों की साधना का परिणाम है जिन्होंने अपने जीवन का हर पल इन कलाओं को समर्पित किया।

● ब्रजेन्द्र रेही

शास्त्रीय कलाएं और सांस्कृतिक पहचान

(26 जुलाई, 1999)

36

उत्तर भारत के सामाजिक जीवन में नृत्य और संगीत को आज भी वह स्थान नहीं मिल पाया है जो दक्षिण भारत में है। अपवाद को छोड़ दें तो उत्तर भारतीयों की इस संकीर्ण मानसिकता ने उनके बहुसंख्यक समुदाय को उस सोच से दूर कर रखा है जिसमें सृजन और सौन्दर्य की अनंत संभावनाएं छिपी हुई हैं। कला के प्रति उनकी इस सोच ने उनकी सांस्कृतिक पहचान को गड्डमड्ड कर दिया है। इसी का दुष्परिणाम है कि सिनेमा और पश्चिमी संस्कृति का भौंडापन न चाहते हुए भी उत्तर भारत के लोक उत्सवों और संस्कार पर्वों में घुलने–मिलने लगा है। इसकी झलक जनजीवन में सहज ही देखी जा सकती है।

ऐतिहासिक तथ्य यह है कि किसी युग में उत्तर भारत में ही शास्त्रीय कलाओं ने अपने रूप को समृद्ध किया था। सृजनात्मक परंपराओं और लोक पर्वों को जन्म दिया था। आज भी उन्हीं भूली–बिसरी परंपराओं को धूप के धब्बों की तरह देखा जा सकता है।

विन्यास

इस साल 28 जुलाई का दिन शास्त्रीय नृत्य और संगीत की दुनिया में लोक पर्व का दिन है। इस दिन गुरू पूर्णिमा है। भारतीय कैलेण्डर के अनुसार हर साल आषाढ़ महीने में शुक्ल पक्ष की पूर्णिमा व्यास पूजा का दिन है, जिसे गुरू पूर्णिमा कहते हैं। यह दिन गुरू–शिष्य परंपरा में आराधना और आशीर्वाद का दिन है। हमारे देश में ही नहीं, अमरीका, ब्रिटेन, कनाडा, आस्ट्रेलिया, मॉरिशस, जापान जैसे अनेक देशों में जहां भारतीय शास्त्रीय नृत्य और संगीत की शिक्षा दी जाती है, गुरू पूर्णिमा का पर्व मनाया जाता है।

इस दिन दिल्ली के रशियन कल्चरल सेंटर की कला दीर्घा में एक विशिष्ट आयोजन किया गया है। यह आयोजन 'वासुकि नाट्यशाला' के तत्वावधान में सूफी संत परंपरा के प्रतिनिधि पीर हजरत शाह मोहम्मद हसनैन नियाजी के सान्निध्य में होगा, जिसमें ख्यातिलब्ध कलाकार अपनी हाजरी देंगे।

'वासुकि नाट्यशाला' की निदेशक और वरिष्ठ कथक नृत्यांगना नंदिनी सिंह के अनुसार परंपरागत बैठक शैली में आयोजित श्रद्धा उत्सव में केवल गुरू ही आसन पर बैठते हैं। आयोजन का शुभारंभ कव्वाली से होता है और बाद में कलाकार अपनी कला–साधना गुरू को अर्पित करते हैं।

इस साल के आयोजन में जो कलाकार भाग ले रहे हैं उनमें प्रो. देबू चौधरी, एल.के. पंडित, प्रेरणा श्रीमाली, राममोहन, कृष्ण मोहन तथा शफात अहमद प्रमुख हैं। अपने प्रकार का यह आयोजन गत तीन सालों से किया जा रहा है। यह आयोजन हमारी मिली–जुली संस्कृति का प्रतीक है जो जनजीवन को धर्मों की संकीर्णता से मुक्त कर आध्यात्म के आत्मिक आनंद में डुबोता है। यह बात गौर करने के काबिल है कि हमारी शास्त्रीय कलाएं, रसिक जन को आनंद का अनुभव देती हैं, केवल मनोरंजन का नहीं। मन का रंजन को अनेक बातों से हो सकताहै किन्तु आनन्द की अनुभूति पवित्र भाव से ही संभव है। यह भाव एकाग्रता और मन की शांति से ही जन्म लेता है। यही आज की भाषा में मेडीटेशन है।

संभवतः इसी विचार ने पश्चिम के लोगों को शास्त्रीय कलाओं की ओर आकर्षित किया हो। आज एशिया, यूरोप और अमरीका में नृत्य और संगीत की अनेक संस्थाएं काम कर रही हैं। इन देशों में शास्त्रीय नृत्य और संगीत

के गुरू और कलाकार न केवल अपनी विशिष्ट पहचान बनाए हुए हैं बल्कि वहां के निवासियों को प्रशिक्षण भी दे रहे हैं। यह चौंका देने वाला तथ्य है कि संसार के विभिन्न देशों में भरतनाट्यम के 242, कथक के 26, कुचीपुड़ि के 26, कथकली के 16, ओड़िसी के 16, मोहिनी–अट्टम के 5, मणिपुरी के 3 तथा छाऊ नृत्य के दो कलाकार सृजनरत हैं। सबसे अधिक शास्त्रीय नर्तक और नृत्यांगनाएं अमरीका, ब्रिटेन, फ्रांस और मलेशिया में हैं।

कला जगत में जिन संस्थाओं की अपनी पहचान है उनमें इंदिरा गांधी सेंटर फार इंडियन कल्चर–पोर्टलुईस (मॉरीशस), भारतीय विधानभवन लंदन और कला संगम लीड्स, ब्रिटेन, प्रभात अकादमी फार म्यूजिक एंड परफोरमिंग आर्ट्स–सांताक्लारा, स्वाति तिरूनाल इंस्टीट्यूट आफ वीजुअल आर्ट्स एंड म्यूजिक, ह्वीटीयर (अमरीका) द मंडप सेंटर, पेरिस (फ्रांस), एसोसिएट त्रिवेणी, सन्नइस (फ्रांस), कलानिधि फाइन आर्ट्स ऑफ कनाडा (ओंटारियो), भारतीय संगीत संगम, क्यूबेक (कनाडा), लिंगायत डांस कंपनी, न्यू साउथ वेल्स, टेम्पल आफ फाइल आर्ट्स–पर्थ (आस्ट्रेलिया) और मलयेशिया में पेनांग, क्वालालंपुर तथा जोहोरे में टेम्पल आफ फाइन आर्ट्स नाम की संस्थाएं काम कर रही हैं।

यही नहीं शास्त्रीय कलाओं पर अनेक विश्वविद्यालयों में शोध कार्य भी चल रहा है।

निजी कला–प्रचारकों और सरकारी संस्थाओं द्वारा विदेशों में किए जाने वाले आयोजनों के माध्यम से जहां हमारी संस्कृति का परिचय विश्व समुदाय को हुआ वहीं इसके कुछ नुकसान भी कला जगत को उठाने पड़ रहे हैं। सबसे बड़ा नुकसान तो यह हो रहा है कि ये कलाएं इंस्टेंट न तो सीखी जा सकती हैं और न ही उनका प्रदर्शन किया जा सकता है। फिर प्रदर्शन के लिए उपयुक्त वातावरण और स्थान की आवश्यकता होती है।

लगभग एक दशक से देखने में यह भी आ रहा है कि पैसा कमाने की लालसा ने अधकचरे कलाकारों को आयोजनों में शामिल करके उस गौरव को खंडित करने का प्रयास किया है, जिसे हमारे पूर्वज और महान कलाकारों ने एक मुकाम पर पहुंचाया था। इसमें निजी ही नहीं कला–संस्कृति से जुड़े सरकारी अधिकारियों की भूमिका को संदेहास्पद बना दिया है। कला रसिकों और कला प्रेमियों को ऐसे तत्वों से जूझने की जरूरत है।

विन्यास

शास्त्रीय कलाओं की यह अंतर्राष्ट्रीय विकास यात्रा उन महान कलाकारों की साधना का परिणाम है जिन्होंने अपने जीवन का हर पल इन कलाओं को समर्पित किया।

▼ ▼ ▼

विज्ञान के इस युग में भी हमारे जन-जीवन में अंधविश्वास कितना हावी है–उसका प्रमाण है राजस्थान का यह सतीकांड, जिसमें ६२ वर्षीया सोन कंवर अपने पुत्र-पुत्रियों और हजारों ग्रामवासियों के सामने ही जलकर भस्म हो गईं, लेकिन किसी ने उफ तक नहीं की।

सती गांव की यात्रा

■ ब्रजेन्द्र रेही

छाया कौशल भार्गव

२६ फरवरी १९८० का दिन राजस्थान के डेगाना तहसील के नीमड़ी कोठारिया गांव के इतिहास में एक चमत्कारिक और अविस्मरणीय दिन के रूप में अंकित हो गया है। इसी दिन शाम को जब सूरज ढल रहा था और उसकी किरणें धीरे-धीरे सुनहरे रंग से लिपटती जा रही थीं, उसी समय ६२ वर्षीय सोन कंवर अपने मृत पति श्री सुगनसिंह के साथ चिता में जीवित ही भस्म हो गई। रात होते-होते तो यह खबर आसपास के गांवों में फैल गई कि नीमड़ी कोठारिया में एक राजपूतनी "सती" हो गई है। बस फिर तो दर्शनार्थियों और श्रद्धालुओं का जो तांता शुरू हुआ, वह अब तक जारी है।

लगभग ७५ वर्षीय ठाकुर सुगनसिंह राठौड़ गत कई दिनों से पीलिया से पीड़ित थे। उनकी खटिया मकान के अहाते की कच्ची झोपड़ी में लगी हुई थी, जिस पर घास-फूस का छप्पर है। उनकी पत्नी सोन कंवर उनके पास बैठी रहती थी और नाती-पोतों से गीता-रामायण सुनती। उनको ताश तथा चौपड़ खेलने का शौक था। वे खाली समय में खेलने से नहीं चूकती थीं। उनके घर आया कोई मेहमान बिना भोजन किए लौट नहीं सकता था।

स्व० सोन कंवर का घर

लगभग डेढ़ माह से बीमार ठाकुर साहब की २६ फरवरी को दिन में लगभग साढ़े ग्यारह बजे मृत्यु हो गई। श्रीमती सोन कंवर उनके पास ही हाथ जोड़कर बैठी हुई थी। जब बेटी-बहुओं ने रोना-पीटना शुरू किया तो उन्होंने उंगली के इशारे से मना करते हुए कहा—"रोओ मत, हम तुम्हारा क्या लेकर जा रहे हैं।" उनके इस कथन से घर के सभी लोग कुछ क्षण के लिए सन्न रह गए। फिर घर वालों ने ठाकुर साहब की बैकुंठी पर सवारी निकालने का निश्चय किया। (बैकुंठी का अर्थ है मृतक को बिठाकर अर्थी निकालना) उनकी मृत्यु का समाचार सुनकर लगभग एक सौ लोग जमा हो गए। मृतक को स्नान कराया गया। बैकुंठी तैयार हो गई तो श्रीमती सोन कंवर उठीं और कच्ची दीवार से घिरे हुए स्नान-घर में स्नान करने के लिए चली गई। उन्होंने अपने पीले रंग के वस्त्र मूंज की डोरी पर डाल दिए और चटक लाल रंग की शादी की पोशाक पहनकर तथा शृंगार करके "बैकुंठी' के पास चली आईं। उनको इस प्रकार देखकर घर परिवार के सभी लोग चकित रह गए। सभी के मन में यह विचार कौंध गया कि श्रीमती सोन कंवर शायद "सती" होंगी। बेटे-बेटियों के परोक्ष में रोकने की कोशिश भी की किन्तु किसी की हिम्मत उन्हें पकड़ने की नहीं हुई। लोगों में यह डर था कि वे कहीं शाप न दे दें।

चेहरे पर समर्पण का भाव लिए हुए श्रीमती सोन कंवर ने अर्थी की एक परिक्रमा की और हाथों में बैकुंठी उठाने तथा श्मशान चलने का इशारा किया। वे बैकुंठी के पीछे-पीछे चल रही थीं। उनके पीछे घर-परिवार के लोग और कई गांव वाले भी थे। अर्थी को गांव में घुमाकर गांव के बाहर तालाब के किनारे श्मशान स्थल तक ले जाया गया। एक वृक्ष के पास केर के झाड़ों वाली श्मशान

श्रीमती सोन कंवर

भूमि में अर्थी को रखा गया और चिता सजाई गई। शव-यात्रा के साथ महिलाएं भी थीं जबकि इस प्रकार की परम्परा नहीं है। कई लोगों ने इधर-उधर कहा भी कि इनको घर में रोकना चाहिए। यदि ये चिता को जलता देखकर बीच में ही भाग गई तो बदनामी होगी। लेकिन सबने सुनी-अनसुनी कर दी। अर्थी के श्मशान घाट पहुंचते-पहुंचते तो गांव के अनेक लोग जमा हो गए। गांव भर में यह खबर फैल गई कि सोन कंवर सती हो रही है। ढोल बजाने वाले भी यहां आ गए।

लगभग पौने चार बजे अर्थी श्मशान घाट पहुंची होगी। श्रीमती सोन कंवर अपने पति की बैकुंठी के पीछे बैठ गई और अपने दूसरे पुत्र को बुलाकर गहने उतार कर दे

सती गांव की यात्रा

(प्रथम पक्ष, जून, 1980)

37

29 फरवरी 1980 का दिन राजस्थान के डेगाना तहसील के नीमड़ी कोठारिया गांव के इतिहास में एक चमत्कारिक और अविस्मरणीय दिन के रूप में अंकित हो गया है। इसी दिन शाम को जब सूरज ढल रहा था और उसकी किरणें धीरे–धीरे सुनहरे रंग से लिपटती जा रही थीं, उसी समय 62 वर्षीय सोन कंवर अपने मृत पति श्री सुगनसिंह के साथ चिता में जीवित भस्म हो गई। रात होते–होते तो यह खबर आसपास के गांवों में फैल गई कि नीमड़ी कोठारिया में एक राजपूतनी "सती" को गई है। बस फिर तो दर्शनार्थियों और श्रद्धालुओं का जो तांता शुरू हुआ, वह अब तक जारी है।

लगभग 75 वर्षीय ठाकुर सुगनसिंह राठौड़ गत कई दिनों से पीलिया से पीड़ित थे। उनकी खटिया मकान के अहाते की कच्ची झोपड़ी में लगी हुई थी, जिस पर घास–फूस का छप्पर है। उनकी पत्नी सोन कंवर उनके पास बैठी रहती थी और नाती–पोतों से गीता–रामायण सुनती। उनको ताश तथा चौपड़ खेलने का शौक था। वे खाली समय में खेलने से नहीं चूकती थीं। उनके घर आया कोई मेहमान बिना भोजन किए लौट नहीं सकता था।

सती स्थान और दर्शनार्थी

लगभग डेढ़ माह से बीमार ठाकुर साहब की 29 फरवरी को दिन में लगभग साढ़े ग्यारह बजे मृत्यु हो गई। श्रीमती सोन कंवर उनके पास ही हाथ जोड़कर बैठी हुई थीं। जब बेटी–बहुओं ने रोना–पीटना शुरू किया तो उन्होंने उंगली के इशारे से मना करते हुए कहा–"रोओ मत, हम तुम्हारा क्या लेकर जा रहे हैं।" उनके इस कथन से घर के सभी लोग कुछ क्षण के लिए सन्न रह गए। फिर घर वालों ने ठाकुर साहब की बैकुंठी पर सवारी निकालने का निश्चय किया। (बैकुंठी का अर्थ है मृतक को बिठाकर अर्थी निकालना) उनकी मृत्यु का समाचार सुनकर लगभग एक सौ लोग जमा हो गए। मृतक को स्नान कराया गया।

बैकुंठी तैयार हो गई तो श्रीमती सोन कंवर उठीं और कच्ची दीवार से घिरे हुए स्नान–घर में स्नान करने के लिए चली गईं। उन्होंने अपने पीले रंग के वस्त्र मूंज की डोरी पर डाल दिए और चटक लाल रंग की शादी की पोशाक पहनकर तथा श्रृंगार करके "बैकुंठी" के पास चली आईं। उनको इस प्रकार देखकर घर परिवार के सभी लोग चकित रह गए। सभी के मन में यह

विचार कौंध गया कि क्या श्रीमती सोन कंवर शायद ''सती'' होंगी। बेटे–बेटियों ने परोक्ष में रोकने की कोशिश भी की किन्तु किसी की हिम्मत उन्हें पकड़ने की नहीं हुई। लोगों में यह डर था कि वे कहीं शाप न दे दें।

चेहरे पर समर्पण का भाव लिए हुए श्रीमती सोन कंवर ने अर्थी की एक परिक्रमा की और हाथों में बैकुंठी उठाने तथा श्मशान चलने का इशारा किया। वे बैकुंठी के पीछे–पीछे चल रही थीं। उनके पीछे घर–परिवार के लोग और कई गांव वाले भी थे। अर्थी को गांव में घुमाकर गांव के बाहर तालाब के किनारे श्मशान स्थल तक ले जाया गया। एक वृक्ष के पास केर के झाड़ों वाली श्मशान भूमि में अर्थी को रखा गया और चिता सजाई गई।

शव–यात्रा के साथ महिलाएं भी थीं जबकि इस प्रकार की परम्परा नहीं है। कई लोगों ने इधर–उधर कहा भी कि इनको घर में रोकना चाहिए। यदि ये चिता को जलता देखकर बीच में ही भाग गईं तो बदनामी होगी। लेकिन सबने सुनी–अनसुनी कर दी। अर्थी के श्मशान घाट पहुंचते–पहुंचते तो गांव के अनेक लोग जमा हो गए। गांव भर में यह खबर फैल गई कि सोन कंवर सती हो रही हैं। ढोल बजाने वाले भी यहां आ गए।

लगभग पौने चार बजे अर्थी श्मशान घाट पहुंची होगी। श्रीमती सोन कंवर अपने पति की बैकुंठी के पीछे बैठ गईं और अपने दूसरे पुत्र को बुलाकर गहने उतार कर दे दिए। बैकुंठी को जब चिता पर रख दिया गया तो वे भी मृतक की बगल में जाकर बैठ गईं। श्मशान घाट पर खड़े लोग सन्न थे। केवल 'राम–राम' की ध्वनि ही निकल रही थी। चिता में बैठते समय उन्होंने अन्तिम शब्द कहे–''बस्ती में सुख–शांति रेव्हैली!'' फिर चिता को अग्नि समर्पित की गई और श्रीमती सोन कंवर अपने पति ठाकुर सुगनसिंह के साथ ''सती'' हो गईं। प्रत्यक्षदर्शियों ने बताया कि सोन कंवर न चीखी, न चिल्लाई बल्कि उनकी देह 10–15 मिनट में ही भस्म हो गई। जबकि ठाकुर की लाश को जलने में दो–ढाई घंटे लगे।

सती स्थान और मेला

लगभग डेढ़ हजार की आबादी वाले गांव में चार जीवित बहुओं, पुत्रों, तीन पुत्रियों तथा 20 पोते–पोतियों तथा दोहिता–दोहितियों से भरे–पूरे परिवार में यह घटना चौंकाने वाली ही है। अब तक लगभग दो–ढाई लाख लोग ''सती–स्थान'' के दर्शन कर चुके हैं। गांव में मेला जुड़ा रहता है। जहां

स्व० सोन कंवर का घर

सती हुई थी उस स्थान को परिवार जनों और गांव वालों ने तार से घेर कर टीन का छप्पर डालकर मंडप बना दिया है। चिता की अग्नि–शिखा अब भी जल रही है। श्रद्धालु लोग भारी संख्या में प्रतिदिन नारियल चढ़ाने जाते हैं। अपंगों, पागलों और भूत–प्रेतों के मनोवैज्ञानिक रोग से पीड़ित लोगों का तांता लगा रहता है।

इसे अंधविश्वास कहें या श्रद्धा कि सती स्थान के चारों ओर बांधे गए डोरी व तारों पर तथा पास के ही एक केर के पेड़ पर स्त्रियां अपने अंग वस्त्र, रिबन, चुटीले और अन्य कपड़े चढ़ा जाती हैं। उनकी ऐसी मान्यता है कि इससे अनेक रोगों से छुटकारा मिलेगा। सती स्थान के आस–पास चीखते–चिल्लाते पागलों, अंधों तथा अपंगों के कारण वातावरण कभी–कभी सिहरन पैदा कर देता है।

वहां श्मशान घाट पर ही 10–12 दुकानें लग गई हैं जहां चाय–नाश्ता, नारियल तथा प्रसाद बेचा जाता है। गांव के 11 प्रमुख लोगों की एक समिति सती मंदिर बनाने के लिए गठित की गई है। लगभग 30 हजार रुपए इकट्ठे भी हो गए हैं।

चिता जो अभी तक जल रही है

सती माता सोन कंवर के नाम से भजनों और पदों की पुस्तिकाएं भी मेला–स्थल पर भारी संख्या में बेची जा रही हैं। ये भजन और पद स्थानीय लोक गायकों ने रचे हैं।

सती परिवार में इस समय कोई पुरुष नहीं है। पुलिस ने श्रीमती सोन कंवर के सती होने के 16–17 दिन बाद उनके चारों पुत्रों व तीन देवरों को गिरफ्तार कर लिया। गांव में इस बात से रोष है। परिवार की किसी भी महिला या बच्चे के चेहरे पर न कोई उदासी है, न कोई चिन्ता। नवीं कक्षा में पढ़ने वाले स्वर्गीय सुगनसिंह के एक पोते ने कहा, ''कोई जुर्म करके थोड़ी जेल गए हैं, पिताजी–काका जी। सब छूट जाएंगे।'' घर की महिलाएं निश्चिन्तता से रोज के काम निपटा रही हैं। इनके घर पर रिश्तेदारों की भीड़ जमा रहती है पर कोई शोक में डूबा नहीं है। मैं नीमड़ी गांव से लौट रहा हूं, एक भजन टोली गाती हुई मेरे पास से गुजर जाती है–''सोन सती जी माई, थार्रा शोभा कहीं ना जाई।''

सब गैयन ने घूमर खेली

(14 नवम्बर, 1982)

सब गैयन ने घूमर खेली

वैदिक काल से गाय, मातृत्व का पर्याय रही है। हमारी संस्कृति की जीवन-धारा और गाय का अन्योन्याश्रित संबंध रहा है। ऐसे अनेक सामाजिक संस्कार हैं, जिनमें गाय की उपस्थिति के महत्व को प्रतिपादित किया गया है।

ग्राम्य जीवन में गाय की भूमिका को अनेक भक्त कवियों ने अपनी रचनाओं में संजोया है। तात्पर्य यह है कि कालान्तर में और आज भी सुदूर ग्रामीण इलाकों में गाय को परिवार के एक सदस्य की मान्यता प्राप्त है।

गाय के बिना महापुरुष कृष्ण की चर्चा अधूरी है। इतिहास पर नजर डालें तो पायेंगे कि सम्राट अशोक हो या चन्द्रगुप्त, विक्रमादित्य हो या हर्ष, कालिदास हो या सूरदास—सभी ने गौ-आराधना की है। इसे दुर्भाग्य ही कहा जाएगा कि कृषि-प्रधान देश में अब गाय का वह सम्मान नहीं है, जो कालान्तर में था। मशीनी सभ्यता के प्रवाह में जीवन से जुड़ी अनेक मान्यताओं को बदल दिया है और उनकी जगह ले ली है कुंठाओं ने। इसी का दुष्परिणाम है कि हमारी लोक संस्कृति दूषित होती जा रही है। फिर भी हमारे त्योहार और मेले लोक-जीवन के जीवंत बीज को आज भी संजोये हुए हैं। इन त्योहारों में दीपावली का त्योहार भी है।

यूं यह त्योहार देश भर में मनाया जाता है किन्तु कला की त्रिवेणी नगरी नाथद्वारा में इसकी छटा देखते ही बनती है। दीपावली और उसके दूसरे दिन अन्नकूट पर गौ-क्रीड़ा देखकर दर्शक आनंदित हो उठता है। नाथद्वारा के श्रीनाथजी मंदिर की गौशालाओं में हजारों गायें हैं। हार और घंटियां बांधी जाती हैं तथा पैरों में पैंजनियां पहनाई जाती हैं। ये गायें इतनी सुन्दर लगती हैं कि दर्शक टकटकी बांधे देखता रहता है।

दीपावली के दिन दो किलोमीटर दूर नाथूवास की गौशाला से मध्याह्न तक ये गायें मंदिर तक पहुंच जाती हैं। इस दिन ग्वाले सजते-संवरते हैं। धोती, बगलबंदी, गले में उपरना, सिर पर वृन्दावनी टोपी पहनते हैं—सचमुच में शताब्दियों पुरानी ब्रज-संस्कृति की झांकी साकार हो जाती है। ये ग्वाले श्रीनाथजी के मन्दिर की परिक्रमा करते हैं और गाते हैं। उनके गायन में क्रीड़ा के लिए गायों को आमंत्रण होता है।

इसके बाद लाल दरवाजे के चौक और मंदिर में गोवर्द्धन पूजा के चौक में गायों को ग्वाले खिलाते हैं। गौ-क्रीड़ा का यह दृश्य रोमांचक किन्तु मनोहारी होता है। ग्वाला एक हाथ से कूंपी (चमड़े का छोटा गुब्बारा जिसमें कंकड़ होते हैं) बजाता है और किलकारियां मारकर गायों को चिढ़ाता है। गाय उस ग्वाले पर लपकती है और कुछ दूर जाकर रुक जाती है। दर्शक उस दृश्य को देखकर रोमांचित हो उठता है, उसकी सांस क्षण भर को रुक जाती है-इसलिए कि लपककर दौड़ती हुई गाय इस तरह लगती है जैसे अभी वह अपने नुकीले सींगों में ग्वाले को पिरो लेगी। गौ-क्रीड़ा का यह क्रम घंटों चलता है। लगभग पांच सौ गायें इस दिन मंदिर आती हैं—झुण्ड के झुण्ड। देखते ही बनता है गायों का रूप और मधुर लगता है उनके गले में बंधी घंटियों का स्वर। सूरज डूबते-

38

वैदिक काल से गाय, मातृत्व का पर्याय रही है। हमारी संस्कृति की जीवन–धारा और गाय का अनन्योन्याश्रित संबंध रहा है। ऐसे अनेक सामाजिक संस्कार हैं, जिनमें गाय की उपस्थिति के महत्व को प्रतिपादित किया गया है।

ग्राम्य जीवन में गाय की भूमिका को अनेक भक्त–कवियों ने अपनी रचनाओं में संजोया है। तात्पर्य यह है कि कालान्तर में और आज भी सुदूर ग्रामीण इलाकों में गाय को परिवार के एक सदस्य की मान्यता प्राप्त है।

गाय के बिना महा आराध्य कृष्ण की चर्चा अधूरी है। इतिहास पर नजर डालें तो पाएंगे कि सम्राट अशोक हों या चन्द्रगुप्त, विक्रमादित्य हों या हर्ष, कालिदास हों या सूरदास–सभी ने गौ–आराधना की है। इसे दुर्भाग्य ही कहा जाएगा कि कृषि–प्रधान देश में अब गाय का वह सम्मान नहीं है, जो कालान्तर में था। मशीनी सभ्यता के प्रवाह में जीवन से जुड़ी अनेक मान्यताओं को बदल दिया है और उनकी जगह ले ली है कुंठाओं ने। इसी का दुष्परिणाम

है कि हमारी लोक–संस्कृति दूषित होती जा रही है। फिर भी हमारे त्योहार और मेले लोक–जीवन के जीवंत बीज को आज भी संजोये हुए हैं। इन त्योहारों में दीपावली का त्योहार भी है।

यूं यह त्योहार देश भर में मनाया जाता है किन्तु कला की त्रिवेणी नगरी नाथद्वारा में इसकी छटा देखते ही बनती है। दीपावली और उसके दूसरे दिन अन्नकूट पर गौ–क्रीड़ा देखकर दर्शक आनंदित हो उठता है। नाथद्वारा के श्रीनाथजी मंदिर की गौशालाओं में हजारों गायें हैं। सबसे बड़ी गौशाला नाथूवास में है। इसके अलावा छोटी–बड़ी ग्यारह गौशालाएं और हैं।

गौ–क्रीड़ा के लिए दशहरे के दिन से ही नाथूवास में गायों का प्रशिक्षण शुरू हो जाता है। ब्रजवासी ग्वाले, जो प्रतिदिन गायों की देखभाल भी करते हैं, यह प्रशिक्षण देते हैं। दीपावली तक ये गायें क्रीड़ा के लिए तैयार हो जाती हैं। वैसे, दशहरे के बाद से गायों का श्रृंगार भी शुरू कर दिया जाता है। अष्टछाप के कवि परमानन्द दास ने गायों के श्रृंगार का वर्णन अपने पद में किया है। वे लिखते हैं– 'श्याम खिरक के द्वार करावत गायन को सिंगार।' गायों को विभिन्न रंगों से रंगा जाता है। उनकी पीठ पर छापे और मांडने बनाये जाते हैं। उनके सींगों पर लाल, पीला, काला, नीला और हरा रंग किया जाता है। फिर सिर पर पटिया (मोर पंख का अभूषण) बांधा जाता है। उसमें रंग–बिरंगे कपड़ों की लीरियां लटकी होती हैं, जो गायों की आंखों पर झूलती रहती हैं। गले में मोती का हार और घंटियां बांधी जाती हैं तथा पैरों में पैंजनियां पहनाई जाती हैं। ये गायें इतनी सुन्दर लगती हैं कि दर्शक टकटकी बांधे देखता रहता है।

दीपावली के दिन दो किलोमीटर दूर नाथवास की गौशाला में मध्याह्न तक ये गायें मंदिर तक पहुंच जाती हैं। इस दिन ग्वाले सजते–संवरते हैं। धोती, बगलबंदी, गले में उपरना, सिर पर वृन्दावनी टोपी पहनते हैं–सचमुच में शताब्दियों पुरानी ब्रज–संस्कृति की झांकी साकार हो जाती है। ये ग्वाले श्रीनाथजी के मंदिर की परिक्रमा करते हैं और गाते हैं। उनके गायन में क्रीड़ा के लिए गायों को आमंत्रण होता है, जिसे कान–जगाई कहते हैं।

इसके बाद लाल दरवाजे के चौक और मंदिर में गोवर्धन पूजा के चौक में गायों को ग्वाले खिलाते हैं। गौ–क्रीड़ा का यह दृश्य रोमांचक किन्तु

मनोहारी होता है। ग्वाला एक हाथ से कूंपी (चमड़े का छोटा गुब्बारा जिसमें कंकड़ होते हैं), बजाता है और किलकारियां मारकर गायों को चिढ़ाता है। गाय उस ग्वाले पर लपकती हैं और कुछ दूर जाकर रुक जाती हैं। दर्शक उस दृश्य को देखकर रोमांचित हो उठता है, उसकी सांस क्षण भर को रुक जाती है इसलिए कि लपककर दौड़ती हुई गाय इस तरह लगती है जैसे अभी वह अपने नुकीले सींगों में ग्वाले को पिरो लेगी।

गौ–क्रीड़ा का यह क्रम घण्टों चलता है। लगभग पांच सौ गायें इस दिन मंदिर आती हैं–झुण्ड के झुण्ड। देखते ही बनता है गायों का रूप और मधुर लगता है उनके गले में बंधी घंटियों का स्वर। सूरज डूबते–डूबते ये गायें 'पायगा' लौट जाती हैं। पायगा वह जगह है, जहां कभी बड़ी संख्या में हाथी–घोड़े बंधे रहते थे।

दूसरे दिन गोवर्धन पूजा के चौक में गोबर का विशाल गोवर्धन पर्वत बनाया जाता है। इस पर्वत को गिरिराज मानकर उसकी पूजा की जाती है और फिर नंदवंश की गाय द्वारा 'पर्वत' लंघाया जाता है। ऐसा माना जाता है कि चार सौ वर्ष पूर्व जिस गाय ने मथुरा के पास जतीपुरा में श्रीनाथजी के स्वरूप (मूर्ति) का दूध से स्नान कराया था, यह गाय उसी वंश की है। इस दिन भी गायों को खिलाया जाता है। गोवर्धन पूजा के बाद गायें, गौशाला ले जायी जाती हैं। इस दिन नाथद्वारावासी, अपनी गायों का भी श्रृंगार करते हैं। दीपावली के बाद भी कई दिनों तक सजी–संवरी गायें कस्बे में यत्र–तत्र देखी जी सकती हैं।

गौ–क्रीड़ा और उनके श्रृंगार की परम्परा उत्तर प्रदेश में भी है, किन्तु धीरे–धीरे लोक जीवन की ये जीवंत परम्पराएं लुप्त होती जा रही हैं। क्या इन्हें जीवित रखना हमारा दायित्व नहीं है?

▼ ▼ ▼

सूर के पदों की सबसे प्राचीन पुस्तक

• ब्रजेन्द्र रेही

आजादी के बाद से साहित्य के क्षेत्र में अनुसंधान और अन्वेषण की दिशा में जो सीमित प्रयास हुए हैं, उससे भी कई नये तथ्य सामने आये हैं. इसमें से एक पुख्ता प्रमाण मिला है महा कवि सूरदास की रचनाओं के संबंध में.

राजस्थान का एक समृद्ध ग्रंथागार है—पोथीखाना इसे जयपुर के कला और साहित्य प्रेम का अनूठा संग्रहालय कहा जा सकता है. पिछले कुछ वर्षों में पोथीखाना अध्येताओं के आकर्षण का केन्द्र बना है तथा आज कई विद्वान और उत्साही युवा अनुसंधानकर्ता वहां अध्ययन अन्वेषण कर रहे हैं. इसी अध्ययन - अन्वेषण का परिणाम है कि सूरदास के पदों की हस्तलिखित प्रति का मिलना. यह गुटका (पुस्तक) वर्षों से जयपुर के पोथीखाना में थी, किन्तु ग्रंथों के अंबार में से उसे हाल के वर्षों में ही खोजा गया. यह गुटका अब तक उपलब्ध सूर पदों में सबसे प्राचीन है.

यह गुटका सन १५८२ का है गुटके के लिपिकर्ता हैं रामदास रत्नू. उन्होंने यह गुटका फतहपुर के ठाकुर छीतर जी के पुत्र नरहरि दास के लिए लिपिबद्ध किया था. बाद में यह गुटका कोई तीन सौ वर्ष पहले आमेर के राजाओं के पास पहुंचा और वहां से पोथीखाने के अम्बार में दब गया. इस गुटके पर आमेर के महाराजकुमार राम सिंह की सन् १६६१ की मुहर लगी हुई है. यही राम सिंह बाद में सन् १६६७ में आमेर के शासक बने.

सूरदास के पदों के इस प्राचीन गुटके का संपादन कर रहे हैं जयपुर महाराजा के पुस्तकालय 'पोथीखाना' के अध्यक्ष और उद्भट वयोवृद्ध विद्वान श्री गोपाल नारायण बहुरा. बहुरा निसंदेह एक शोध पुरुष हैं.

उन्होंने बताया कि यह गुटका देसी कागज का है जिसमें उस जमाने के अनेक कवियों के पद संग्रहित हैं. इनमें सूरदास के पदों की संख्या २६२ है, जो सर्वाधिक है. १८ से. मी. लम्बा और १६ से. मी. चौड़ा आकार के गुटके में ३२६ पृष्ठ हैं और प्रत्येक पृष्ठ पर १२ लाइनें हैं. एक लाइन में २० शब्द हैं.

बहुरा के अनुसार : इसमें सूर के नाम की १३ छापें हैं और उन छापों के कई कई पद हैं. जो छापें उपयोग में लायी गयी हैं वे हैं : सूर प्रभु, सूर, सूरु, सूरदास, सूरदास 'प्रभु सूरजिदास, सूरिज, सूरिज प्रभु, सूर स्वामी, सूर श्याम, श्सूर, श्याम और श्यामघन.

इस गुटके के कोलोफन में (अंत में) लिखा गया है कि रविवार ज्येष्ठ शुक्ला १२ संवत् १६३९ को पूर्ण हुआ. उस दिन ३ जून १५८२ का दिन था. उन दिनों अकबर का शासनकाल था. ग्रंथ का लेखन प्रातः ९ बज कर १५ मिनट पर पूरा हुआ.

ऐसा मानते हैं कि सूरदास का देहान्त १५८३ के आसपास हुआ. इसलिए सूर के पदों के सभी उपलब्ध हस्तलिखित ग्रंथों में यह सबसे प्राचीन माना जा सकता है. बहुरा जी का कहना है कि इसकी उपयोगिता यह है कि इससे सूरदास के पदों के मूलपाठ के स्वरूप तक पहुंचा जा सकता है. इतना ही नहीं बाद के वर्षों में सूर के पदों में आयी विकृति का पता भी लग सकता है.

बहुरा जी के साथ संपादन कार्य में सहयोग कर रहे हैं ब्रिटिश कोलम्बिया विश्वविद्यालय कनाडा, के प्रोफेसर डा. केन ब्रायंट. डा. ब्रायंट सूर सागर पर आलोचनात्मक ग्रंथ लिख रहे हैं. बहुरा जी की मान्यता है 'सूर ने कभी अपने हाथ से कुछ नहीं लिखा, इसलिए कि वे अंधे थे.' लोग उनके पदों को सुनते थे. इन श्रोताओं में कई बार अनेक स्थानों के लोग होंगे. बाद में ये लोग अपने घर जाकर स्मृति से पदों को लिपिबद्ध कर लिया करते होंगे. ऐसा नहीं लगता कि सूर के जीवनकाल में उनके पदों का कोई संकलन तैयार हुआ हो. वस्तुतः अलग-अलग भाषा-भाषी लोगों के कारण सूरदास के पदों में पाठ भेद बहुत हैं.'

'जयपुर के पोथीखाना में सूर के पदों की कोई एक दर्जन से अधिक प्रतियां हैं. एक प्रति सन् १६७६ की बीकानेर की अनूप संस्कृत लायब्रेरी में है. इसी प्रकार की एक-एक प्रति उदयपुर और मथुरा में हैं.'

डा. ब्रायंट और बहुरा—दोनों विद्वानों का मानना है कि इस गुटके में १३ पद ऐसे हैं, जो अब तक कहीं देखे नहीं गये. डा. ब्रायंट भी ब्रजभाषा और हिन्दी के विद्वान हैं.

सूर के पदों की सबसे प्राचीन पुस्तक

(20 अक्टूबर, 1982)

39

आजादी के बाद से साहित्य के क्षेत्र में अनुसंधान और अन्वेषण की दिशा में जो सीमित प्रयास हुए हैं, उससे भी कई नये तथ्य सामने आए हैं। इसमें से एक पुख्ता प्रमाण मिला है महाकवि सूरदास की रचनाओं के संबंध में।

राजस्थान का एक समृद्ध ग्रंथागार है–पोथीखाना। इसे जयपुर के कला और साहित्य प्रेम का अनूठा संग्रहालय कहा जा सकता है। पिछले कुछ वर्षों में पोथीखाना अध्येताओं के आकर्षण का केन्द्र बना है तथा आज कई विद्वान और उत्साही युवा अनुसंधानकर्ता वहां अध्ययन अन्वेषण कर रहे हैं। इसी अध्ययन–अन्वेषण का परिणाम है कि सूरदास के पदों की एक हस्तलिखित प्रति का मिलना। यह गुटका (पुस्तक) वर्षों से जयपुर के पोथीखाना में थी, किन्तु ग्रंथों के अम्बार में से उसे हाल के वर्षों में ही खोजा गया। यह गुटका अब तक उपलब्ध सूर पदों में सबसे प्राचीन है।

यह गुटका सन् 1582 का है। गुटके के लिपिकर्ता हैं रामदास रत्नू। उन्होंने यह गुटका फतहपुर के ठाकुर छीतर जी के पुत्र नरहरि दास के लिए

लिपिबद्ध किया था। बाद में यह गुटका कोई तीन सौ वर्ष पहले आमेर के राजाओं के पास पहुंचा और वहां से पोथीखाने के अम्बार में दब गया। इस गुटके पर आमेर के महाराजकुमार राम सिंह की सन् 1661 की मुहर लगी हुई है। यही राम सिंह बाद में सन् 1667 में आमेर के शासक बने।

सूरदास के पदों के इस प्राचीन गुटके का संपादन कर रहे हैं जयपुर महाराजा के पुस्तकालय 'पोथीखाना' के अध्यक्ष और उद्भट वयोवृद्ध विद्वान श्री गोपाल नारायण बहूरा। बहूरा निसंदेह एक ऋषि पुरुष हैं।

उन्होंने बताया कि यह गुटका देसी कागज का है जिसमें उस जमाने के अनेक कवियों के पद संग्रहित हैं। इनमें सूरदास के पदों की संख्या 262 है, जो सर्वाधिक हैं। 18 सेमी. लम्बा और 16 सेमी. चौड़े आकार के गुटके में 326 पृष्ठ हैं और प्रत्येक पृष्ठ पर 12 लाइनें हैं। एक लाइन में 20 शब्द हैं।

बहूरा के अनुसार : इसमें सूर के नाम की 13 छापे हैं और उन छापों के कई कई पद हैं। जो छापे उपयोग में लाई गई हैं वे हैं 'सूर प्रभु, सूर, सुरू, सूरदास, सूरदास प्रभु, सूरजिदास, सूरजि, सूरजि प्रभु, सूर स्वामी, सूर श्याम, क्षुर, श्याम और श्यामघन।

इस गुटके के केलोफन में (अंत में) लिखा गया है कि रविवार ज्येष्ठ शुक्ला 12 संवत् 1639 को पूर्ण हुआ। उस दिन 3 जून 1582 का दिन था। उन दिनों अकबर का शासनकाल था। ग्रंथ का लेखन प्रातः 9 बजकर 15 मिनट पर पूरा हुआ।

ऐसा मानते हैं कि सूरदास का देहान्त 1583 के आसपास हुआ। इसलिए सूर के पदो के सभी उपलब्ध हस्तलिखित ग्रंथों में यह सबसे प्राचीन माना जा सकता है। बहूरा जी का कहना है कि इसकी उपयोगिता यह है कि इससे सूरदास के पदों के मूलपाठ के स्वरूप तक पहुंचा जा सकता है। इतना ही नहीं बाद के वर्षों में सूर के पदों में आई विकृति का पता भी लग सकता है।

बहूरा जी के साथ संपादन कार्य में सहयोग कर रहे हैं ब्रिटिश कोलम्बिया विश्वविद्यालय कनाडा के प्रोफेसर डा. केन ब्रायंट। डा. ब्रायंट सूर सागर पर आलोचनात्मक ग्रंथ लिख रहे हैं। बहूरा जी की मान्यता है 'सूर ने कभी अपने हाथ से कुछ नहीं लिखा। इसलिए कि वे अंधे थे। लोग उनके पदों को सुनते

थे। इन श्रोताओं में कई बार अनेक स्थानों के लोग होंगे। बाद में ये लोग अपने घर जाकर स्मृति से पदों को लिपिबद्ध कर लिया करते होंगे। ऐसा नहीं लगता कि सूर के जीवनकाल में उनके पदों का कोई संकलन तैयार हुआ हो। वस्तुतः अलग–अलग भाषा–भाषी लोगों के कारण सूरदास के पदों में पाठ भेद बहुत हैं।

जयपुर के पोथीखाना में सूर के पदों की कोई एक दर्जन से अधिक प्रतियां हैं। एक प्रति सन् 1673 की बीकानेर की अनूप संस्कृत लाइब्रेरी में है। इसी प्रकार की एक–एक प्रति उदयपुर और मथुरा में हैं।

डा. ब्रायंट और बहूरा–दोनों विद्वानों का मानना है कि इस गुटके में 13 पद ऐसे हैं, जो अब तक कहीं देखे नहीं गए। डा. ब्रायंट भी बृजभाषा और हिन्दी के विद्वान हैं।

▼ ▼ ▼

हिन्दी विश्व के आइने में

दुनिया में चीनी और अंग्रेजी भाषाओं के बाद हिन्दी बोली जाती है। विश्व की तीसरी बड़ी भाषा होने के बावजूद, इस भाषा को न तो संयुक्त राष्ट्र संघ में मान्यता है और न इसे अपने देश में वह अपेक्षित सम्मान मिल पाया है।

इस समय ३१ देशों के ९० विश्वविद्यालयों में हिन्दी के अध्ययन की व्यवस्था है। सबसे अधिक अमरीका के २३ विश्वविद्यालयों में हिन्दी पढ़ाई जाती है। जिन देशों में हिन्दी लोकप्रियता की सीढ़िया चढ़ रही है उनमें अमरीका, सोवियत संघ, चेकोस्लोवाकिया, जापान, हंगरी, पोलैंड, कनाडा, इटली, ब्रिटेन, फ्रांस, मारीशस, फिजी, सूरीनाम, केन्या, थाईलैंड, बंगलादेश, पाकिस्तान, जर्मन जनवादी गणतंत्र, बेल्जियम, बर्मा, इंडोनेशिया, डेनमार्क आस्ट्रेलिया, द. अफ्रीका, हंगरी आदि देश है।

जापान में इस समय दस विश्वविद्यालयों में हिन्दी के अध्ययन की सुविधा है और वहां लगभग दो सौ छात्र हिन्दी की उच्च शिक्षा ले रहे हैं। इसी प्रकार केन्या में भी स्कूल शिक्षा के साथ हिन्दी पढ़ाने की व्यवस्था की गई है। यह व्यवस्था केन्या की हिन्दू परिषद् ने की है। मारीशस में व्यापक स्तर पर हिन्दी पढ़ाई जाती है। मारीशस से दो हिन्दी दैनिक भी प्रकाशित होते हैं। अमरीका में एक जोधपुर निवासी प्रवासी राजस्थानी उद्यमी ने साप्ताहिक पत्र के कुछ अंक निकाले थे।

अनेक हिन्दी विद्वान अपने-अपने देशों में हिन्दी को समृद्ध करने का काम कर रहे हैं। ये विद्वान हिन्दी साहित्य बृजभाषा, अवधि, ज्योतिष और कला आदि विषयों का गूढ़ अध्ययन कर रहे हैं। इन विद्वानों में डा. पीटर गेफके, डा. नरसिंहम्, डा. रविप्रकाश सिंह (अमरीका), श्री टोमियो मिजोकामी, प्रो. के. दोई (जापान), डा. ओडोलेन स्मेकेल (चेकोस्लोवाकिया), डा. लोठार लुत्से (पश्चिमी जर्मनी) श्रीमती निकोल, बलबीर (फ्रांस), डा. आर एस. मैकग्रेगर (ब्रिटेन), श्रीअराडी (हंगरी), प्रो. एम. के. बिस्की (पोलैंड), डा. ई. पी. चेलिशेव, प्रो. जेड. एम. द्रिमशित्स, डा. पी. ए. बाराग्निकोव (सोवियत संघ), प्रो. गिलबर्ट पोले (बेल्जियम), श्री फिन थीसेस (डेनमार्क), डा. रिचर्ड बार्ज (आस्ट्रेलिया) आदि प्रमुख हैं।

मारीशस, फिजी, अमरीका, सोवियत संघ, जर्मन जनवादी गणतंत्र से कुछ पत्र-पत्रिकाएं भी प्रकाशित हो रही हैं। जापान और अमेरिका के विश्वविद्यालयों में विश्वविद्यालय स्तर पर हिन्दी की हस्तलिखित पत्र-पत्रिकाएं भी निकाली जा रही हैं।

• ब्रजेन्द्र रेही

हिन्दी विश्व के आइने में

(14 सितम्बर, 1983)

40

दुनिया में चीनी और अंग्रेजी भाषाओं के बाद हिन्दी बोली जाती है। विश्व की तीसरी बड़ी भाषा होने के बावजूद, इस भाषा को न तो संयुक्त राष्ट्र संघ में मान्यता है और न इसे अपने देश में वह अपेक्षित सम्मान मिल पाया है।

इस समय 31 देशों के 90 विश्वविद्यालयों में हिन्दी के अध्ययन की व्यवस्था है। सबसे अधिक अमरीका के 23 विश्वविद्यालयों में हिन्दी पढ़ाई जाती है। जिन देशों में हिन्दी लोकप्रियता की सीढ़ियां चढ़ रही है उनमें अमरीका, सोवियत संघ, चेकोस्लोवाकिया, जापान, हंगरी, पोलैंड, कनाडा, इटली, ब्रिटेन, फ्रांस, मॉरीशस, फिजी, सूरीनाम, केन्या, थाईलैंड, बांग्लादेश, पाकिस्तान, जर्मन जनवादी गणतंत्र, बेल्जियम, बर्मा, इंडोनेशिया, डेनमार्क, ऑस्ट्रेलिया, दक्षिण अफ्रीका, हंगरी आदि देश हैं।

जापान में इस समय दस विश्वविद्यालयों में हिन्दी के अध्ययन की सुविधा है और वहां लगभग दो सौ छात्र हिन्दी की उच्च शिक्षा ले रहे हैं। इसी

प्रकार केन्या में भी स्कूल शिक्षा के साथ हिन्दी पढ़ाने की व्यवस्था की गई है। यह व्यवस्था केन्या की हिन्दू परिषद ने की है। मॉरीशस में व्यापक स्तर पर हिन्दी पढ़ाई जाती है। मॉरीशस से दो हिन्दी दैनिक भी प्रकाशित होते हैं। अमरीका में एक जोधपुर निवासी प्रवासी राजस्थानी उद्यमी ने साप्ताहिक पत्र के कुछ अंक निकाले थे।

अनेक हिन्दी विद्वान अपने–अपने देश में हिन्दी को समृद्ध करने का काम कर रहे हैं। ये विद्वान हिन्दी साहित्य बृजभाषा, अवधी, ज्योतिष और कला आदि विषयों का गूढ़ अध्ययन कर रहे हैं। इन विद्वानों में डॉ. पीटर गेफके, डॉ. नरसिंहम्, डॉ. रविप्रकाश सिंह (अमरीका), श्री टोमियो मिजोकामी, प्रो. के. दोई (जापान), डॉ. ओडोलन स्मैकेल (चेकोस्लोवाकिया), डॉ. लोठार लुत्से (पश्चिम जर्मनी), श्रीमती निकोल, बलबीर (फ्रांस), डॉ. आर.आर. मैकग्रेगर (ब्रिटेन), श्री अरादी (हंगरी), प्रो. एम के. बिर्स्की (पोलैंड), डॉ. ई.पी. चेलिशेव, प्रो. जेड.एम. दिमशित्स, डॉ. पी.ए. वारानिखोव (सोवियत संघ), प्रो. गिलिबर्ट पोले (बेल्जियम), श्री फिन थीसेस (डेनमार्क), डॉ. रिचर्ड बार्ज (ऑस्ट्रेलिया) आदि प्रमुख हैं।

मॉरीशस, फिजी, अमरीका, सोवियत संघ, जर्मन जनवादी गणतंत्र से कुछ पत्र–पत्रिकाएं भी प्रकाशित हो रही हैं। जापान और अमेरिका के विश्वविद्यालयों में विश्वविद्यालय स्तर पर हिन्दी की हस्तलिखित पत्र–पत्रिकाएं भी निकाली जा रही हैं।

▼ ▼ ▼